the History of Srivijaya

シュリヴィジャヤの歴史

朝貢体制下における
東南アジアの古代通商史

鈴木 峻
Suzuki Takashi

めこん

目次

はじめに ……………………………………………………………………… 5
要約 …………………………………………………………………………… 9

第1部　室利仏逝について

第1章　室利仏逝の成立まで ……………………………………………… 15
　1. 古代の東西交易について ……………………………………………… 15
　2. インド人の役割 ………………………………………………………… 18
　3. 扶南の興亡と盤盤への亡命 …………………………………………… 21
　　　盤盤について ………………………………………………………… 26
　　　室利仏逝がマレー半島唯一の朝貢国になる ……………………… 28
　4. 真臘の台頭とその限界——扶南のような貿易大国にはなれなかった … 31
　　　真臘のチャイヤー占領と敗北 ……………………………………… 34

第2章　東南アジアの中継貿易の変化 …………………………………… 37
　1. 扶南の通商路とドヴァラヴァティ …………………………………… 37
　2. マレー半島横断通商路 ………………………………………………… 40
　　　Aルート：タクアパ⇒盤盤⇒扶南 ………………………………… 41
　　　Aルートの代表国としての盤盤 …………………………………… 42
　　　Bルート：ケダ⇒ケランタン、ソンクラー、パタニなど ……… 46
　　　Bルートの代表国としての呵羅単、干陀利、丹丹、赤土国 …… 46
　　　Cルート(中間ルート)：クラビ、トランなど⇒ランカスカ(狼牙須) … 52
　　　Dルート＝ジャワ・ルート(前期訶陵、後期訶陵、闍婆)その他の朝貢国 … 54
　3. マラッカ海峡直行ルート ……………………………………………… 60

第3章　中国への朝貢を行なった東南アジア以西の国々の変遷 ……… 63
　1. 隋時代の終わりまで …………………………………………………… 64

 2. 唐時代前半の朝貢(618〜767年まで) ……………………… 67
 3. 唐時代後半の入貢(768〜907年) ……………………… 71
  闍婆の入貢 ……………………… 72

第4章　室利仏逝の成立と消滅 ……………………… 75
 1.「赤土国」の登場と消滅——室利仏逝の登場 ……………………… 76
  常駿らの赤土国訪問 ……………………… 77
  狼牙須国の山 ……………………… 81
 2.「シャイレンドラ」の興亡 ……………………… 83
  シャイレンドラと775年のリゴール碑文 ……………………… 83

第5章　義浄の見た室利仏逝 ……………………… 91
 1. 当時20日間でパレンバンまで行けたか? ……………………… 94
 2. パレンバンに1000人もの仏僧が存在したか?——盤盤の仏教寺院 ……………………… 98
  盤盤の都チャイヤーには唐時代には多くの仏教寺院があった ……………………… 99
 3. シュリヴィジャヤはいつパレンバンを占領したか? ……………………… 101
  パレンバン周辺の石碑について ……………………… 102
  クドゥカン・ブキット(Kedukan Bukit)碑文 ……………………… 102
  タラン・トゥオ(Talang Tuwo)碑文 ……………………… 105
  カラン・ブラヒ(Karang Brahi)碑文 ……………………… 106
  トゥラガ・バトゥ(Telaga Batu)碑文 ……………………… 106
  バンカ島コタ・カプール(Kota Kapur)碑文 ……………………… 107

第6章　『新唐書』と義浄が語る室利仏逝について ……………………… 113
 1. 賈耽の『皇華四達記』について ……………………… 113
  羅越国はどこか——「質」はバンドン湾 ……………………… 115
 2.『新唐書』における他の重要な記述 ……………………… 118
  『新唐書、列伝、南蛮下』の「室利仏逝」の条——「二尺五寸」問題 ……………………… 118
  『新唐書』の「訶陵」の条——「二尺四寸」問題 ……………………… 120
  訶陵は女王シーモが治めていた ……………………… 121
 3. 義浄の室利仏逝と「日時計」についての記述 ……………………… 123
  まとめ——室利仏逝の勢力拡大とその後の変化 ……………………… 125
  シュリヴィジャヤ関連の略年表 ……………………… 128

第2部　三仏斉について

第1章　三仏斉の成立過程 ... 133
1. 宋時代の貿易構造の変化——宋以降にマラッカ海峡の重要性は増す ... 133
2. 三仏斉の成立 ... 136
3. 三仏斉の朝貢実績 ... 140

第2章　チョーラ（注輦）と三仏斉 ... 143
1. チョーラの三仏斉支配 ... 143
    - チョーラの三仏斉侵攻 ... 143
    - 地華伽囉は三仏斉の大首領かチョーラの王か？ ... 145
    - 「注輦役属三仏斉」の意味について ... 150
2. チョーラ後の三仏斉 ... 151

第3章　宋時代の貿易体制の変化——南宋の朝貢貿易の終焉 ... 153

第4章　『嶺外代答』、『諸蕃志』、『瀛涯勝覧』と『明史』に見る三仏斉 ... 157
1. 『嶺外代答』と『諸蕃志』に見る三仏斉 ... 157
2. 『瀛涯勝覧』と『明史』に見る三仏斉 ... 162

第5章　単馬令（タンブラリンガ）の役割 ... 169
- まとめ——三仏斉体制の終焉 ... 174

補論1——ランカスカ考 ... 177
- 『梁書』における狼牙脩と盤盤の存在 ... 178
- 『隋書』で常駿の見た「狼牙須国の山 ... 181
- 『諸蕃志』の凌牙斯加と『武備志』の狼西加 ... 183
- 『島夷誌略』の「龍牙犀角」と「ラン・サカ」 ... 185

補論2——セデスのシュリヴィジャヤ認識について ... 191

主要国朝貢年表（西洋、南海、日本および朝鮮）	203
三国時代から明初までの主な朝貢国一覧	225
明の初期の朝貢	239
参考文献	241
索引	245
あとがき	255

はじめに

　私がこれから論じようとしていることは東西交易の歴史におけるシュリヴィジャヤについてである。それは唐時代の「室利仏逝」といわれたシュリヴィジャヤと宋以降の「三仏斉」についてである。こちらもシュリヴィジャヤといって実質的には区別していない論者もいる。実はこの両者の間にジャワ島を本拠とするシャイレンドラ王朝が存在する。シャイレンドラは自らが征服した「訶陵」という国号を用いて唐王朝に入貢した。これら3者はすべて「シュリヴィジャヤ」なのである。

　シュリヴィジャヤの歴史については「首都はパレンバンにあった」という説が半ば「定説」化して1世紀以上になる。21世紀の今日でも、シュリヴィジャヤといえば、それはスマトラ島のパレンバンであるということを疑う人はほとんどいない。しかし、それはあくまでも根拠の不確かな仮説の域を出るものではない。当然しかるべき根拠があれば否定されるべき性質のものである。本書はその「しかるべき根拠」を提供しようとするものである。

　歴史学とりわけ古代史学は「人文科学」の中ではどちらかというと「ブレやすい」学問といえよう。限られた資料や遺物をつなぎ合わせて、学者がいわば「思い思いの理屈」をつけて歴史を語ろうとするからである。その理屈とは別な言い方をすれば「仮説」である。その「仮説」の「合理性」が問われるが、ここに「権威主義」が介在する余地が発生する。その最たるものが東南アジアの古代史上重要な役割を果たした「室利仏逝・三仏斉」すなわちシュリヴィジャヤである。

　フランス人の歴史家ジョルジュ・セデス（1886〜1969年）が唱えた「シュリヴィジャヤ＝パレンバン仮説」があたかも最も権威のある仮説として世界に通用しているのは、私のように長年東南アジアの経済を研究してきた者にとっては意外としかいいようがない。というのは、本論で述べるようにセデスのこの仮説には合理的な根拠が薄弱だからである。歴史的な遺物が少なく、大乗仏教の中心地であった証拠はないし、東西貿易の中心地であったというのも地理的な合理性に欠ける。唐時代の高僧義浄が経典を求めてインドへ向かう途中に立

ち寄った「室利仏逝」はペルシャからの貿易船が寄港する当時としては有数の中継貿易地であり、大乗仏教の栄える一大文化都市でもあった。それはマレー半島にあり、元々は盤盤国といわれたチャイヤーにあったと考えられる。しかし、歴史学者の多くは重要な文献的証拠を無視もしくは見逃し、高楠順次郎博士や G. セデスが主張する「室利仏逝＝パレンバン説」を最も権威ある仮説としてほとんど無批判に受け入れてきた。

義浄は室利仏逝に立ち寄り、そこで半年間サンスクリット語の学習をした当時、1000 人の仏僧がそこにはいたと記している。[1] 1000 人もの仏僧を社会的に扶養していくには、その土地の政府、軍隊、商工業者を養う大稲作地帯が背後に存在し、仏教徒が数多くいたはずである。義浄が旅した 671 年にスマトラのパレンバンにそんな広大な水田が存在したとはとうてい考えられないし、1000 人余の仏僧を収容するような大寺院群が存在した痕跡もない。また、パレンバンは古代東西交易の要衝であったとセデスは主張する。しかし、地理的に見てもマラッカ海峡からずれており、かつムシ川を 90km 近く遡上する必要があり、東西の大型帆船がそこまで遡上して頻繁に財貨を交換するという「交通の要衝」たる条件を備えているとはとうていいえない。あらゆる状況証拠、客観事情がパレンバン首都説を疑わせるものばかりである。しかし、これは 20 世紀はじめころから、かの有名な歴史学者 G. セデスが打ち立てた揺るがしがたい「定説」で、これに異を唱えるものは「異端者」扱いを受けかねない。特に、日本ではその傾向が強いように思える。

その後のシュリヴィジャヤ論は「セデスの呪術」に金縛りにあったためか、その進歩は極めて緩慢のそしりを免れず、20 世紀のはじめに藤田豊八博士（1869 ～ 1929 年）が指摘されたように「（パレンバン説の是非については）綽綽として十分に研究の余地がある」という事態は今日ほとんど変わっていない。[2]

私はもともと歴史学者ではないし、この分野の学問的な直接的指導はどなたから受けていない。しかし、小論をまとめるに当たり、漢籍の解読や解釈は先

1　義浄『根本説一切有部百一羯磨巻五』の割注の中の記述。本書 P.97 参照。
2　藤田豊八．1932．p.47.「室利仏逝、三仏斉、旧港は今の Palembng であるといふ。殆ど東西の学者に異論がないやうである。ここに改めて何処などかといへば、失笑する人もあるであらう。しかも予はまだ研究の余地が綽綽としてあるやうに思ふ。三仏斉が旧港であり、それが巴林邦であるといふは、明初に始まっている。」とある。馬歓の『瀛涯勝覧』に原文がある。本書 P.162 参照。

達の業績に多くを負っていることはいうまでもない。特に藤田豊八博士の諸論文や桑田六郎博士（1894～1987年）の『南海東西交通史論考』（以下『桑田』と略す）に漢籍の読み方、解釈には大いに教えられるものがあった。ただし、桑田博士は「室利仏逝＝パレンバン」説の支持者であり、私の理解とは基本的な点で異なる。

また、ありがたいことに宮林昭彦・加藤栄司両先生の義浄の『南海寄帰内法伝』の現代語訳も出版された。この歴史的な労作には詳細な解説がつけられており、漢籍の読み方についても大いに勉強になった。桑原隲蔵博士の『蒲寿庚の事蹟』その他の著作も藤田博士の研究に対する批判的評価があり、興味深かった。また森克己博士の『日宋貿易の研究』も豊富な引用で日本と宋との貿易関係を論じた大変な労作である。唐・宋時代の中国の商人の動向を知る上でも大変貴重な論文である。もちろん外国の学者ではセデス（G.Coedès）やクオリッチ・ウェールズ（Quaritch Wales, 1900～83年）や R.C. マジュムダール（Majumdar, 1888～1980年）やクロム（N.J. Krom, 1883～1945年）や P. ホィートレー（Paul Wheatley, 1921～99年）といった碩学の業績から大いに学ぶところがあった。ホィートレーの「The Golden Khersonese（黄金のマレー半島）」は、基本はパレンバン説においているが、漢籍の解読・英訳という意味では歴史的名作である。

本書ではお読みいただけばわかるとおり、私はどなたの学説にも全面的にコミットしてはいない。しかし、「パレンバン説」を批判してきたウェールズやインドの歴史学者マジュムダールの学説に比較的共鳴した部分が多いことは確かである。特にウェールズが自ら発掘調査を行ない、実証した「タクアパ⇒バンドン湾」を結ぶ「マレー半島横断通商路」の存在に着目し、「室利仏逝＝チャイヤー説」を唱えた実証的な方法論には大きな示唆を受けた。

私は主に文献調査と現地の調査とによってこの本を書き上げた。東京大学の各図書館にはほとんど毎週のように通った。まさに資料の宝庫であり、先人の資料蓄積の熱意が結実している。私の読みたい本は必ず見つけられた。高楠順次郎博士（1866～1945年）が1896年にオックスフォード大学から出版された義浄の『南海寄帰内法伝』の英訳本もご本人の署名入りの初版に接することができた。しかし、この「高楠本」がある意味ではセデスの「パレンバン説」の生みの親ともなった事情は本書で述べる。

また、インターネットという文明の利器を大いに活用した。その中で名古屋大学の東洋史学研究室の林謙一郎先生は『雲南・東南アジアに関する漢籍資料』という便利な資料をウエブで公開されていることを発見した。学問の進歩のためにこういう地味な努力をされている研究者が日本にいることはまことに心強い。彼は初学者や漢籍に手の届かない場所にいる研究者に手を差し伸べてくれているのである。林先生のおかげで正史などの漢籍の中で「東南アジア」に関する主要な部分を自宅で読むことができた。どれくらい助かったことか言葉には言い尽くせないものがある。

　また、「Google」などで検索すれば世界の学者の最新の研究成果にも接することができる。私も及ばずながら『冊府元亀』や『宋会要』など難解な漢籍と格闘しながら『朝貢史年表』をどうにか作り上げ、本書の巻末に付けた。また、研究の過程で「発見したこと」は極力ホーム・ページに掲載してきた。読者からの反応はさほどないが今後も続けていくつもりである。

　「読書百遍意自ずから通ず」のたとえではないが『新唐書』などを繰り返し読みなおし、その中で従来歴史学者が軽視してきた重要部分の再評価や新しい解釈をいくつか試みた。漢籍の執筆者の努力に私も拙いながら誠意をもって向き合った。「アマチュアの見方」だと一蹴されかねないが、根拠のないことは書いてないと自負している。　アマチュアであることの利点は既存の先入観や間違った知識から自由だということである。私は学問研究の基本は「常識」や「通説」を疑うことにあると若いときから教育を受けてきた。それが戦後の民主主義教育の原点でもあったと思う。私は東南アジア経済の観察者（エコノミスト）としての視点から、貿易国家としての室利仏逝や三仏斉やその周辺の諸国がいかなる形で経済的に機能し、存在したかという点に関心があり、この問題を長年にわたり研究してきた。はからずも従来の主流の歴史学者とは多くの点で異なる仮説を提示する結果になった。その概略は前著の『シュリヴィジャヤの謎』（2008年1月）において述べたが、今回、足らざる部分を補正し、新しい仮説を加え本書にまとめた次第である。東南アジアの歴史に関心のある皆様に少しでも参考になる見方や考え方やその論拠を提供できればこれに勝る幸せはない。私のささやかな望みは本書を超える新しい研究が続々と登場し、東南アジアの古代史がいっそう明確にされることにある。

要約

　私の得た結論を要約すると、室利仏逝も三仏斉も極めて合理的に中国との朝貢貿易を独占的にあるいは寡占的に支配していこうとした、いわば商業的な国家組織であったということである。その伝統は扶南時代から受け継がれたものである。また本拠地も必要に応じて次々に移していったと考えられる。義浄が671年に行った室利仏逝はバンドン湾のチャイヤー（Chaiya）であったことは疑問の余地はない。チャイヤーにはわれわれの想像を絶する仏教インフラが唐時代には既に存在していたのである。それは『通典』（杜佑撰、貞元17年、801年刊）に述べられている。すなわち盤盤国には仏教寺院が10ヵ所もあり、その上によりハイレベルな仏教理論を学習する寺（道士寺）があったという。当時の東南アジアでそれに匹敵するような場所は他に見当たらない。それくらいの寺院数がなければ1000人以上もの仏僧が修行することはできない。しかし、歴史学者の間ではこの『通典』の記述はなぜか重要な取り扱いを受けてこなかった。6世紀末に真臘に追われて属領の盤盤に逃れた扶南の王族はそこを足場に室利仏逝を形成したと考えられる。

　室利仏逝は隋時代の「赤土国」の本拠地であったと思われるケダ（現在はマレーシア）を支配下に置き、マレー半島の覇権を握ると、680年代前半にジャンビやパレンバンを制圧して、その版図に加えた。その意図するところはマラッカ海峡をコントロール下に置くことにあった。7世紀中ごろからアラブやペルシャがマラッカ海峡を通り、唐に直接朝貢（官製貿易）に行くケースが急増したためである。西方諸国が直接入貢するということは、それまでアラブ地域からもたらされていた乳香などの重要商品の仕入れが室利仏逝としてできなくなることを意味していた。そのため、西方諸国の動きを何らかの形で制限せざるをえなくなったのである。

　シュリヴィジャヤは、マラッカ海峡を制圧すると、686年にバンカ島を前進基地として、貿易上のライバルと目されていた訶陵（サンジャヤ系王国）の本拠地中部ジャワに遠征軍を派遣し、おそらく一気に訶陵を制圧した。ただし、そこではたいした武力衝突は起こらず、平和的な権力移譲が行なわれたと見られ

る。ジャワ島ではシャイレンドラ王朝を開くが、真臘によって室利仏逝の首都チャイヤーが750年前後に一時的に占拠されてしまう。ジャワのシャイレンドラを中心としたシュリヴィジャヤ軍は、それを770年ごろ奪還する。しかし、その混乱の間にマラッカ海峡の管理体制は崩壊し、西方諸国の朝貢は急増する。

　768年からシャイレンドラがシュリヴィジャヤの代表として朝貢を復活させる。しかし国号は以前のサンジャヤ系の「訶陵」を踏襲する。その後、9世紀の前半にはシャイレンドラ王朝がジャワ島からサンジャヤ系のピカタン王によって追い出される。そこでマラッカ海峡における旧室利仏逝の3大「城市」（港湾都市国家）が同盟して「三仏斉」を形成したものと考えられる。三仏斉はパレンバン、ジャンビ、ケダの3ヵ国を中心とする連合体であったと考えられる。三仏斉形成の目的は東南アジアの朝貢貿易の「寡占的支配」とマラッカ海峡の支配である。

　三仏斉はジャンビとケダがほとんど出発の段階から卓越した勢力を持ち、その中心的役割を果たしていたと思われる。しかし、ジャンビは992年頃にジャワのクディリ王朝の攻勢を受けたため、10世紀末にはケダが三仏斉の中心になったものと見られる。三仏斉は北宋の繁栄期に朝貢貿易で巨利を得て大いに発展した。ところが11世紀前半に南インドのタミール王朝のチョーラの侵攻を受け、三仏斉の中心であったケダの国王が捕虜になり、膨大な財宝が奪われるなどの大打撃を受けた。チョーラのケダ支配は西暦1100年前後まで続いた。その後、「本来の三仏斉」が主権を取り戻したと思われるが、南宋（1127～1279年）に入るや、客観情勢が一変してしまう。

　南宋時代の初期的な「自由化政策」ともいうべき「市舶司制度への比重の転換」により、朝貢制度は衰退に向かい、三仏斉も同時に衰退していった。南宋は非効率でコストのかかる「朝貢制度」から「関税収入」や「独占的な輸入品」の専売などで利益をあげる制度に切り替えてしまったのである。そうなると三仏斉の出る幕はなくなってしまった。南宋淳熙3年（1178年）の入貢を最後に三仏斉は姿を消してしまう。明初の洪武帝時代に「朝貢貿易」が復活すると、「三仏斉国」がほぼ200年ぶりに登場する。しかし、明朝に入貢した三仏斉は爪哇の属国であったパレンバン（浡淋邦）そのものであり、いわば「ニセ三仏斉」であった。これには明の洪武帝も騙された。馬歓も騙されて『瀛涯勝覧』の中の「旧港、

即古名三仏斉是也。番名曰浡淋邦」と書いてしまった。この一節によってパレンバンが「室利仏逝」のご本家であるかのような錯覚を後の世の歴史学者は持つにいたった。これが高楠博士のオックスフォード版の「義浄の旅程図」につながっていったと想像される。もちろん馬歓の罪は責められない。しかし、現代の歴史学者には真相を知るチャンスや情報はいくらでもあったのである。「扶南⇒盤盤⇒室利仏逝⇒シャイレンドラ（後期訶陵）⇒三仏斉」へとシュリヴィジャヤの王統はつながっていったが、それは「大乗仏教」という太い縦糸でつながっていた。大乗仏教はジャワ島にまで大きく広まったのである。

第1部

室利仏逝について

第1章
室利仏逝の成立まで

1. 古代の東西交易について

　東西交易のはじまりは、西はローマ帝国から中国は前漢の時代に「陸のシルクロード」といわれる交易ルートが成立していたことは広く知られているが、私がここで取り上げたいのは「海のシルクロード」ともいうべき海上輸送のルートについてである。西暦前において、既にペルシャやエジプトとインドの間でしきりに海上交易が行なわれ、ローマ帝国にはエジプトやペルシャ経由で、インドから香辛料や真珠などの宝石や綿織物、中国産の絹織物などがもたらされた。ローマは自国の特産品のワイン、陶器、ビーズ、ガラスのほか地中海産の珊瑚やキプロス産の銅の加工品（青銅ランプなど）などを輸出したが、不足分を主に金貨で支払った。一時期、毎年少なくとも 5000 万セステルティウス（sesterces）の金貨がインドに流出し、それがローマの国家財政を圧迫したという。[1]

　ローマ金貨は東南アジアにも流出し、メコン・デルタに本拠地を置く、古代の貿易国家「扶南」の主要港のオケオ（現在はベトナム領）の遺跡から、ローマ皇帝アントニヌス・ピウス（在位 AD138～61）とマルクス・アウレリウス（AD161～80）の像を刻印した金貨が発見されている。ローマ金貨がインドで大量に流通したため、従来の銀本位制から金本位制に変わり、インド製の金貨はローマの金貨と等価になるように重量が設定されていたという。つまり、ローマ帝国とインドは事実上「同じ通貨圏」に属していた時代が西暦 2 世紀には存在したのである。

　インドとローマはいかにしてつながっていたか？　それは陸路と海路両方

---

[1] ロミラ・ターパル（辛島昇他訳）．1970．pp.107-110. では 5.5 億セステルティウスとされているが、Hermann Kulke は 1970, A Hisory of India. Routledge. p80 において "Pliny laments in those days: There is no year in which India does not attract at least 50 million sesterces" としている。

あったが、海路の方が圧倒的に多かった。インド洋を横断してアラビア半島（紅海）、ペルシャ地区（ペルシャ湾）とインドとが帆船による貿易でつながっていたのである。インド洋の交易は「ヒッパロスの風」といわれた季節風の発見によって、インド洋横断航路が開発され、より容易になった。ギリシャ人と思われる船乗りは西暦1世紀に『エリュトゥラー海案内記』を著し、東西貿易の実態を報告している。とりわけ紅海およびインド西岸から東岸にかけての主要港の輸出入品を詳しく記述している点が貴重である[2]。ローマ帝国は地中海とその周辺を交易面と領土的に支配し、さらに支配領域をヨーロッパ内陸に拡大し、繁栄を築いたのである。一方、インド人は金を求め、ローマ方面に輸出する香辛料を求めて東南アジアの各地に展開していった。

　6世紀以降、アラブ商人は「大食」として、ペルシャ商人は「波斯」として中国では認識されていた。しかし、彼らの最大の古代における貿易取引相手はインドであり、インドとの間を行き来し大いに繁栄した。さらには中国まで帆船を仕立てて、直接乗り込んでいったのである。天竺（インド）の入貢は後漢桓帝延熹2年（AD159年）に記録されている。波斯は梁の中大通5年（533年）が最初の入貢であり、大食は唐の永徽2年（681年）に「始遣使朝貢」の記録が残されている（『冊府元亀』による）。その間はインドが長年にわたりペルシャやアラブ地区と東南アジア、中国との仲立ちをして、巨額の利益を得ていたものと思われる。もちろん、その後もインドの仲介貿易は絶えることなく近世まで続いた。この間の東西貿易は、中国王朝への朝貢とその返礼（回賜）による「朝貢貿易」（官製貿易）は南宋の初期の段階で実質的に終わり、それ以降は民間（外国人と中国人）の交易が中心になった。

　「朝貢貿易」時代にもさまざまな形での民間貿易は行なわれ、唐時代に制定された「市舶使」制度は民間貿易の増加の反映に他ならない。しかし、民間貿易の実態については断片的にしかわからない。ただし、日本については森克己博士が『日宋貿易の研究』（1948年、国立書院）によって詳しく論じている。これによって宋時代の日－宋の民間貿易の実態がよくわかる。

2　村川堅太郎訳註.1993年。また西暦150年ごろプトレミー（Claudius Ptolemy）が『地理書』を著し、不完全ながら東南アジアが紹介され、マレー半島も 'Aurea Khersonesus'（黄金の半島）として描写されている。

朝貢関係は正史などにかなり記録されている。貢献物の内容は「方物」（はこもの）として一括されていてわからない場合が多いが、時々内容が記録されている。貢献物に対しては通常は王朝側からの回賜のほうが質も価値もはるかに大きく、その「官製交易」は西方からの王侯・商人にとっては富の一大源泉であった。しかも、中国皇帝と常連の朝貢国の国王との関係は「冊封関係」が原則であり、中国皇帝からはしばしば形式的な「官位」やそれに見合う礼服や印綬などが授けられた。それは東南アジアの君主にとっては大変な名誉なことであり、「箔が付いた」ことはいうまでもない。「冊封関係」は擬制的君臣関係であり、「臣」の側の身勝手な行動は規制されていたことはいうまでもない。そのため朝貢国間の武力紛争や、合併・統合は大きく制約されていた。場合によっては中国王朝は「出入り禁止」などの制裁を課すこともあったものと思われる。そういう制裁を避けるために「朝貢国」はさまざまな「策を弄した」ことは間違いない。

『漢書』（地理志）には既にインド（黄支＝カーンチープラム Kanchipuram、マドラスのやや南）までの航路上の主要な国名が記されている。「自日南障塞、徐聞、合浦船行可五月、有都元国、…、有諶離国、歩行可十余日、有夫甘都盧国、自夫甘都盧国船行可二月余、有黄支国」とある。

注目すべきはこの時既にマレー半島横断路と考えられる記述が見えることである。「諶離国から10日余り徒歩で夫甘都盧国へ出て、そこから船に乗り2ヵ月余で黄支国に着く」といった記述がそれである。諶離国は不明だが夫甘都盧国は「夫」をはずせば「カントーリ」と読むことができ、現在のケダかもしれない。いずれにせよマレー半島のどこかを10日あまりかけて徒歩で横断して、船に乗り継いでインドに向かったものと考えられる。また、マレー半島からベンガル湾沿岸部を航海し、黄支国に直行したと受け取れる記述である。当時の航海術から考えると、ベンガル湾に沿って2ヵ月間かけて黄支にたどり着いたものであろう。いずれにせよ紀元前1世紀には海上貿易ルートの開発がなされていたのである。後漢にはビルマやインドからも使節が訪れており、西暦166年には大秦（ローマ帝国）から安敦王（アントニヌス皇帝）の使者と称する者が来訪している。ローマ側には使節派遣の記録は見当たらないというが、ローマ商人はインドにまでは来ており、その1人が中国にやってきても不自然では

ない。

　三国時代、揚子江下流域に君臨していた呉の孫権（222～252年）の時代の黄龍元年、229年ごろ（杉本直治郎博士の推測）交州刺使の呂岱が朱応と康泰を扶南国に調査に赴かせている。扶南には既にインドのバラモンの子孫を王にいただく交易国家が成立していた。[3] 康泰は『扶南伝』、『呉時外国伝』を朱応は『扶南異物志』を著したといわれる。原本は残っていないが、その内容が『梁書』などの各種の文献に引用されている。呉政権がなぜ扶南に着目したかといえば、扶南がインドと最も太い交易上のつながりを持った国だと認識していたからに他ならない。その扶南はタイ湾を横断し、バンドン湾からマレー半島を横断してタクアパ（Takua Pa）に至り、そこから海路ベンガル方面に向かうというルートを持っていたものと考えられる。

2. インド人の役割

　マウリア王朝（BC317年～BC180年頃）以降のインドでは経済発展とともに、貿易を行なう商人階級が形成され、カースト制度の最上位に位置するブラーマン階級の中からも商人のリーダーになるものが現れたといわれる。[4] 中国とインドを結ぶ交易の主役は数の上ではインド人であったが、もちろん、ペルシャ人やアラブ人もいた。唐時代には広州や揚州にはかなり多くのアラブ人が居住していたことが明らかになっている。漢籍に現れる「蒲」という姓の持ち主はアラブ系の人で、アラブ人に多い「アブ」（Abu）が訛って「蒲」になったのだという。「蒲」という姓の持ち主は中国本土だけでなく、東南アジアからの朝貢使節の中にもしばしば現れる。おそらく貿易のエキスパートであったものと思われる。

　インド人が大挙して東南アジアに移り住むきっかけを作ったのは、マウリア王朝の名君アショカ王（BC273～232年）であるともいわれている。アショカ王はBC261年に南インドの東岸（現在のオリッサ州のあたり）のカリンガ王国を攻

3　杉本直治郎．1968. pp.417-517.
4　中村元．1963. pp.306-307.

め滅ぼしたとき、多くの支配階層、商人などが東南アジア各地に亡命したといわれている。後にカリンガ地方のインド人の亡命者、植民者が東南アジアでは一大勢力を占めるようになった。

　一方、アショカ王はカリンガを攻め滅ぼしたときに10万人を超すといわれた大虐殺を行ない、多数の住民が捕虜となった。アショカ王は犠牲となった人々の悲劇に心を痛め、己の行ないを悔やんで、後に仏教に深く帰依するようになったと伝えられる。[5] 仏教徒になったアショカ王は東南アジアに亡命者したカリンガの民に対しても寛大な態度で接したものと思われる。そうなると、亡命したカリンガの民はインド本国との交流・貿易に従事することが容易になり、後々までカリンガの影響力が東南アジアに深く刻み込まれることになったものと考えられる。もともとカリンガの民は航海術に長け、ベンガル湾沿岸部で活発に交易を営んでいた。マレー半島のケダという地名をはじめ、訶陵、干陀利などもカリンガから来た名前である。カリンガ（Kalinga）はKalah（サンスクリット語）ともKadaram（タミール語）とも読まれてきた。羯荼、哥羅、箇羅、干（斤）陀利など、同一地域（ケダ）を示すものと考えられる。中部ジャワに本拠を置き、唐王朝に入貢した訶陵もそもそもカリンガ地方出身のインド人がジャワ島中部で開いた王国ではないかと思われる。訶陵の「訶」は中国では「カ」とは発音せずむしろ「Ho＝ホ」と読むべきだというが、カリンガという発音を聞き、当時の担当官が訶陵という漢字を当てたものであろう。いずれにせよインドのカリンガ地方の出身者が支配者であった国であるという意味ではケダも同類であったと考えられる。もちろん、ガンジス川流域からも東南アジアに多くの人が出かけた。扶南の王統はガンジス流域の出身者であろう。

　また、インド人が東南アジアに進出したきっかけは、経済発展にともなう貨幣経済の興隆により「金」の需要が高まり、金を求めて東南アジアに出かけてきたからだといわれる。インドでは当初は銀貨が普及していたが、ローマとの取引の増加により、金貨が大量に流入し、次第にいわば「金本位制」となり、金貨が流通するようになった。そのため金を求めて東南アジアに進出するようになったというのである。インド人はマレー半島奥地のパハン州のジャングル地帯にまで入り込み、金鉱を発見している。

5　中村元. 1963. pp.420-421.

インド人は金や香辛料や食料の代価として綿織物やビーズ玉の首飾りを大量に東南アジアに持ち込んだ。ついには瑪瑙やガラスといった原材料を持ち込み、現地で首飾りに加工して交換手段とした。その工房跡がタイの西海岸のクラビの近くのクロン・トム（Khlong Thom）で発見された。現在のワット（寺）・クロン・トムの敷地内にその博物館がある。首飾りの遺品は東南アジアの各地の博物館で見ることができるが、古代のものとは思えないような美しい色彩とデザインのものが少なくない。その後、ビーズ玉の生産地はタクアパ、チャイヤー、ケダ、サティン・プラといった主要な貿易港の周辺に拡散している。それらは装身具や権威の象徴あるいは魔よけとして珍重されていたに相違ない。また、今は遺物として痕跡はとどめていないが、綿織物はかなり古い時代からインドからの交易品であったと考えられる。インド製の高級綿織物は中国への貢物の中にも含まれていた。「古貝」という名称のものがそれにあたる。古貝とか吉貝とは梵（サンスクリット）語の Karpas の対音で綿花のことである。[6]

インド人の中には、本国には帰らずそのまま現地の女性と結婚するなどして現地に融合した人たちがいて、各地に植民地を形成した。彼らは同時に農耕技術や金属加工技術などの先端技術を東南アジアにもたらした。また、集落や小国家の長になるものも現れた。扶南をはじめ朝貢国の国王はインド系を思わせる名前の人物が極めて多い。古代の東南アジアは「バラモン化」された国家形成が行なわれたケースが多かったことは漢籍にもしばしば記録されている。「インド化された東南アジア」という表現がしばしば使われ、それが強調されることは、現在のナショナリズムの潮流の中で東南アジアの人々には抵抗感を持たれていることも確かである。しかし、インドの文化的影響を無視しては現在の東南アジアを語ることはできない。ラーマーヤナ物語を題材にした古典舞踊は多くの国で演じられているが、これもその実例である。文化、宗教、政治、経済、あるいは農業技術といった多方面において、古代インドの影響は現代まで色濃く残っている。

とはいえ、古代建築物には地元民の間に伝統的に培われた技法やモチベーションが多く発揮されていることも事実である。今日、インドネシアやマレーシアやタイなどに行くとインド系の顔立ちの人をしばしば見かけるが、彼らの

6　桑田六郎．1993．p. 381．

遠い祖先はインドからやってきたと見ることができる。現に、タイでは工場の竣工式などにインド人の末裔のブラーマンがやってきて、工場の安全祈願などの祈禱などをやってくれる。もちろん、19世紀の植民地時代にマレー半島のゴム農園に出稼ぎ労働者として南インドから連れてこられたタミール族の人たちの子孫もいるが、古代からの伝統を受け継いでいる人たちも少なからず存在する。

帆船時代のインドと中国の間にはマレー半島という大きな自然「障害物」が横たわっていた。夏季の季節風（偏西風）に乗って南インド・セイロン方面からベンガル湾を横断しマレー半島北部に到達しても、そこからマラッカ海峡を南下していくには逆風になり、冬の北東風を待つ必要があった。また海賊の襲撃というリスクがあった。それを避けるためにマレー半島横断通商路が開発されたが、それがインド人のマレー半島全体に浸透する原因にもなったのである。その通商道路は現在の国道や地方の幹線道路として大部分が残されている。

3. 扶南の興亡と盤盤への亡命

初期の中国との貿易をほぼ独占していたのは林邑（チャンパ）と扶南（フナン）であった。扶南の支配者はインド系であったが、林邑のほうは漢族の地方官僚の子孫の区連という者が日南郡の象林で反乱を起こし、そこの長吏を殺害てし、建国し（192年）、林邑と称した。その末裔として范熊、范逸、范文（336〜349年）、范仏（377年）、范須達（380〜413年）、范陽邁（421年）、范神成（455年）の名前が残されている。しかし、彼らが同じ血統でつながっているかどうかは不明である。林邑はしきりに朝貢する一方で、中国政府の出先機関のある交趾に出撃し、しばしば国境紛争を起こしている。その経緯は『宋書』に詳しい。元嘉8年（431年）には扶南に援軍を頼んだが、扶南は断っている。元嘉23年（446年）には怒った太祖は公州刺史檀和之に命じ林邑を討伐し、国王范陽邁は日南郡の捕虜を返還し恭順の意を表し許されたが、その後も林邑は朝貢と国境紛争を繰り返した。[7]

7　林邑の本格的研究については駒井義明．1941.『南部アジア上代史論』がある。最初の林邑は後漢の

ここではシュリヴィジャヤとの関係上、扶南を中心に話を進めていく。『梁書』の扶南国の条に「有事鬼神者字混塡、夢神賜之弓、乗賈人舶入海…」ということでブラーマンの混塡（潰）（カウンディニヤ＝Kaundinya）が扶南の地に乗り込んだ。その際、混塡は大型の商船に乗ってきて、持っていた神弓の威力を見せつけ、現地の王女「柳葉」を降伏させたというから、一種の「武力制圧」であったと考えられる。当時の商船は海賊対策もあり、武装していたことはいうまでもない。混塡は王女「柳葉」と結婚し、国王となったと伝えられている。その時期はいつかは不明だが、杉本直治郎博士は1世紀末から2世紀初めごろと推定する。また、カンボジアの伝承によると、インドの婆羅門（バラモン）のカウンディニヤがメコン川の竜女ソーマと結婚し、カンボジア王国の祖先となったという。この両者は関連する物語であろう。[8]

また、4世紀末にバラモンの憍陳如（こちらはカウンディニヤIIと呼ばれる）は現在のタイ王国のバンドン湾にあった盤盤国（首都はチャイヤー）経由で扶南にやってきて国王となり、さまざまな制度改革を行なった。[9]このことからも盤盤と扶南は古来密接な関係にあったことが知られる。扶南は盤盤をインドへの「通路」としていたのである。この2人のカウンディニヤは北インド系のブラーマン階級（カースト制度の最上層）の出身である。[10]

憍陳如闍邪跋摩（カウンディニヤ・ジャヤヴァルマン）は梁の天監2年（503年）に珊瑚製の仏像などを献上し、安南将軍・扶南王の称号を授与された。ウェールズは盤盤と扶南の関係について「マレー半島の東西の通商ルートを結ぶ盤盤はこの頃（憍陳如が盤盤経由で扶南に渡った4世紀末頃）扶南の属領であったことは

192年ころ建国されたと見られている。それが749年まで続いたということは557年の長期政権ということになるが、実際の王統は数回交代している。漢の最南端の郡である「日南郡」が林邑の発祥の地であり、最初の王は後漢の役人の息子の区連という人物であったという。彼は暴動を起こし、県令を殺害して自ら王を名乗ったとされる。住民はチャム族といってオーストロネシア語族（マレー系）であり、現在のインドネシア人やマレー人と親和性が高い（言葉が通じやすい）。また林邑の支配者は何度も替わり、後にはインド系と見られるものも出てくる。杉本直治郎．1968. pp. 308-414. にも林邑についての詳細な論考がある。
8　杉本直治郎．1968. p.335; 350.
9　『梁書』扶南の条：其後王憍陳如、本天竺婆羅門也。有神語「応王扶南」、憍陳如心悦、南至盤盤、扶南人聞之、挙国欣戴、迎而立焉復改制度、用天竺法。
10　Wheatley, Paul. 1964. p.44.

ほとんど確実である」と述べている。また、逆にいえば、扶南王国は盤盤を支配下において初めて成り立ちうる貿易国家であったともいえる。というのは後に詳しく述べるように、扶南にとってインド方面との交易ルートとしてチャイヤーと西岸のタクアパを結ぶ通路が最も重要なものであったからである。『梁書』の扶南国の条に見るように、扶南と盤盤は極めて連絡が密であることがうかがわれる。「扶南王となるべし」という神の啓示があったので盤盤まで出向いた。それを聞いた扶南の国民が大歓迎をして国王に推挙したというような伝説が語られている。これはとりもなおさず扶南の王統はインドから受け入れるという体制ができ上がっていたことを意味する。

　扶南の通商国家としての発展の概略をたどると、『南斉書』扶南伝によれば扶南は「為船八九丈、広裁六七尺」というかなり大型の手漕ぎ船を持っていた。後漢時代の尺度では1尺が23cmといわれていたので、9丈なら長さ21m弱、幅7尺なら1m40cmという長細い高速手漕ぎの船であった。これは扶南の「海軍」の舟艇であった。もちろん外洋で使用する船はもっと幅も広く風向によっては帆も使える形になっていたであろう。タイ（シャム）湾が荒れなければ、大型の手漕ぎ船で扶南の港オケオ（Oc-Eo）と盤盤との連絡や軽量貨物の運搬には十分間に合ったはずである。季節風にもさほど影響されなかったであろう。また、この手漕ぎの高速船を連ねて大勢の兵士（兼漕ぎ手）を乗せて周辺諸国に侵攻し、主要な港湾都市国家を次々と自国の支配下においた。特にマレー半島は東西両岸の支配が重要であった。マレー半島西側の港湾を支配すれば、ほぼ独占的にインド方面からの財貨を掌握できる。3世紀のはじめごろ将軍の范（師）蔓は周辺諸国（港）の制圧を積極的に行ない、後に推されて扶南の王になった。扶南とシュリヴィジャヤの歴史を通じて、西方からの財貨の安定的、寡占的確保が最大の「政策課題」であることがわかる。

　『梁書』には范（師）蔓について「(范）**蔓勇健有権略、復以兵威攻伐旁国咸服属之、自号扶南大王。乃治作大船、窮漲海、攻屈都昆、九稚、典孫等十余国、開地五六千里。**」とある。范蔓は勇気と智謀を以って近隣諸国を攻略し、自ら「扶南大王」と名乗り、大型船を作り、海外侵略を行なった。屈都昆、九稚、典孫

11　Wales, H. G. Quaritch. 1937. p.85.
12　前掲『梁書』扶南の条。

など10ヵ国以上を征服し、領土を5～6千里広げたという。屈都昆は「ケダ」という説が多数派であるが、『通典』には「都昆出好栈香、藿香及流黄」とあり、硫黄が出るという。とするとこれはスマトラ島のパサイ（Pasai）あたりにあった国であろうと藤田博士は推論される。[13]

　九稚は九離（クリ）の間違いで拘利や投拘利といわれるプトレミーのいうタッコラにあたるとされ、タイ西岸のタクアパもしくはトランではないかといわれている。典孫は頓遜と同じであり、ビルマ側のテナセリムである。『太平御覧』（宋の李昉他の編。984年成立）の「頓遜の条」には「扶南記曰、頓遜国属扶南国主名崑崙」とあり、頓遜は扶南の属国であったされる。頓遜（典孫）は一大商業都市であった。国王の姓は崑崙であった。崑崙という姓は漢籍にしばしば現れるが、インド系ではない「原住民」が姓として使ったものであろう。この場合はおそらく場所柄から見て「モン族」であったと思われる。典孫はインド方面からの商船の寄港地であった。范蔓の時代に制圧されて以来、典孫は扶南のインド方面からの財貨の仕入れルートとして機能したことは間違いない。

　范蔓の没後、その子范旃（225～43在位）が後を継ぎ、その時に呉の使者の康泰と朱応が扶南を訪れている。范旃王は積極的な人物で、親族の「蘇物」を中天竺に派遣していた。中天竺王は感激して陳と宋という2人の使者を扶南に派遣し、月氏の名馬4頭を贈り答礼している。その2人の使者に、たまたま扶南に来ていた康泰と朱応が面談し、中天竺の状況を聴取している。「（中天竺国は）仏道所興国也。人民敦厖、土地饒沃。其王号茂論。」（『梁書』中天竺の条）とあり、仏教の興った国で人口も多く、土地も肥沃であり、繁栄していた有様が報告されている。茂論王とはクシャン朝のヴァスデーヴァ王（別称ムルンダ王）と見られる。

　『梁書』扶南の条によれば、扶南国王憍陳如闍邪跋摩（Jayavarman）は南齊永明2年（484年）から使節を送り、梁の天藍13年（514年）に没する。その後庶子の留陁跋摩（Rudravarman）が弟の嫡子を殺害して王位を継ぎ、天藍16年（517年）に入貢し、大同5年（539年）まで朝貢を6回行なう。その間、長さ1丈2尺のブッダの遺髪を所有していると称し、中国側がそれを貰い受けに高僧を派遣する。ルドラヴァルマンは熱心な仏教徒であったと見られる。彼の死後、扶

13　藤田豊八．1932A. p.95.

南朝は真臘に圧迫され、南へと追いやられ、最後はタイ（シャム）湾の対岸の盤盤に亡命したものと考えられる。

また、扶南と盤盤は歴史的に連絡を密にしつつ朝貢を行なっていたという可能性が高い。それは梁時代に特に顕著であった。梁の502〜557年の56年間に扶南が11回、盤盤が7回と両国で18回入貢している。特に、大通元年（527年）以降に盤盤の入貢回は集中している。次の陳時代（559〜588年）も扶南3回、盤盤2回と交互に入貢している。扶南はインド方面からの財貨を「タクアパ⇒盤盤」（本書ではAルートと呼ぶ）で主に仕入れており、実質的に盤盤を支配下においていたものと推測される。

『隋書』の真臘の条に「（真臘）本扶南之属国也。…自其祖漸已強盛、至質多斯那（チトラセナ＝Chitrasena）、遂兼扶南而有之。」とあり、真臘はもともと扶南の属国であったが、チトラセナ王のときに逆に扶南を吸収したとある。一方、『新唐書』の真臘の条には「其王刹利伊金那、貞観初并扶南有其地」とあり、扶南が真臘に占領されたのは貞観の初期だと明記してある。「刹利伊金那」とは「金」は「舎」の誤字と見れば「シュリ・イシャナヴァルマン＝Śrī Īśānavarman 1世」であろう。イシャナヴァルマン1世の後継王はバーヴァヴァルマン（Bhavavaruman）2世で639年にタケオ出身者であると碑文に記されているが、先王との関係は不明とされる。扶南の滅亡時期はどちらが正しいか正確には不明であるが、6世紀末には扶南政権はカンボジアの地から追い落とされていたと見られる。扶南が6世紀末まで中国への主要な朝貢国としての地位を保つには盤盤を支配下に置いていたことは間違いないであろう。海軍力のない真臘はタイ湾の制海権を奪えず、盤盤を支配下に置けなかった。

その扶南の朝貢は陳の禎明2年（588年）で一応終わり、代わって真臘が隋の大業12年（616年）から朝貢を始めている。ただし、『新唐書』に扶南が「武徳、貞観時、再入朝」とあり、唐初の武徳年間（618〜26年）と貞観年間（627〜49年）に入貢したことになっている。この唐初の扶南の入貢は「盤盤」の港を使って行なったという推測もなりたつであろう。貞観に入貢した扶南はなお、本国での地位を確保していたと唐王朝に説明し、それが上の『新唐書』の記事につながった可能性がある。『新唐書』としてはその辺の一貫性を意識して、つじつまの合った記述をしたと見ることができよう。

盤盤について

　ウェールズのいうように、盤盤が事実上扶南の属領的な国であったことは扶南と盤盤の歴史的関係を見れば肯定できよう。ホィートレーも6世紀ごろまで扶南は盤盤を支配下に置いていたと見ている[14]。その文献的な確証は必ずしも明白ではないが、盤盤という国がどのような姿の国であったかは『通典』の槃槃（盤盤）の条に簡潔に記述されている。「国無城、皆豎木為柵」とあり、国には城がなく、（王宮は）背丈の低い木の柵で囲われていたとある。豎木というのはたけの短い木である。武器は「其矢多以為石鏃、槊則以鉄為刃」とあり、矢には石の鏃が多く使われ、槊には鉄の刃が付いていたという。象の軍隊を持っていたなどという記述はなく、石器時代と変わらない石の鏃を使う「軍事弱小国」といったイメージである。そのかわり、仏教寺院が10ヵ所以上あり、インドから婆羅門（バラモン）が多くやってきて国王に食べさせてもらっている。当時としては平和でゆとりのある文化国家であったようである。

　『旧唐書』には「其国與狼牙修国為隣、人皆学婆羅門書、甚敬仏法」とあり、狼牙脩（ランカスカ）は隣国であり、国民は皆バラモンの文字（サンスクリット語）を学び、仏法を非常に敬っていたという。なぜそういう文化的平和国家の存在が許されていたかというと、盤盤はタイ湾の中のバンドン湾にある国際的通商国であり、マラッカ海峡のように海賊が徘徊するようなことも少なく、海の治安は強力な海軍を有する扶南が守ってくれていたためであろうと推察される。また、見方によっては扶南から強力な軍隊を持つことを禁じられていた可能性も否定できない。

　その点扶南の保護がなかった隣国（ナコーンシータムマラートと考えられる）の狼牙須（ランカスカ）は『通典』には「其国類塼為城、重門楼閣。王出乗象、有旛毦旗鼓、罩白蓋、兵衛甚設。武帝天監中、遣使献方物。其使云、立国以来四百余年」とあり、塼（丸い煉瓦）を積んで城を築き、多重の門に守られた王

---

[14] Paul Wheatleyも扶南が6世紀中ごろまでマレー半島の地峡地帯を支配下に置いていたと述べている。"The rejuvenated kingdom of the second Kaundiniya dynasty endured, and maintained its control over the isthmian tract of the Malay Peninsula, until the mid-sixth century."（Wheatley, Paul. 1964. p.50.）しかし、その後も真臘は8世紀中ごろまでマレー半島にまで勢力を延ばせず、タイ湾の制海権を奪えなかった。それは海軍力の欠如による。

宮の楼閣がそびえ、王は外出時には象に乗り、旗指物をたなびかせ、(玉座は)メッシュで覆われた白い蓋をかぶせ、鳴り物入りで衛兵が多く付き従うという物々しさであり、槃槃国とは雰囲気がだいぶ違う。これは強固な独立国としての威厳を国内外に示す必要があったためでもあろう。建国以来400年余りと歴史の古さも強調している。

　また、槃槃国の家臣については首相格の大臣以外は姓に「崑崙」が付いている。これは原住民出身であったことを意味するものであろう。この場合の「崑崙」とは先の典孫の場合と同じく、モン族であったと思われる。盤盤は一言でいえば「小さい簡素な政府」で地元民が行政の実務をになっていたという印象である。扶南の王族が盤盤の実質的な支配権を握っていたとも考えられよう。真臘に敗れた扶南の王族はカンボジアから追われ、かねてからの「属領に近い友好国」の盤盤（チャイヤー）に海軍を率いてまず逃げ込み、そこをベースに再起を図ったと考えるほうが自然である。扶南はまず、「近くの親戚」筋に当たる盤盤に落ち着いたと見るべきであろう。

　扶南王朝を追放した真臘はただちにヒンドゥー教に回帰し、一時期大乗仏教を追放した。真臘は扶南に代わって積極的に「朝貢」を行なった。しかし、真臘は本来、稲作を経済基盤とする内陸型国家であり、当初は盤盤を攻略するに足る海軍力が欠けていた。盤盤に逃げ込んだ扶南の王統は、そこで一息つき、次の策を練ったに相違ない。『新唐書』には扶南が唐代の「武徳、貞観時、再入朝」とあり、もし入貢が事実であれば、盤盤の港を使って入貢したものと思われる。この唐時代の2回の扶南の入貢について、桑田博士は「冊符元亀では隋唐扶南の入貢を記さぬのに、唐書の武徳貞観時再入貢は怪しい。唐書の誤解ではあるまいか」と見ている。[15]しかし、軽々に「誤解」と片付けるのはいかがなものであろうか。正史の記述は、他の文献からの引用は別として、それなりの根拠がある場合がほとんどである。扶南滅亡の経緯については、桑田博士は扶南は真臘に滅ぼされて王朝は自然消滅したと述べている。[16]そこで扶南の歴史は終わったという見方である。

　セデスは、扶南の王朝はいったんマレー半島に逃れたが、すぐさまパレンバ

15　桑田六郎．1993．p.229.
16　桑田六郎．1993．p.230.

ンに行ってシュリヴィジャヤの首都を構え、ついにはジャワにまで勢力を伸ばし、シャイレンドラ王家として勢力を盛り返したという説である。私は「扶南の王朝が生き延びた」という点ではセデスの考え方に同感だが、どこでどのように生き延びたかが問題である。セデスが扶南の王統が生き延びたと考える根拠の1つは、扶南‐シュリヴィジャヤ王統は一貫して大乗仏教の熱烈な信者であったことにあるとしている。この部分に関するセデスの説には異論はない。セデスがシュリヴィジャヤ＝パレンバン説を唱えたのはパレンバンで「クドゥカン・ブキット碑文」などのいくつかの碑文が発見されて、それをセデスが解読し、シュリヴィジャヤ勢力がその地に攻め込み、その地域を支配していたことがわかったためであるという。だからといって、シュリヴィジャヤがパレンバンを首都としていたとは断定できない。石碑にもそれを裏付ける具体的な記述は特に見当たらない。パレンバンやジャンビは「室利仏逝」が支配する「14の城市（属領）」（『新唐書』）の1つに各々組み入れられたものと考えられる。

室利仏逝がマレー半島唯一の朝貢国になる

　マレー半島に逃れた扶南の王族はチャイヤー（盤盤）を拠点として、南進し（おそらく軍事的に）ケダを起点とするマレー半島横断通商路をも支配下におさめ、第1段階ではマレー半島の統一国家としての「室利仏逝」を形成したと考えられる。マレー半島の盤盤に基礎を置いた扶南の王族がまず矛先を向けたのは隋時代の「赤土国」が支配していたルートと考えられる。それはケダを出発点として東岸のケランタンやソンクラーに抜ける通商路であり、本稿では「Bルート」と名づける。それを盤盤が7世紀の初めごろ（隋時代末期）に併合・吸収してしまったものと思われる。おそらく武力によるものであろうが、それを語る歴史上の資料はない。「赤土国」が煬帝大業6年（610年）の入貢を最後に消えてしまう。特使（常駿等）まで派遣した相手国がどうなったかは『隋書』にその結末は見当たらない。『新唐書』には「婆利者、直環王東南、自公州汎海、歴赤土、丹丹諸国乃至。」とか「赤土西南入海、得婆羅」というように赤土は「地名または国名」としては存在したが、「朝貢国」としては名前が出てこず、政権を維持していたという証拠もない。隋時代の「狼牙須国」と同様である。盤盤も貞観22年（648年）の入貢が最後であり、それ以降の消息は不明

である。また、マレー半島から朝貢を長年続けてきた「単単（丹丹）」も総章3年（670年）を最後に朝貢をやめてしまう。それから間もなく「室利仏逝」が咸亨年間（670～674年）に入貢したという形になっている。[17]

これは相互に関連する「一連の動き」と見るべきであろう。室利仏逝が登場した後はマレー半島から朝貢していたと見られる国々の名前がことごとく消えてしまう。そして最後に残ったのは室利仏逝である。換言すれば、「室利仏逝がマレー半島を統一した」と見ることができる。この段階でケダ（義浄のいう羯茶）も属領となっていた。

第2段階ではシュリヴィジャヤはマラッカ海峡の制覇に乗り出す。手始めに末羅瑜（マラユ）諸島を「属領」とし、ついでジャンビやパレンバンのようなマラッカ海峡の南を支配する国々に侵攻する。それは後のクドゥカン・ブキット碑文の年号などから見て682年頃であったと考えられる。セデスは逆にパレンバンから北上してマレー半島を制圧したと考えている。これは実際の歴史の流れからは逆行した説である。人口もさほど多くなかったパレンバン（セデスのいうシュリヴィジャヤ）が大海軍を編成してケダまで攻め上るなどという話はありえない。パレンバンが東西貿易のセンターで巨万の富を蓄積して強力な軍隊を組織していたというのがセデスの考え方かもしれない。歴史の現実を見れば、インド方面からの窓口の国際貿易港として繁栄していたのはケダのほうである。ケダは後背地に水田地帯を擁し、圧倒的に人口も多く、経済的にも、軍事的にも格段に優位にあったはずである。

なぜ扶南の王統は「盤盤」という国名を使って朝貢を続けなかったかといえば、中国の王朝の冊封国あるいはそれに順ずるような「赤土国」（煬帝が特使を派遣）を勝手に併合しては唐王朝の「お咎め」を受けかねないという判断が働いたものと思う。いわば「盤盤と赤土国」が平和裏に合併して、「室利仏逝」を形成したというような説明を唐朝に対して行なったのではないかと考えられる。有力な朝貢国であった赤土国と盤盤国が唐王朝になってからいつのまにか両方とも消滅した理由は他には見当たらない。義浄は羯茶（ケダ）は室利仏逝の属領であると述べている。義浄の記述から察するに、ケダは後から室利仏逝の版図に組み入れられたということでろう。ケダには隋時代には赤土国の本拠

---

17 『新唐書』「室利仏逝」の条。

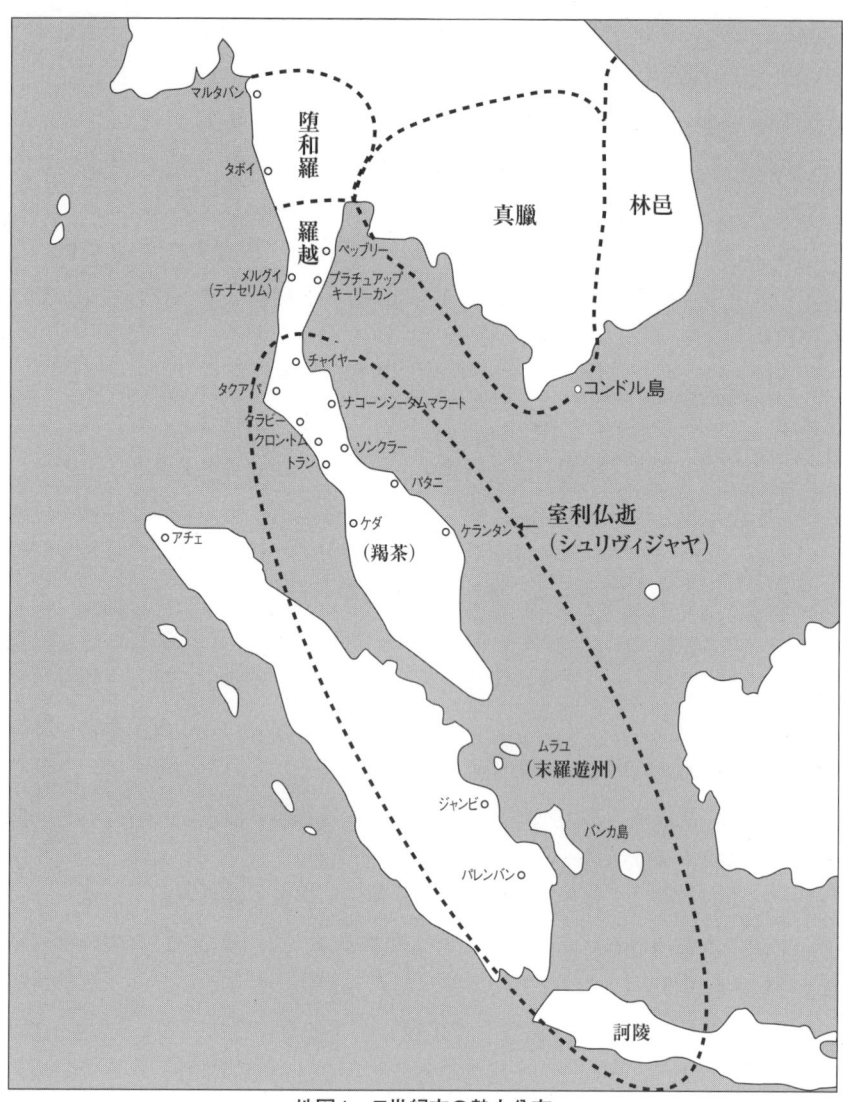

地図1　7世紀末の勢力分布

があったとすれば話が附合する。

4. 真臘の台頭とその限界——扶南のような貿易大国にはなれなかった

　扶南ほどではないにしても、真臘にとっても貿易が重要であった。真臘はもともと内陸部の水田稲作国家であったが、稲作農民からの年貢の上がりだけでは財政的に巨大な王国は経営できない。真臘も東西交易に関与して大きな利益を得ようとし、朝貢には熱心であった。貞観2年（625年）には林邑と共に入貢している。『旧唐書』真臘国の条には「貞観二年、又與林邑国倶来朝献。太宗嘉其陸海疲労、錫賚甚厚」とあり、陸上と海上の2つのルートから入貢していたようである。太宗（626〜649年）はその労をねぎらい手厚いご褒美を下賜したとある。

　しかし、真臘は扶南と同じような規模で朝貢を行なうことはできなかった。それはインド方面からもたらされるアラブの乳香などの香料をはじめ、インドの綿織物など中国でもてはやされる財貨の輸入ルートが細かったからである。インドからの主要輸入ルートである「タクアパ港（西海岸の盤盤の主要港）」は盤盤が引き続き支配していたからである。真臘の輸入窓口はビルマのテナセリムやタヴォイなどのモン族（後のドヴァラヴァティ国）の支配地域に限定されていた。真臘にとっては、南進してチャイヤーを占拠し、輸入ルートを拡大することがが重要課題であった。真臘もマレー半島の港湾を支配すべく、旧「扶南」勢力を追いかけて、チャイヤーの占領を目指したが、それが一時的にせよ成功したのは扶南をメコン・デルタから追い出して150年以上も経った740年代に入ってからであった。

　『新唐書』には扶南が真臘に攻撃され、本拠の「特牧城（バ・プノン近郊）」を占領され、南の「那弗那城（アンコール・ボレイ）」に逃げたと書かれている。[18]その後のことはわからないが、そこも追われカンボジアから追い出されたことは間違いない。もともと真臘の王族と扶南の王族は姻戚関係にあったが、次第に真臘の勢力が強まって主客逆転したということであろう。その1つの鍵は真

18　杉本直治郎．1968. pp.372-8. によれば；特牧城は Vyādapura=Dalmāk,Banam 那弗那城は Navapura=アンコール・ボレイ（新都）、また婆羅提抜は Baladeva であろうとされる。

臘の支配地域で灌漑による水田の拡大が行なわれ、米の生産力が増して、人口面でも扶南を上回るということが起こったと見られる。その点、扶南は、農業地帯も支配していたが、どちらかというと通商・貿易国家という色彩が強かった。扶南は背後からの真臘の攻撃に弱かったのである。

　また、扶南の王族は「大乗仏教」を信仰していたが、真臘の支配者は「ヒンドゥー教」を主に信仰していて、政変後は真臘は一時期かなり露骨に仏教を排斥したと見られる。シャイレンドラの捕虜になっていたジャヤヴァルマン2世は帰国後802年に即位し、ジャワからの「独立宣言」を行ない、真臘全土を統一して、自らはヒンドゥー教のハリハラ神（シヴァ神とヴィシュヌ神の合体）を信仰し、ハリハラの化身であると宣言したが、仏教にも寛大であった。次のインドラヴァルマン（Indravarman）1世（877～889年）の時にヒンドゥー教と仏教がともに栄え、アンコール・トムの建設を開始した。その次のヤショーヴァルマン（Yaśvarman）1世（889～900年）の時代に、大乗仏教信仰が正式に認められた。この辺の宗教的変化は前の真臘王時代とは異なる。これは大乗仏教国シュリヴィジャヤへの配慮が働いていたかもしれない。ヤショーヴァルマン1世の時代にクメール王国はチャンパ地域を攻めインドシナ半島に版図を大きく拡大した。

　交易面では、真臘ははじめのうちはビルマの港からの陸上ルートでやってくるインド方面からの貨物を、チャオプラヤー川流域を支配するモン族（ドヴァラワティ）から譲り受けていたと考えられる。真臘は、当初は陸路を活用して雲南地方との交易路を利用していたものと思われる。ビルマのマルタバン港などを使ってインド方面からの財貨を獲得し、現在のタイ領を横断して、チャオプラヤー川やメコン川の水系を遡上し雲南方面に運ぶというルートである。この雲南ルートは古代から存在した。朝貢記録に真臘は「文単」国としばしば表記されている。「文単」とは「Wen Chan」すなわちラオスのヴィエンチャンではないかという説もある。真臘のクメール文化は広範囲にわたって現在のタイ領の内陸部に拡大されているのである。コーラート高原のピーマイのクメール

19　義浄は『南海寄帰内法伝』で「（占波＝チャンパから）西南一月。至跋南国。旧云扶南。先是裸国。人多事天。後乃仏法盛流。悪王今並除滅。無僧衆。外道雑居。」とある。（宮林昭彦・加藤栄司訳2004. p.15）
20　Coedès, G. 1968. pp.111-4.

寺院遺跡など以外にも、ロップリーやスコータイにもクメール様式の寺院の遺跡が見られる。真臘は北方にも勢力を伸ばし、モン族の支配地を次々奪っていったのである。

　唐時代の首都は内陸部の長安（今の西安）であり、雲南の地まで財貨を運べば、そこから長安までは比較的近かった。チャオプラヤー川やさらにメコン川水系の河川や周辺の道路は古代からかなり利用されてきた。その道路や水路を使って雲南地方のタイ族は南下を続け、クメールの傭兵などになりながら、水田稲作技術をもって次第に真臘の支配地域を蚕食していった。13世紀後半にはタイ族の国家としてスコータイ王朝が成立し、その後アユタヤ王朝に発展し16世紀にはクメール帝国が滅ぼされてしまう。

　真臘はインドシナ半島に勢力を伸ばしチャンパにも圧力をかけ続けた。これは中国への海の出口を確保するためでもあったと考えられる。海路のほうが交易としては陸路よりも輸送効率がよいし利益も大きい。最初の入貢は隋時代に入って616年になってからである。唐になってからも入貢の実績を着実に増やし、林邑と組んで朝貢したこともある。しかし真臘にとって「理想の形」はマレー半島横断通商路を確保し、同時にタイ湾の制海権も掌握するという「扶南方式」の交易スタイルであったに相違ない。それを実現するチャンスを狙い続けていたことは確かである。「室利仏逝」の名前が漢籍から742年を最後に消えてしまう。それはおそらく740年代の中ごろ真臘がチャイヤーとナコーンシータムマラートを占領されたためであろうと推測される。室利仏逝グループ諸国は大混乱に陥ったと思われるが、いかなる資料にもその経緯は記されていない。ただ、事実としてあるのは、その後20年ほどして、室利仏逝グループに属していた中部ジャワのシャイレンドラ王国が海軍を率いてチャイヤーとナコーンシータムマラートの奪還をはたした。それは「リゴール碑文（775年）」が物語っている。真臘は大敗北を喫し、現地に駐在していたクメールの王族は捕虜となり、ジャワに連行された。

　その前に707年ころ真臘は「陸真臘」と「水真臘」に分裂した。『新唐書』によれば「**神龍後分為二半：北多山草、号陸真臘半；南際海、饒陂澤、号水真臘半。水真臘、地八百里、王居婆羅提抜城。陸真臘或文単、曰婆鏤、地七百里、王号笪屈，**」とある。水真臘のほうが旧扶南の故地にあり、海外貿易にも適し

た立地に見える[21]。しかし、707年以降に実際に記録された水真臘の入貢回数は2回（813年、814年）のみであり、陸真臘または真臘が9回ある。『旧唐書』では文単は真臘と同じと見ている。水真臘はインド方面からの財貨の輸入が海上を支配する室利仏逝にブロックされ思うに任せず、交易面での成果はさほど上がらなかったと考えられる。一方、陸真臘は陸続きのテナセリムなどのビルマ側の港湾を支配することができたので、ある程度は「西方の財貨」を入手することができた。それによって朝貢も容易になったと見ることができる。

真臘のチャイヤー占領と敗北

　真臘は長年の準備の後に、745年前後に軍を進め、チャイヤーやその南のナコーンシータムマラートまで支配下に置くことに一時的にせよ成功した。室利仏逝を攻略したのは「陸真臘」で、主に陸軍を率いてマレー半島を南下して攻めた可能性が高い。シャイレンドラの逆襲にあって捕虜になった王子——後のジャヤヴァルマン2世は陸真臘系の人物であったと思われる。帰国後、彼が陸真臘を統一したことがその根拠である。

　チャイヤーを追われたシュリヴィジャヤ王家は支配下にあった中部ジャワやスマトラに亡命したと考えられるが、その消息ははっきりしない。中部ジャワではシュリヴィジャヤ王家が「シャイレンドラ」を名乗り、対中国との関係では以前から中部ジャワのサンジャヤ系王国が使っていた「訶陵」という国名で唐王朝に入貢した。それは大暦3年（768年）から始まっている。

　真臘は一時期チャイヤーを占領したが、さらに南進してマレー半島南部の「ケダ⇒ケランタン、ソンクラー、パタニ」という「Bルート」までを支配下に置けなかった。真臘の南下はナコーンシータムマラートで止まったと考えられる。それ以上南進するには兵力の限界があったのと、海軍力の差が最後は勝負を決したのである。しかし、770年前後にはシャイレンドラ王朝がジャワ島で組織した海軍を率いて逆襲し、真臘軍は逃げる間もなく大敗した。その後の真臘＝クメールはシュリヴィジャヤの勢力が衰える12世紀までシュリヴィジャヤに頭を抑えられていたように見える。それは、後に見るように「朝貢実績」が物語っている。

21　杉本直治郎．1968. pp.373-7.

上に述べたようにセデスは、真臘に追われた扶南がマレー半島はほとんど「通過」したのみで、いきなりパレンバンまで逃げて「室利仏逝」を建国したという見方をした。ホィートレーは真臘が扶南を駆逐すると盤盤も自動的にその勢力下に入ったものと考えていたようである。真臘のお目こぼし（？）によって自治権を付与され、盤盤は自ら中国への朝貢を続けたという見方をしている。

"P'an-p'an（盤盤）had sent several embassies to China even during the hegemony of its northern neighbour, so we may suppose that it had enjoyed considerable autonomy for some time.[22]"

北方の隣国"its northern neighbour"とは、いうまでもなく真臘のことである。しかし、実際は真臘の海軍力は脆弱で、扶南の王族がタイ湾を渡って海軍を率いて盤盤に逃げるのを追尾できなかったと見るべきであろう。また、マレー半島も支配下に置くことはできず、盤盤に手出しができない状態が続いた。扶南政権を打倒しても、扶南の支配領域すべてが真臘の手に入ったわけではない。この辺の誤解が天才的地理学者であり、東南アジア史家のホィートレーにあったように思われる。真臘は唐時代の朝貢回数は比較的多いが、インド方面からの財貨を仕入れるルートは、テナセリムなどのビルマ沿岸からドヴァラヴァティ経由でチャオプラヤー川に運ぶルートしか持っていなかった。そのため、朝貢品も目立ったものが少なく、旧扶南に取って代わるような「交易大国」にはついになりえなかった。

『冊府元亀』を見ても、真臘の朝貢品について具体的な品目としては「方物（はこもの）」以外は「馴象」（調教された象）や珍獣の類のみが記載されているに過ぎない。方物の中身はわからないが、国産の香木の類を献上していたことであろう。真臘はその後一応の海軍力を備え、旧盤盤地区（シュリヴィジャヤの本拠地）を占領した後に、750、753、755、767、771、780、798、813、814年と堰を切ったように続けざま入貢する。このうち813年と814年の入貢は「水真臘」によるものだと見られている。その後はシャイレンドラが真臘の入貢を認めなかったと考えられ、次に真臘が入貢するのは北宋の末期、政和6年（1116年）である。

22　Wheatley, Paul. 1964. p.53.

この間ほぼ300年間は、真臘はシュリヴィジャヤ（宋時代は三仏斉）によって完全に押さえ込まれていたと見ることができよう。真臘は三仏斉の力が衰えてきた北宋末（1116年、1120年）から南宋時代（1155年、1200年）にかけて4回入貢する。真臘が真価を発揮するのは明の洪武帝時代である。暹羅（アユタヤ王朝）と並んでしきりに入貢するようになる。

第2章
東南アジアの中継貿易の変化

1. 扶南の通商路とドヴァラヴァティ

　インド商人は中国との交易を進めるに当たってビルマとタイ経由でチャオプラヤー流域のモン族系の諸都市を通って扶南に積荷を引き渡すという、陸送距離の長い中継貿易を行っていたものと思われる。またはモン族に商品を売却し、モン族がそれを扶南に売り渡す形をとっていたものと考えられる。モン族の中間利益は莫大なものがあったことはいうまでもない。現在のビルマ国境周辺からタイ王国の領域のチャオプラヤー川流域にかけては、当時はモン族は広範囲に居住しており、彼らはドヴァラヴァティ（Dvaravati＝堕和羅鉢底）として中国に知られていた。たとえばビルマ側の主要な港を基点とし、インド方面から運ばれてきた財貨をタイ湾側の扶南の領域に運ぶ「ドヴァラヴァティ」ルートは次のようなものがあった。

①マルタバン（Martaban）⇒ターク（Tak）⇒ピン川を下りナコンサワン（Nakhon Sawan）⇒アーントーン（Ang Thong）⇒ナコーンパトム（Nakhon Pathom）。

②マルタバン（Martaban）⇒三仏塔（スリーパゴダ）峠⇒カンチャナブリー（Kanchanaburi）⇒ナコーンパトム（Nakhon Pathom）。

③タヴォイ（Tavoy）⇒ラーチャブリー（Racha Buri）、ペッチャブリー（Phecha Buri）。

④メルグイ（Mergui）⇒プラチュアップキーリーカン（Prachuap Kiri Khan）、ペッチャブリー（Phecha Buri）。

といったさまざまなモン族領域ルートというべきものが存在していた。

　これらに加えて、マレー半島を横断する使うルートが存在した。クラ地峡が「最短」部分に相当するが、実際はそれよりやや南のルートが古来使われていた。このルートもモン族の居住地域内であったと考えられる。

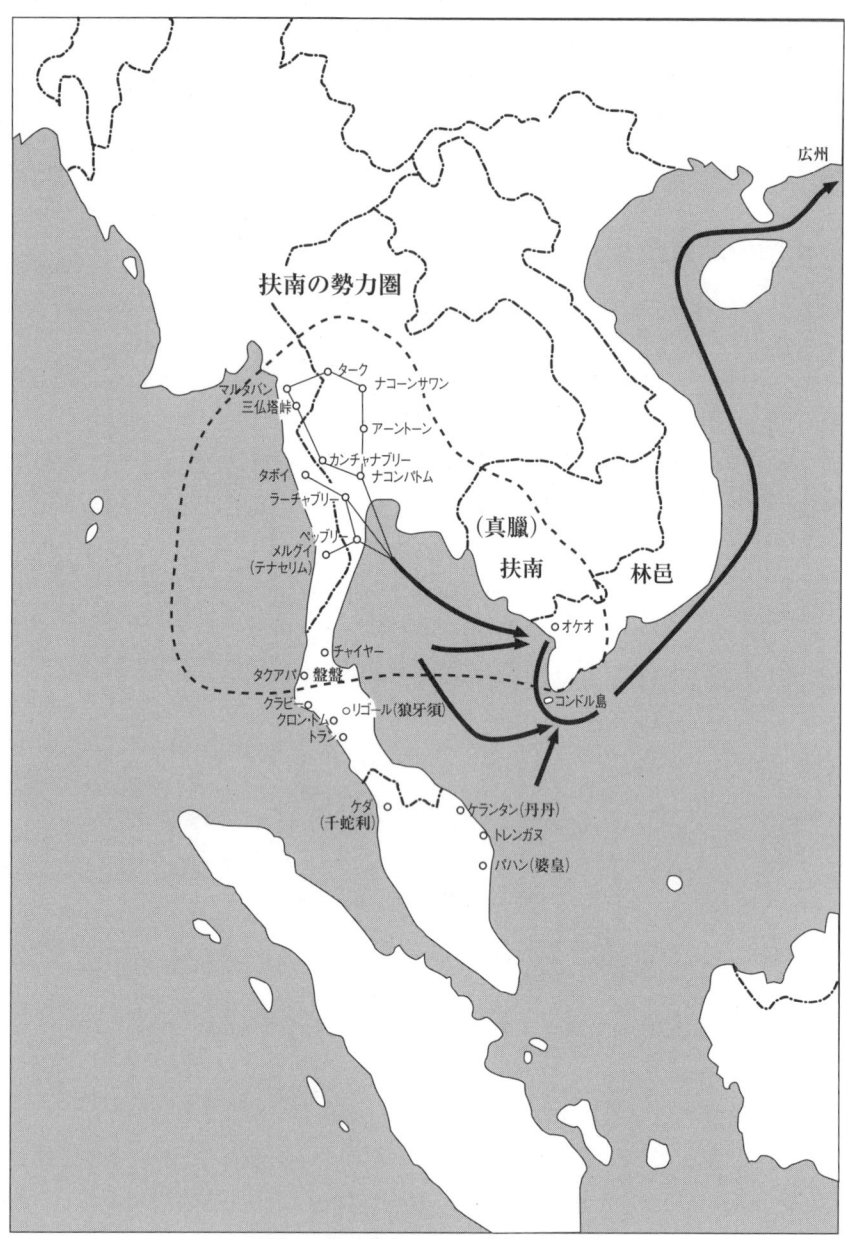

地図2　梁時代(502〜557年)の勢力図

⑤タッコラ＝タクアパ⇒バンドン湾（盤盤＝チャイヤー）⇒タイ湾横断⇒オケオ。
（後述のAルート）

　以上のルートはいずれも最終的には扶南のオケオ港にたどり着き、交易品は扶南が取りまとめて中国に運んだものと見られる。オケオの遺物から見るとインドもしくはスリランカ経由でアラブ・ペルシャからもたらされたものが多い。オケオの遺跡はフランス人ルイ・マルレ（Louis Malleret）によって1944年から発掘作業が開始され、最近にいたるまでベトナム政府の発掘調査が継続されている。港湾としてのオケオとその後背地の水田と灌漑施設、丘の上の居住施設跡などこの地域の全容の解明が進んでいる。水路で90km北方にあるアンコール・ボレイやプノム・ダー（バラモン教聖地）とも運河などでつながっていたことが明らかになった。オケオとその周辺からは土器、ガラス製ビーズなどの装身具、オケオ・コイン（銀貨）、青銅器、錫、鉄、鉛、ガラス、水晶などの材料、錫製荷札、青銅の仏像、ヴィシュヌ神像、ガネシャ像など極めて多岐にわたる品々が発見されている。中国製の鏡の断片も発見されている。

　また、林邑（チャンパ）もチャイヤーから財貨の仕入れを行ない、中国や周辺部との交易に利用していた。チャイヤーにはチャンパ風の寺院（ワット・ケオ）もあり、両者の密接な交易関係が存在したことがうかがえる。しかし、林邑は朝貢品のリストを見る限り、扶南に比べ見劣りがする。「馴象」といった調教済みの象の貢物が比較的多く、時に中国政府を辟易させたようである。

　現在のタイ王国の内陸部を支配していたドヴァラヴァティ＝堕和羅（鉢底）の立場からすれば、インド方面からの財貨の販売を「扶南」のご厄介になっていたというより、中国への直接的な出口が塞がれていたともいえる。したがって堕和羅の名前は扶南が衰退する6世紀末まで「朝貢国」としては漢籍に登場しない。堕和羅と同一と見られる「投和（頭和）」が朝貢国として登場するのは陳の時代の583年であり、唐時代には「独和羅」や「堕和羅」という国名で入貢したが649年で終わってしまう。その間合計5回の朝貢記録がある。[1]

　650年代に入ると、真臘はチャオプラヤー川流域を制圧し、またドヴァラヴァ

1　『新唐書』には「投和」の条がある。「在真臘南、自広州西南海行百日乃至」とあり、海路でマレー半島の先端を回り、マラッカ海峡を北上し100日の行程である。『旧唐書』には「堕和羅」の条があり「南與盤盤、北與迦羅舍佛、東與真臘、西與大海、去広州五月日行」とある。場所はメルグイ・テナセリム（頓遜）あたりのイメージであろう。

ティそのものも軍事的影響下に置かれ、中国への入貢をブロックされて、やがてはクメール帝国に併呑され、国名も失われた。ドヴァラヴァティのモン族は稲作民族であると同時に東西貿易の実質的な担い手としてビルマの沿海部や内陸部（現在のタイ領）、とりわけチャオプラヤー川流域に広範囲に実在していたのである。彼らはナコーンパトムやロップリーといった都市で商工業を営んでいた。[2] もちろんそれらの都市にはインド人も混在して、農業を始め、金属加工技術などを伝えたといわれる。ドヴァラヴァティは仏教を信仰し、多くの仏教遺産（仏像など）を残している。同じモン族系と見られるビルマの驃国が802年と806年に入貢している。タイの各地に残る○○ブリー（Buri）という地名のほとんどはモン族の集落、都市、小国家のあった名残である。現在モン族はビルマやタイに少数民族として分散した形で住んでおり、総数40万人といわれている。

2. マレー半島横断通商路

　盤盤・扶南組とは別に古代のマレー半島東岸の主要港に王国が存在した。その1つは狼牙脩（ランカスカ）であり、もう1つは訶羅旦（カラタン）と干陀（陁）利（カンダリ）である。ランカスカは西岸のトラン、クラビなどと結びつき、訶羅旦はケダと結びついていたものと考えられる。訶羅旦の場合はケダ（哥羅、呵羅、箇羅、羯茶などという呼称）の支配力が強く、中国への朝貢の国名としては千陀利、赤土と変化していったものと思われる。いずれも出発点はケダであり、南部のマレー半島横断通商路（Bルート）を支配していた。
　インド方面からやってきた商人はマレー半島の西側の港で荷降ろしをして、貨物を陸路で東海岸（タイ湾側）に運び、そこから再度別の船に乗せ、カンボジア（扶南）やベトナム（チャンパ）経由で、あるいは直接中国に海上輸送した。陸路（マレー半島）を横断するのに要する時間は最短1週間程度であり、かなり遠回りをしても1ヵ月程度であったものと思われる。そうすることによって

2　Coedès, G. 1968. pp.76-7. には扶南の崩壊によってドヴァラヴァティが建国されたとあるが、同国の建国そのものはもっと古いはずである。

同じ年の季節風（この場合は南西風）で一挙に中国まで貨物を運べた可能性があり、インドシナ半島のチャンパ（林邑のちには占城）あたりまでは確実に行けたはずである。この場合、南北2つの主要ルートとその中間のルートがあった。

Aルート：タクアパ⇒盤盤⇒扶南

　その1つはクラ地峡の入り口に近いタクアパやその周辺（やや南のプーケット島）と東のバンドン湾に位置するチャイヤー（今は近くのスラートタニーのほうが大都会になっている）のルートである。これを「Aルート」と名づけて以下の話を進めていく。このAルートのメリットはクラ地峡に近く、東岸のチャイヤーまでの距離が100km程度と短いことで、途中には峠の山道があるが河川を併用すればかなり速く貨物の運搬ができたと考えられる。扶南の繁栄はチャイヤー（盤盤）経由でインド方面からの財貨を迅速かつ大量に入手できたことにあるともいえよう。別な見方をすれば、扶南は盤盤をいわば「属領」的に支配し続けていたと見られる。

　また、タクアパ港周辺には唐時代の中国陶器の破片が数多く発見されている。これは南のケダにはあまり見られないものだという。したがって、タクアパ港が利用されたのはケダよりも古い時代からだと見られている。これは北インド（ガンジス川流域）の方が南インドに比べ東南アジアへの交渉開始の時期が早かったためであろう。また、タクアパ港を利用したのはインド船だけでなく、ペルシャ船も使っていた。それはペルシャ陶器の破片がタクアパでかなり大量に発見されているからである。ペルシャ陶器は商品というより、ペルシャ船の船員が水の運搬や日用の食器等に利用したものではないかといわれている。ペルシャのガラス製品は破片といえどもビーズ玉の原料になったが、陶器は特に好んで輸入されるようなものではなかった。

　義浄を「室利仏逝」に送り届けた波斯（ペルシャ）船はタクアパと直結するチャイヤーに寄港したものと思われる。また、チャイヤーは国際貿易港で各国の商船が出入りしていた。このAルートの弱点としては、タクアパ付近の海岸線のすぐ近くが山で、稲作地帯がほとんどなく、外国船の乗組員への食糧の供給に問題があり、また海賊への備えとして大勢の常駐の「守備隊」を置くには適していなかった点が指摘されよう。

タクアパ周辺にはタミール族のコロニー（植民地）があったことは事実で、付近で発見された9世紀の石碑はタミール文字で書かれている。また、タミール商人は自前でタミール人の守備隊を置いていたようである。しかし、それが港湾都市国家を形成するほどの規模ではなかったものと見られる。タミール族は商業ギルド（同業者組合）を組織するなど、当時としてはかなりシステマティックに交易を行なっていたと考えられる。この付近の原住民はモン族が多かったと思われる。その証拠に、クラ地峡にはクラブリーなどという地名が残っている。漁民としてはマレー族も居住していた。

Aルートの代表国としての盤盤

　盤盤は424～453年の元嘉年間（南宋、文帝）のときに入貢したと記録されているが、その後、455、457～464（大明中に1度）、527、529、532、533、534、542、551、571、584、616、633、635、641、648年と入貢回数は多い。しかし、648年以降盤盤の名前は消えてしまう。この期間を通じて扶南も入貢を続けるが盤盤と重複することはなかった。また、『新唐書』には扶南は「武徳、貞観時、再入朝、又献白頭人二」とある。唐時代になっても高祖、武徳年間（618～626年）次の太宗、貞観年間（627～49年）に入貢した記録されている。『通典』にも「大唐武徳後、亦頻来貢。貞観中又献白頭国二人於洛陽」とある。「白頭国人」とは何か明らかでないが、扶南の西の「参半国」の西南で「頓遜国」（テナセリム）に接する国で、ふだんは洞窟に住んでいて陽に当たらないから頭髪も肌も白いという。そういう国が実在したとは信じがたく、「白人奴隷」が献上されたのかもしれない。ただし、記述が具体的なだけに、この朝貢そのものは事実であった可能性が高い。実際、扶南の王族は6世紀の後半には真臘によって故地のメコン・デルタを追われたことは間違いない。だが、扶南の王族はかねて密接な関係にあった盤盤に多くの財宝とともに強力な海軍を率いて亡命したとみるほうが自然であろう。扶南王朝は、亡命先の盤盤から朝貢した可能性も大いにありうる。

　また、盤盤国が唐時代永徽年中（650～55年）以降の入貢がないことから、この時期に「滅亡」した可能性もある。しかし私は、盤盤国が扶南の王家の支配を受け入れ、そのヘゲモニーの下に、南の「赤土国」を併合し「室利仏逝」

を形成したのではないかと考える。これによって室利仏逝はマレー半島横断通商路の南北の支配を確立し、かつマラッカ海峡の支配のための基地をマレー半島西岸の主要港であるケダに確保したと見ることができる。その結果、室利仏逝はマラッカ海峡への「窓口」が開け、ケダを拠点にしてマラッカ海峡支配へと向かっていったと考えられる。ケダに海軍基地を置き、スマトラ東南部の末羅瑜、ジャンビ、パレンバン、バンカ島、中部ジャワ（訶陵）へと版図を広げていったというのがその後の展開であろう。その目的はマラッカ海峡をコントロール下に置き、アラブやペルシャの商船から、半ば強制的に西方の乳香などの物産を買い上げることにあったようである。ジャワの訶陵制圧の目的は朝貢に制約を加え、この地域での室利仏逝の独占体制の確立にあったものと思われる。

セデスは真臘の扶南攻略について次のように述べている。

"In the second half of the sixth century, Bhavarvarman and his cousin Chitrasena attacked Funan and, judging by their inscriptions, pushed their conquest at least up to Kratié on the Mekong, to Buriram between the Mun River and the Dangrek Mountains, and to Mongkolborei west of the Great Lake.[3]"

セデスは「バーヴァヴァルマンが従兄弟のチトラセナとともに扶南を攻撃し、メコン川流域から追い出した」と述べている。真臘の扶南攻撃はある意味では扶南王朝内の紛争という面はあるが、内陸部の農業国の真臘が貿易立国扶南を攻略し、その富の源泉である交易体制を手中に収めようとしたという解釈も可能であろう。バーヴァヴァルマン1世についての碑文は1個だけであり、彼の首都はシェム・レアップ湖の北にあった。彼はルドラヴァルマンの孫であるといわれている。在位期間は不明だが598年には王位にあったことだけは碑文から確かめられる。

3　Coedès, G. 1968. p.68.

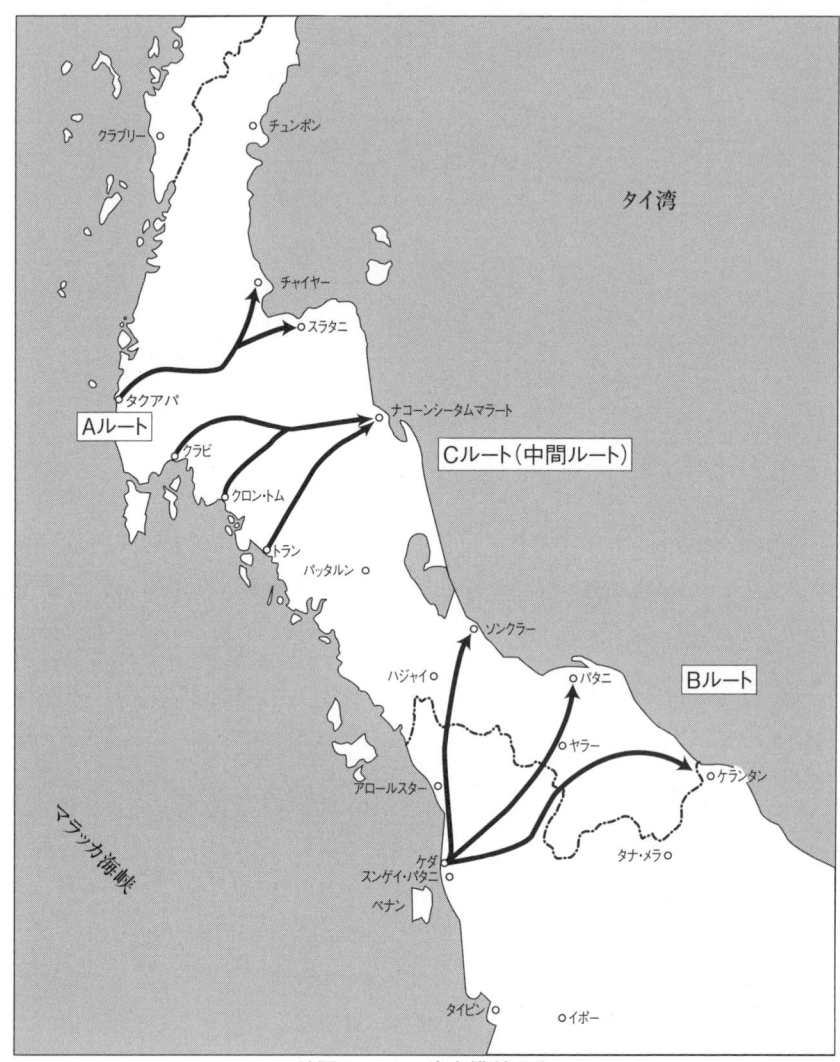

地図3　マレー半島横断通路

　「タクアパ⇒チャイヤー」がＡルートで他国の商船も利用できた国際港であったが扶南と直結していた。次の「クラビ、クロン・トム、トラン⇒ナコーンシータムマラート」がＣルート（中間ルート）、「「ケダ州⇒ソンクラー・パタニ・コタバル」がＢルートで後に最大のルートになる。三仏斉時代は「ケダ⇒ナコーンシータムマラート」のルートも確立される。

その後、チトラセナはマヘンドラヴァルマン（Mahendravarman）として600年ごろ王位についた。マヘンドラヴァルマン王の後継者はその息子のイシャナヴァルマン（Īśānavarman）であり、扶南勢力の一掃後、隋煬帝の大業12年（616年）に「真臘国」として入貢する。唐時代にはさらに入貢を続けるが、真臘はインド方面からの財貨の輸入が思うようにできなかった。それは扶南王統が盤盤に亡命し、「Aルート」を支配し続けたためである。

室利仏逝は670～673、701、716、722、724、727、741年に入貢した。室利仏逝は勢力拡大につれ、この後に説明するBルート、Cルートをも支配し、マレー半島全体の交易ルートの支配者となり、さらにマラッカ海峡のジャンビ、パレンバンを制圧し、訶陵と称していたジャワ中部も支配下におさめる。しかし、741年を最後に室利仏逝は朝貢せず、以降はジャワのシャイレンドラ王朝＝後期訶陵がマレー半島、スマトラ島およびジャワ島のシュリヴィジャヤ・グループ全ての「朝貢」を取り仕切ったと見られる。742年の「叙位」の記録を境に室利仏逝が突如歴史から姿を消して、後は何もなくなったということではない。ジャワ島のシャイレンドラ王朝が「室利仏逝」に代わってシュリヴィジャヤ・グループの代表者として、「訶陵」というサンジャヤ系（古マタラム王朝）の国号を使って朝貢を768年から続けたのである。その間、770年ごろチャイヤーとナコーンシータムマラートを占領していた真臘を撃破する。その後シュリヴィジャヤ・グループはマラッカ海峡の制海権を確立する。それが後の三仏斉形成の基礎となる（後述）。

Bルート：ケダ⇒ケランタン、ソンクラー、パタニなど

第2の主要ルートは西海岸の現在のマレーシア・ケダ州ブジャン渓谷（Lembah Bujang）付近のメルボク（Merbok）川やムダ（Muda）川の河口の港に荷揚げし、それを東海岸のパタニやソンクラー（いずれも現在はタイ領）、もしくはケランタン（マレーシア領）に運ぶルートである。量的にはこのBルートのほうがAルートより多かったと思われる。というのはケダのほうがタクアパよりも寄港地としてのインフラが格段に整っていたと考えられるからである。ケダは当時から背後に広い水田を有し、水も豊富で、人口も多く、したがって警備の

4　Coedès, G. 1968. pp.68-9.

兵員も多く確保できたに相違ない。東岸の港まで、距離はAルートにくらべ長いが道中は比較的平坦な道路があり、ナコーンシータムマラート（リゴール）やソンクラー、パタニ、ケランタン、パッタルンなどに接続していた。

Bルートの代表国としての呵羅単、干陀利、丹丹、赤土国
①呵羅単（宋書の表記）または訶羅旦は劉氏・南宋の文帝の時代（430年）以降に朝貢を開始する。

　呵羅単は現在のジャワ島（西ジャワ）にあったという説が通説のようである。しかし、5世紀においてジャワ島の王国が中国に頻繁に朝貢するだけの経済的な能力やインドからの財貨の仕入れルートを果たして持っていただろうか？また、5世紀中ごろに西ジャワにあったと推定されるのは「タルマ国」であるといわれている。若干の碑文などが残されていて、年号はないが文字の特徴から5世紀ごろのものと推定されている。このタルマ国と訶羅単国との関係も不明である。

　インドネシア史家クロムの説によれば、7世紀の中ごろにおいて、経済的には豊かなはずの中部ジャワにおいてすら、これといったヒンドゥー美術的遺構が皆無であったという。[5] クロムの説が正しいとすれば、5世紀ごろジャワはインドとそれほどの経済的、文化的つながりはほとんどなかったと見るべきであろう。そうだとすれば、呵羅単がジャワ島からインドからの輸入品を携えて足しげく中国に朝貢に出かけたとは考えられない。私はむしろ呵羅単というのはマレー半島のケランタンにあったと考えたい。ケランタンは西海岸にケダ（羯荼、箇羅、訶羅、など表記は多様）という大きな貿易ターミナルを持っており、そこから陸送した財貨に地元の産品（パハン州の金を含む）を加えて中国（当時は劉氏宋）に向かったと考える。5世紀のころの闍婆をジャワ島であると固定的に考えることはできない。

　また、唐以前に中国人がジャワ（闍婆）なるものについて現代と同じ地理学的な認識を持っていたかどうかも疑わしい。漠然とマレー半島、スマトラ島からジャワ島のあたりをジャワとみなしていたと考えられる。たとえば、13世紀のマルコ・ポーロですらスマトラ島を「小ジャワ」と呼んでいた。『新唐書』（宋

5　クロム、N. J.（有吉巌編訳）. 1985. p.71.

時代 1060 年ごろ欧陽脩の編纂）にいたって初めて「訶陵、亦曰社婆、曰闍婆、在南海中」という記述が出てくる。5 世紀頃は「闍婆」に対する概念はもっとあいまいであった。

『宋書』（劉氏の宋、487 年南斉・武帝の命により沈約が編纂）夷蛮伝には「呵羅単治闍婆州」と書かれているが、他方『宋書』の本紀元嘉 10 年 5 月の条に「闍婆州呵羅単国」とある。だからといってジャワ島が呵羅単そのものであったとは限らない。さらにこれを後世の学者は「闍婆の首都が呵羅単」であったと解釈してしまい、呵羅単は闍婆（ジャワ島）の一部に格下げされてしまう。誠に不思議なロジックである。『南史』（唐、李延壽撰）には「呵羅単国都闍婆州」と書いてあるが、これは著者の勝手な思い込みであろう。5 世紀前半にジャワ島に呵羅単なる貿易大国が存在し、インドと中国との間にあって活発な交易関係を持っていたとすると、東南アジアの古代史の姿が一変してしまう。私としては、当時（5 世紀）、呵羅単はケダを背後に持つ、大きな政治経済力を保持していて（B ルートの支配者）、闍婆州（おそらくマレー半島の南半わからジャワを含む）も貿易面に関してはその影響下（支配下とまではいわないまでも）においていたと考えたい。5 世紀ごろのジャワ島は経済的にはマレー半島の港湾都市国家に比べ劣弱であり、遺跡面でもいくつかの西ジャワで発見されたタルマ王国関係の石碑以外に見るべきものはほとんどない。ジャワ島には金の産出も少なく、インド人の植民もさほど多かったようには見えない。現在のインドネシアとマレーシアとの関係では類推できないのである。それよりも、呵羅単はケダとのつながりを示唆する国名であると理解しておいてよいと考えられる。

呵羅単は 430、433、434、435、436、437、452 年に朝貢を行なっただけで、以後姿を消す（専ら劉氏南宋時代に朝貢）ただし、隋時代も赤土国の南の隣国と

6　法顕はインドからの帰途、「耶婆提」にたどりつきここで 5 ヵ月風待ちをしてから 200 人乗りの商船で 50 日分の食料を積んで広州に旅立つ。これは"Yavadvipa"のことらしいが、そこがジャワ島、マラユ地域あるいはスマトラ島なのか分からない。しかし、当時の船がインド方面からマラッカ海峡を通り越して、パレンバンの沖合を更に通り越し遠路ジャワ島まで行ったとは考えにくい。途中でどこかの島に必ずたどり着いたはずである。おそらくマラユ地域で風待ちをして広州に向かったと考えられる。闍婆なる呼称も「耶婆提」から来たものかもしれない。法顕は「耶婆提は外道＝バラモン教が盛んで仏法はいうに足りない」と記している。法顕の中国帰国は 413 年である。(長沢和俊訳注．1971.)

7　桑田六郎．1993. p.26; 381.

して存在を続けていたことは『隋書』に見える。呵羅単が元嘉7年（430年）に初めて朝貢したときは貢献物として「金剛指環、赤鸚鵡、天竺白畳古貝、葉波国古貝等物」を持参している。インド製の綿織物（古貝）を持参しているのである。5世紀の初めに、インドからわざわざジャワ島に綿織物を運び、それを中国まで届けるということが頻繁に行われたとは考えにくい。むしろケダまで運ばれたものをマレー半島東岸のケランタンまで陸送し、そこから中国へ運んだとみるほうが自然であろう。ジャワ島で朝貢に使えるような高級綿織物が生産されていたとは考えられない。

また、『宋書』では元嘉26年（449年）に太祖が「**訶羅単、婆皇、婆達三国、頻越遐海、款化納貢、遠誠宜甄、可並加除授**」とし、この3ヵ国を同じような国として扱っている。場所的にもお互いが近隣（マレー半島東岸）であったという中国側の認識であったと見られる。婆皇はパハンと考えられ、婆達はパタニかもしれない。そのように考えて呵羅単はケランタンとすればほぼ太祖の詔勅の言わんとすることが理解できる。

②**呵羅単の後を引き継いだのは干陀利（干陁利）だと考えられる。**

干陀利はケダであるが、ある時期から東海岸の港湾（ケランタンなど）も同時に支配していたはずである。インドではカラハ＝Kalaha（サンスクリット語）またはカンダリ＝Kandari（タミール語）とも呼ばれていた。ケダはマレー半島の西岸であるが、貿易ルートが陸続きでつながっている東海岸に呵羅単という南シナ海への出口を持っていたものと考えられる。干陀利の朝貢は441、455、502、518、520と続き、563年が最後の朝貢記録である。

興味深いのは『明史』（巻324、列伝212、外国5）「三仏斉の条」の記述である。「古名干陀利。劉宋孝武帝時、常遣使奉貢。梁武帝時数至。宋名三仏斉、修貢不絶」とある。干陀利すなわちケダが三仏斉の前身であり、長い朝貢の歴史を有するという意味である。これで積年の謎が解けたような気がする。ところが「三仏斉＝シュリヴィジャヤ＝パレンバン」という固定観念に陥っている人は意外に多く、「干陀利はスマトラ島にあった」と主張してやまない。[8]

8　桜井由躬雄．2001. pp.131-2.；Wolters, O.W. 1967. p.225.

③干陀利の後に丹丹が出てくる。

丹丹（単単）は531（『梁書』では530年）、535、571（2回）、581、585、616、（単単）666、670年と入貢している。これは西ジャワではないかという説があるが、西ジャワはこの頃まだこれほど頻繁に入貢するほどの経済発展段階にはなかったと考えられる。丹丹（単単）は呵羅単すなわちケランタンであると思われる。地名に親しみを感じさせるために「丹丹（単単）」と略称した可能性がある。これほど多く朝貢したとすれば、背後にインド方面からの安定的な商品の仕入れルート（この場合はケダ）があり、しかもマレー半島東岸に位置する大きな港であったと見なければならない。『新唐書』の婆利の条に「歴赤土、丹丹諸国乃至」とあり、丹丹は赤土の南ということになればケランタンが有力になる。[9]『梁書』の丹丹の条に貢献品として「金、銀、瑠璃、雑寶、香薬等物」とある。また、『通典』には「土出金銀、白檀、蘇芳木、檳榔。其穀唯稲。…」とあり、人口は2万余戸とある。マレー半島ではパハン州、ケランタンン州の内陸奥地は金の産地として知られており、水田もあるということから、ケランタンの可能性が強い。丹丹＝ジャワ説もあるが、ジャワには金の産出が少ないことから間違いであろう。また、ジャワ島であれば穀類は米だけしかとれないというのはおかしい。干陀利の入貢とは年代的に一部重複するが、干陀利はあくまでケダを本拠としており、丹丹はケランタンをベースにしていたものと考えられる。

『新唐書』に「単単の条」がある。国王の姓は刹利（クシャトリア）であり、婆利の王と同じである。これは姓というより身分・地位を表すものであろう。名は尸陵伽（シリンガ＝Śringā）である。「有八大臣、号八座」とありバラモンがその主要な地位を占めており、ヒンドゥー・スタイルの宮廷・政府であったと見られる。窃盗は罪の軽重に関係なく死罪とある。616年の隋大業12年の入貢は盤盤とともに行なっている。婆利というのはバリ島ではなく、ボルネオ島にあった国だと考えられる。両国は友好関係にあり、相互に交易していたと考えられる。

9　Wheatley, Paul. 1961. p.55. Wheatleyはランカスカをパタニと見たがゆえに赤土国をケランタンと比定した。丹丹は赤土の南にありということなのでトレンガヌあたりと考えた。

④赤土国が隋時代にはマレー半島の最大の朝貢国として登場する。

　赤土は隋時代に608、609、610年と3回だけ朝貢の記録がある。上記の丹丹が朝貢を中断する585〜616年の間に、すっぽり入る形になる。これは単なる偶然とは思えない。赤土国が610年代に朝貢をやめてしまった事情は明らかではないが、赤土の消滅を待って丹丹は616年から入貢を再開したといえるかもしれない。赤土国はどのようにして生まれ、どのようにして消滅したかは不明である。その存在場所さえも諸説ある。おそらく、扶南亡命政権（盤盤）によって610年代前半に併合され、「室利仏逝」として吸収されてしまった可能性がある。あれほど熱心に朝貢していたのに、余りにも急な消滅である。赤土国の王と干陀利の国王の姓が同じ瞿曇（くどん＝ゴータマ）であるということは、同じ系統の支配者のもとにあったと見ることもできる。干陀利は影響力をランカスカ（狼牙脩＝当初は現在のナコーンシータムマラート付近にあったと考えられる）まで拡大して狼牙脩の朝貢権を剥奪してから、「赤土国」として国号を変えて隋王朝に朝貢に出かけた可能性がある。隋より前に「赤土国」の入貢実績は1度もなく、突如歴史の舞台に登場し、わずか数年で再び何処かに消えていった。

　赤土国の中国方面への玄関口はソンクラーかパタニのどれかと考えてよい。実効支配領域は西岸のケダまで包摂するマレー半島を横断するテリトリーを持った国と考えてよい。高桑駒吉博士は赤土の都とされる僧祇城（『隋書』）をソンクラー＝シンゴラ（Singora = Songkhla）と考える。僧祇城はソンクラーと読んでもさほどおかしくないし、赤土国の玄関口としてもほど良いロケーションである。ソンクラーと考えるのはごく普通の発想だと思われるが、この高桑説を桑田博士は厳しく批判し、僧祇城はシンガポールであると主張する。僧祇城を不毛の小島であるシンガポールと考えるのは逆に変である。シンガポールを海賊の襲撃から守ろうとすればかなりの数の兵員を常時配備して置かなければならない。しかし、シンガポール島の防備のための兵員を養うべき水田などは島内に存在せず、またこれといった物産はほとんどなく、人口も少なかったはずである。とうてい大人数で王宮を営むような場所ではなく、海峡の交通に眼を光らせる監視の砦の地位にとどまっていたものと考えられる。シンガポールの後背地であるジョホールも水田適地が少なく、したがって人口も少なかったと考えられる。

隋煬帝の使者常駿の一行は赤土国に上陸してから本部（王宮）に到着するのに30日もかかってしまう。おそらく、マレー半島を横断したものと思われる。王宮の様子は『隋書』に詳しく描写されている。完全なヒンドゥー・スタイルである。極めて豪華で整備された宮廷の様子がうかがえる。赤土国は「呵羅単⇒干陀利⇒赤土国」というケダを中心とする一連の歴史的つながりを持つ貿易国家であったとみることができよう。ただし、赤土国は狼牙脩や婆達や婆皇などの中間ルート（Cルート）の国々を支配下に置いたものと考えられる。隋時代は赤土国がAルート（盤盤）を除くマレー半島の主役であったとしても、その時期は極めて短かったことは上にみたとおりである。おそらく唐時代には室利仏逝の版図に組み込まれていたと考えるべきであろう。すなわち、室利仏逝の登場と共にBルートを代表する「朝貢国」は消滅してしまうのである。ただし、ケダを起点とするマレー半島横断通商路としてのBルートはますます繁栄していく。

　義浄は672年にインドに行く途中に羯茶（ケダ）に立ち寄り、ケダはターミナル港として扱われているが、自力で入貢してもおかしくない実力をもともと持っていた。後に「羯茶は室利仏逝の属領であった」と書いている。扶南の王統が支配する盤盤が羯茶を支配下に置いてすぐに「室利仏逝」と改称したことも考えられる。室利仏逝が南下してきてBルートを支配下に置いていたことは事実である。しかし、セデスは逆にパレンバン（室利仏逝）が北上してケダを属領にしたと解釈する。[10] スマトラ南東部の水田もあまりない「経済的僻地」であるパレンバンが強大な常備軍を維持し、ケダを侵略し、支配下に置くなどということはおよそ考えられない。

　室利仏逝が義浄の記述から推測されるようにA、Bルート（中間ルートも含め）ともに支配をしたとすれば、室利仏逝が670年ころからマレー半島の主要のルートのビジネス（入貢）をすべて取り仕切ったと考えるべきであろう。室利仏逝は前述のように741年まで朝貢を行なっており、その後は名前が突如として消えてしまう。それは前述のとおり、この頃真臘が南下しAルートの通商

10　Coedès, G. 1968. p .84. "Śrīvijaya's expansion northwest toward the Strait of Malacca" というのはパレンバンを中心に考えたための発想で、逆にシュリヴィジャヤはケダからスマトラ南東部に勢力を拡大したと見るべきである。

路を奪取したためと考えられる。チャイヤーに本拠を置いていたと見られる室利仏逝の王族は南に逃亡し、ケダやジャンビあるいはジャワまで逃げのび、そこから逆襲を図ったと見るべきである。

Cルート（中間ルート）：クラビ、トランなど⇒ランカスカ（狼牙須）

　東海岸はナコーンシータムマラートからパタニあたりまでと、西海岸はクラビからトラン辺りまでは上記のA、Bルートに属さない中間地であると考えられる。この地域はナコーンシータムマラートを中心とした1つのまとまった交易経済圏であり、これをCルートと名づける。西海岸のプーケットの近くにクラビ（Krabi＝今はリゾート地として有名）という港があり、やや東南にクロン・トム（Khlong Thom）という小さな町があって、そこから大量のビーズ玉やガラスの破片が発見された。そこではインドから持ち込まれた材料でビーズ玉の加工が行なわれていたのである。このクロン・トムは重要な港であり、インド人が植民していたことは間違いない。また、やや南に下がったところに、トラン（Trang）という港町がある。現在でも、比較的規模も大きい港町で仏教遺跡もある。プトレミー（Ptolemy）のいうタッコラ（Takola）はタクアパではなくてトランではないかという説もある。[11] トラン市からゆるやかな丘陵地帯を越えながら、東に60kmほどタイ湾の方に進むと、パッタルン（Phattalung）という町に出る。途中に低い峠があり、その道筋の洞窟からは民衆の仏教信仰の証ともいえる粘土に押し型で小型の仏像を描いた「塼仏（せんぶつ）」が多数発見されている。[12] パッタルンはルアン・タレー（Luang Thale＝ルアン湖）という大きな内海に面しており、そこを横切るとタイ湾、南シナ海に出られる。また、北に100kmほど行けばナコーンシータムマラートがある。南に120kmほど行けばハジャイ（Hat Yai）である。

　いわば、この中間ルートも古代から重要な役割を果たしていた。おそらく『梁書』に語られる狼牙脩（ランカスカ）国はナコーンシータムマラートからこの周辺にかけて領土を持っていた大国ではなかったかと思われる。「其界東西三十日、南北二十日」とあり、マレー半島を横断する領土を持っていたことが

11　Wheatley, Paul. 1964. p.65.
12　横倉雅幸. 2006.

わかる。しかし、これらのルートはタクアパやケダを起点とするA、Bルートに比べマイナーな位置にあったように思われる。北インド、ベンガル方面から来る船はタクアパが近いし、南インド方面からの船はケダのほうが便利だったのである。

　これらのいわばサブ・ルートともいうべき横断路の存在を無視できないのはマレー半島の東側の港（都市国家）として梁以前においては中国に直接朝貢していたと考えられるからである。狼牙脩（ランカスカ）や槃達（パタニ）などがそれにあたると考えられる。特に、クラビの反対側の東岸のナコーンシータムマラート（リゴール）は後世「単馬令＝タンブラリンガ」として中国側に認識されているが、歴史はもっと古く、隋の前の梁時代には「狼牙脩」として既に知られていた地域であったと見ることができる（後述）。また、現代の通説では「ランカスカ（狼牙脩）は今のタイ南部の港湾都市のパタニである」ということになっている。もしそれが正しいとすれば、パタニは大昔ランカスカの領土であった名残であろう。狼牙須の入貢は515、523、531、568年（梁、陳のみで隋時代は朝貢していない）の4回の記録がある。その時、400年以上前に狼牙須は建国されたと梁朝に語っている。狼牙須はおそらく隋の時代に赤土国の支配下に組み込まれていたたと見てよいであろう。しかし、ランカスカという国名は隋の時代には依然として残っていたことは明らかである（『隋書』常駿の赤土訪問の記事）。

　また、Bルートの出発点であるケダから南下した地点のタイピン（Taipin）市の海岸よりのクアラ・セリンシン（Kuala Selinsing）地区からもビーズ玉や指環の印鑑や仏像など多くの遺物が発見されている。ここからは山越えでケランタン（Kelantan）の港に通じる道がある。このルートも横断路として使われたことは間違いない。特に、パハンは金の産地として古代から知られ、インド人の入植者もいた。金が出るということで、三仏斉の時代（10～12世紀）にもアラブ船がパハン（蓬豊）にしきりに立ち寄ったといわれ、三仏斉の属領の1つに数えられている。しかし、このルートはケダからは山越えで距離も長いため、時代とともにさほど利用されなくなったものと思われる。

Dルート=ジャワ・ルート(前期訶陵、後期訶陵、闍婆)その他の朝貢国

　次に上述の3ルートとは別の存在としてジャワ島に勢力を有していた訶陵について検討する。7世紀半ばの訶陵の支配領域をジャワ島と考え、ここから中国に向かうルートを「ジャワ・ルート」と仮に位置づけた。インド方面からはマラッカ海峡を通過し、スマトラ島の東南部の海域を通り、ジャワ島北部に達するルートである。しかし、ジャワ島から直接に中国に朝貢に出かけた回数はさほど多くはない。

　7世紀の中ごろには訶陵は室利仏逝と並ぶこの地域での2大勢力の1つであったとされる。訶陵は唐時代の640、647、648、666年の4回(670年の訶羅は訶陵の間違いとすれば5回)の朝貢の後に約100年間(768年まで)中断している。その理由は何であろうか。この中断の期間は室利仏逝が南に勢力を拡大した時期であり、訶陵も室利仏逝によって武力で「併呑」されたのではないかという推測が成り立つであろう。その時期は、7世紀末で、バンカ島に残されたコタ・カプール碑文(686年の年号)があり、「今からジャワに侵攻する」という宣言とも見える文言が残されている。この100年間の中断期間は室利仏逝が支配領域のすべての国々を代表して朝貢していたものと想像される。言い換えれば、朝貢貿易の独占である。しかし、室利仏逝の「国号」が使えなくなった直後(741年が最後の入貢)から、急遽ジャワ島のシャイレンドラが「訶陵」の古い国号を100年ぶりに再利用したのが、768年以降の「訶陵」の入貢であろうと推測される。これを「後期訶陵」として本稿では論じることとする。この「後期訶陵」の主体はジャワ島のシュリヴィジャヤすなわち「シャイレンドラ王朝」であった。

　室利仏逝の朝貢の記録は741年までであり、その後ジャワの訶陵(後期)が再登場し768、769、(『新唐書』に訶陵大暦中三至とある)、813、815、818、827〜836(太和年間)、860〜873(咸通年間)年の入貢記録を残している。

　この間、シャイレンドラは767、774、787年に林邑(チャンパ)に侵攻したという記録が残されている。セデスはその間の事情を詳しく述べている。767年にトンキンがジャワと崑崙に襲撃されたが知事のチャン・ポイ(Chang Po-i)が現在のソン・タイ(S'on-tay)の近くで撃退した。774年には「真っ黒な野蛮人」が襲ってきて寺院を焼き、リンガを盗んだが、チャンパのサティヤヴァルマン(Satyavarman)王の海軍に撃破された。787年にはジャワの海軍が襲来し、別の

寺院を焼き払ったという。この一連の事件の影響もあってか、林邑は天宝 8 年（749 年）を最後に朝貢をやめ、代わって「環王」が貞元 9 年（793 年）に入貢するが、長続きはしなかった。シャイレンドラのチャイヤーとナコーンシータムマラートの奪還と、チャンパ攻撃という一連の動きは、中国への朝貢ルートを統一（独占）する行動に出たとも見ることができる。この時、の戦勝記念碑がリゴール碑文（775 年）である（後述）。

　真臘は 814 年に朝貢してから、1116 年まで朝貢が中断している。おそらく、その間真臘はシャイレンドラに海上封鎖されるか貿易権を奪われていたものと考えられる。既に見たとおり、シャイレンドラに捕らわれていた後のジャヤヴァルマン 2 世が帰国し、「転輪聖王」として即位の儀式を挙げ、シャイレンドラから「独立宣言」を行なったのは 802 年のことである。しかしウェールズ博士によれば、ジャヤヴァルマン 2 世はあくまでもシャイレンドラから派遣された王であったという。外国から帰国したばかりの若い王子が真臘を統一した背景には、シャイレンドラがバック・アップしていた可能性は大いにありうる。北宋の末期 1116 年（政和 6 年）に至り、アンコール帝国が最盛を迎えたスールヤヴァルマン 2 世（1112～1152 年）の時代にようやく朝貢を復活させたが、空白の 300 年の間、真臘はシュリヴィジャヤ（宋時代には三仏斉）に頭を抑えられていたものと推定される。アンコール・ワットはスールヤヴァルマン 2 世によって一応の完成を見たと伝えられる。この建物は当初はヴィシュヌ神を祀るために作られたが、後に仏教寺院に変えられた。

　このように訶陵は「前期の訶陵」（640～666 年までに朝貢した）と「後期の訶陵」（シャイレンドラ王朝の）とでは主役が明らかに違うのである。室利仏逝は末羅瑜（マラユ）を併合し、ジャンビとパレンバンを配下に収め、686 年にはジャワに遠征軍を送り、瞬く間に一大「帝国」を形成した。電撃作戦ともいうべきものであった。なぜそれが可能になったかといえば室利仏逝はケダを属領にするこ

13　Coedès, G. 1968. p.91.
14　Wales, H. G. Quaritch, 1937. p.179.
15　『根本説一切有部百一羯磨巻五』の義浄の割注に「即是（耽摩立底国）昇舶入海帰唐之処従斯両月汎舶東南到羯茶国此属仏逝船到之時当正二月……停此至冬汎船南上一月許到末羅遊洲今為仏逝多国矣」の記述があり、羯茶国（ケダ）に続いて末羅遊洲（マラユ）も室利仏逝に併合されてしまい室利仏逝も国が多くなったという驚きを示している。

とによってマラッカ海峡側への出口を確保したことにある。ケダを基地として、扶南時代からの伝統的な高速手漕ぎ舟による海軍を結集し、南のマラユやパレンバンへの侵攻を行なったのである。ケダには広大な水田地帯を背景とする経済力があり、人口も多く、海外遠征の兵員の確保も比較的容易であった。

　ただし、「帝国」とはいっても、必ずしも強権的支配は行なわれなかった。あくまで「商業国家」としての色彩の強い国であり、「被支配国」は「朝貢」する権利を奪われていたが、あとは年に一度の貢物の上納や労力の提供ぐらいで済んでいたようである。後世は「黄金製の造花」(ブンガ・ウマス)が多用された。ちなみに『通典』の訶陵の条に「大唐貞観中、遣使献金花等物」とあるから唐初から「献上物」として使われていたことがわかる。

　「闍婆国」がその後ジャワ島からの朝貢国として登場する（820、831、839 年）。この闍婆国は、シャイレンドラ家（後期訶陵）によって中部ジャワ（今のジョクジャカルタ周辺）の覇権を奪われ本拠を東部ジャワに移していたと考えられるサンジャヤ系の王国であろう。907 年のケドゥ（Kĕdu）銅板刻文にはマタラム国王の名前が列挙してあり、サンジャヤ王統であることを示してあるが、シャイレンドラ王統については触れていない。ただし、ケドゥ刻文に最初に名前の出てくる「スリ・マハラジャ・ラカイ・パナングカラン王 = Śrī Mahāhāraja Rakai Pannangkaran」はシャイレンドラのパナムカラン（Panamkaran）王と同一人物であると見られている。[16] サンジャヤ系王国はシヴァ信仰である。しかし、シャイレンドラ王の血統が完全にジャワ島から消滅したわけではなく、ピカタン王の王妃は明らかにシャイレンドラ系である。また大乗仏教もかなり民衆の間に広まっていたと見られ、シヴァ信仰と仏教は共存あるいは混淆しながら後々まで生き残っていった。なお、『新唐書』には太和年中（827 ～ 35 年）と咸通年中（860 ～ 74 年）に訶陵（後期）の入貢を記録している。これはジャワを追われたシャイレンドラの王統がマレー半島東岸から入貢したものと推測される。パナムカラン大王はサンジャヤ王朝の子孫であるという説があるが、彼はあくまでシュリヴィジャヤ王統の人物であったと思われる。そう考えなければ彼がチャイヤーを占領した真臘に逆襲する理由が見つからない。シュリヴィジャヤ王統の誰が中部ジャワを支配したのかもわからない。事実として 7 世紀末から 9 世紀

16　Majumdar, R.C. 2004. p.223.

初までシュリヴィジャヤ王統とサンジャヤ王統が中部ジャワを「共同支配」していたことは間違いない。この両王統には当然通婚が行なわれていたはずであり、個々の王族の血統については必ずしも定説がない。

　シャイレンドラ王家がジャワ島で衰亡する間に、852年と871年には占卑（ジャンビ）が自国の名前を使って入貢している。シャイレンドラ王家の全盛時代であれば、ジャンビが単独で朝貢するなどということはおそらく許されなかったに相違ない。パナムカラン大王の孫のバラプトラデヴァがジャワ島から亡命してからジャンビは単独行動に出たものと思われる。パレンバンもジャンビも、もともと室利仏逝支配下の14城市のうちの1つに入っていた。その中で、ジャンビが地理的な優位性（マラッカ海峡に近く、中国にも近い）を生かして次第に突出したと考えられる。パレンバンは経済面でも軍事面でもジャンビを上回ることはなかったと考えられる。その最大の理由はジャンビがマラッカ海峡の出口に近くマラユ諸島を支配し、交易上優位にあったためである。

　904年（天祐元年）の唐王朝の末期に、三仏斉が入貢する（『諸蕃志』の記述）。『唐会要』には「仏斉国入朝進奉使都番長訶粟寧遠将軍」とあり早速、官位を授けている。初対面の朝貢国の使節に「叙位」をするこは考えられないから、「三仏斉」を「室利仏逝」の後継あるいは同一の国として処遇したものと考えられる。この前後に、旧室利仏逝系の諸国が勢力の再結集をはかり、中国への貿易体制（朝貢の秩序）を建て直し、連合貿易国家・三仏斉として再出発したものと思われる。少なくとも、室利仏逝グループの中核メンバーであったジャンビ、パレンバン、ケダあたりの支配者の間では、「交易窓口の一本化」をして、三仏斉という「国号」を掲げて入貢するという話し合いがなされたに相違ない。この頃までの国王同士はシュリヴィジャヤ王統の親戚関係にあり、日ごろ密接なコンタクトあったものとみてよい。

　上記以外に漢籍にありながら従来地域が特定できなかった、あるいは議論がわかれていた東南アジアの主な国は次のとおりである。

盤皇　442、449、451、455、456、459、464、466年に入貢（『梁書』）。入貢回数が多いのでやはり、ケダあたりにインド方面からの商品の仕入れルートを持っていた国であろう。マジュムダールは盤皇はPa-Hoangであり、パハンであるといっている。『宋書』に記されている貢献物としては「方物（はこもの）

41種」と書かれていて内容がわからない。それ以外は「紅白の鸚鵡」が記録されている。国王の名は舎利婆羅跋摩（シャリバラヴァルマン）といい、使節の名は「竺那婆智」と「竺須羅達」といずれもインド名である。パハンは古代から金の産地として知られ、インド人の入植者もかなりいたと思われるが、西海岸の主要港であったケダからは遠すぎる（交通路は通じていた）。そのため劉氏・南宋一代で朝貢が終わったのかもしれない。いずれにせよマジュムダールの説は有力である。

　婆達　449、451年入貢。また、『宋書』には闍婆婆達（劉氏宋・元嘉12年、435年）入貢の記録がある。国王の名前も異なる。婆達国の国王は「舎利不陵伽跋摩」である。闍婆婆達の国王は「師黎婆達陁阿羅跋摩」である。『諸蕃志』（趙汝适、1225年）の闍婆の条に闍婆婆達は闍婆として書かれている。しかし、両者ともジャワ島にあったとは限らない。婆達はマレー半島東岸のパタニ（Pattani）であると考えられる。パッタルン（Phatthalung）という説もあるが、パッタルンは内陸にあり歴史もさほど古くないといわれている。ケランタンのやや北のパタニのほうが地理的な条件が整っていて可能性は高い。パタニの後背地に「ヤラン（Yarang）の遺跡」も存在する。ヤランはパタニから約25ｋｍ内陸にあり、パタニ王国の首都であった可能性がある。8～9世紀のシュリヴィジャヤ時代のものと見られる菩薩像のレリーフの石版が発見されているという。[17] 闍婆婆達については所在を特定しがたいが、入貢の年が婆達の方が後であり、闍婆婆達が婆達に改称して入貢した可能性もある。闍婆婆達と書いてあるからといってこの時代の「闍婆」という表記は「ジャワ島」と狭く定義付けられるべきものではない。5世紀の前半にジャワ島から入貢したとも思えない。この頃の「闍婆」にはスマトラ島やマレー半島南部も含まれていたと考えるべきである。

　哥羅舍分　608、662年に入貢する。『旧唐書』は「堕和羅国、南與盤盤、北與迦羅舍佛、東與真臘接、西隣大海。」とし「哥羅舍分」は「迦羅舍佛」と同じとすれば、やはりビルマ側の主要港湾と見てよいであろう。ビルマ側の港としてはマルタバン、タヴォイ、メルグイ（テナセリム）などがあり、そこからインド方面からの貨物を山越えでチャオプラヤーか流域に運んできて、従来は扶南に提供していたものと思われる。藤田豊八博士は『狼牙脩国考』の中でタ

17　千原大五郎．1982．p.100．

イのラーチャブリー（Rachaburi）ではないかいう。「哥羅舎」というのはラジャ（Raja）の音訳であり、「分（ぶん）」はブリだから、「哥羅舎分」はタイの「ラジャブリ＝ラーチャブリー」であろうとされる。タヴォイやテナセリムとラーチャブリーは交通路が連絡しており、これが正解かもしれない。『新唐書』には「哥羅舎分者、在南海、東堕和羅」とある。『冊府元亀』には「其使以顕慶五年（660年）發本国、至是到京」と使者が述べたのは龍朔2年（662年）5月のことである。到着まで2年半以上かかったということはビルマ方面から陸路ラーチャブリーまで来て、そこから海路広州までやってきたのかもしれない。いずれにせよ、扶南の桎梏から開放された後の朝貢と見ることができる。その後、真臘によって再びブロックされたと推測される。『通典』には「勝兵二万人」とあるからかなりの大国であったようである。

婆利 473（婆黎）、517、522、616、630、631年入貢。これをバリ島と考える学者もいるが、この時期にバリ島がこれほど多く朝貢するような状態にまで経済的に発展していたとは到底考えられない。また、記録されている国のスケールから見て、あまりにバリ島は小さすぎる。『梁書』によれば婆利国は「東西五十日、南北二十日」にも及ぶ大国である。王の姓は憍陳如（カウンディニヤ）である。扶南の王家と同姓であるが、カウンディニヤは苗字というより身分に近いものであろう。『新唐書』には馬が多いので、「馬礼」とも称していたとある。遺跡の多いインドネシア領の東南カリマンタンのクタイ（Kutei）あたりかもしれない。バリクパパンとサマリンド市の周辺に遺構が多い。西暦400年頃のタミール語とサンスクリット語の碑文があり、クンドゥンガン地区（バンジャルマシン市の北方）のタミール王族の活躍が記されているという。波羅が642年に入貢。これは婆利と同じ国かもしれない。入貢の年も重複していない。『明史』には文莱（ブルネイ＝ボルネオ）と同じとある。

3. マラッカ海峡直行ルート

　ベンガル湾を横断してきたインド、ペルシャやアラビア方面からの遠洋航海の商船は、中国にまでたどり着こうとすれば、マレー半島のどこか、たとえば

ケダあたりの港で風待ち（冬季の北東風）をし、マラッカ海峡を南下し、シンガポールに近いマラユ（末羅瑜）地区で再び風待ちをして、南西風が吹く春まで待って南シナ海を北上するという効率の悪い方法を取らざるをえなかった。この間、4〜6ヵ月くらいの時間的ロスがあった。しかし、アラブ（大食）船やペルシャ（波斯）船は唐時代からこの方法をとってしきりに入貢していた（最盛期は7世紀の中ごろから8世紀中ごろまで）ことは後に見るとおりである。インド（天竺）船の多くはマレー半島横断通商路を多く利用したことは間違いない。というのは当時既に多くのインド人がマレー半島の各地に植民しており、陸上の通商・物流システムがかなり整備されていたと考えられるからである。

　このマラッカ海峡が「交易の中継点」として多用されるのは中国の宋王朝が成立し、中国船の海外進出が本格化する11世紀以降である。アラブやインドの商人がマラッカ海峡を南下して、スマトラ南部のジャンビやマラユ諸島に行き、そこで中国から来た商品（主に陶磁器）を仕入れ、インド方面に帰っていくという方法である。この時期の特徴は中国商人が自ら仕立てたジャンク（中国式大型帆船）に陶磁器などの積荷とともに、東南アジアに出向いてきたことである。それは南宋の時代になって中国商人の海外渡航が市舶司制度の拡充によって公認されるようになったことが大きく影響している。この時代のシュリヴィジャヤ・グループは「三仏斉」として知られ、マラッカ海峡を支配するポジションにあり、通過する船舶から財貨の強制買い上げなどを行ない、自らも朝貢貿易をおこない大いに繁栄する。いわば「黄金時代」を迎える。

　しかし、北宋時代に入ってもなおかつ「マレー半島横断ルート」はかなり活用されていた。宋の陶磁器がバンドン湾のチャイヤーから大量に出土したことをみてもそのことは明らかである。チャイヤーは近世にいたるまで東西貿易上の重要な拠点の1つであった。ナコーンシータムマラートやその南のソンクラーやパタニも同様である。ソンクラーの博物館に宋時代以降の陶磁器が展示されている。大型の陶磁器が輸出されるようになる元・明の時代から、中国方面からの商船はマレー半島横断通商路を使わずに、ジャンビを中心としたマラユ方面に大型船が直行し、マラッカ海峡を北上してインド、アラビア方面に輸送されるようになったものと考えられる。

　唐時代以前においてもアラブ船やペルシャ船が中国に直行するときはベンガ

ル湾を直接横断するよりはインドの東海岸やベンガル地方のいくつかの港に立ち寄り、交易を行いつつ、冬風（東北風）に乗って一気にベンガル地方から南下し途中、テナセリム（ビルマ領）やタクアパ（タイ領）やケダ（マレーシア領）に立ち寄り、最後は中継点のマラユ（末羅瑜）地方にやってくる。そこで補給をし、数ヵ月の風待ちをして翌年の春早々には北上を開始し、マレー半島の東岸の主要港であるケランタン（マレーシア領）やチャイヤー（盤盤,タイ領）やチャンパに立ち寄り、最終的には中国の広州に向かったものと思われる。多くの港に立ち寄ることによって、東南アジアの域内の諸港で交易をおこない、季節風による「風待ち」のロスを最小限にとどめる工夫がなされていたと考えられる。

　671年に義浄を乗せた波斯船はおそらく「朝貢」の帰途（671年5月に入貢の記録あり）、中国からの商品を積み込み、まず室利仏逝（チャイヤー）に寄港したものであろう。そこでペルシャ商人は交易と食料や水の補給を行ない次の目的地に向かったのである。義浄はその船に便乗させてもらったと考えられる。現在、多くの論者が、唐時代には既にマレー半島横断通商路は廃れてしまい、マラッカ海峡直行ルートが主流になったという。これは室利仏逝＝パレンバン説に引きずられた議論であり、特に根拠があるわけではない。マラッカ海峡を使うにしても東西（中国-インド方面）の方向転換の海域はマラユ（末羅瑜）であった。これは義浄の『大唐西域求法高僧伝』（以下『高僧伝』と略す）の中でも述べられている。パレンバンはマラッカ海峡から南に離れすぎているというのは一見して明らかであるし、しかもパレンバンはムシ川を90km も遡上したところに位置している。そこを中継点だと考えるのは無理がある。しかも米の大生産地でもなかった。7世紀ごろは海岸線がもっと内側にあり、ムシ川はもっと短かった可能性もあるが、それは本質的な問題ではない。

　マレー半島横断通商路は1400年ごろからマラッカ王国が東西貿易の中継のセンターになってもなお続いたとトメ・ピレスは指摘している。[18] 11世紀にチョーラが占領したのはジャンビではなくケダであった。それはチョーラ自身がケダからのマレー半島横断通商路を使うためであった。三仏斉時代（900年ごろから12世紀の終わりごろまで）に入るとナコーンシータムマラートが次第に勢いを得てくる。ナコーンシータムマラートの発展は西岸のケダとの連携プ

18　トメ・ピレス（生田滋他訳注）. 1966. p.216.

レーの中で維持・拡大された。13世紀末以降もタイのスコータイ王朝その後のアユタヤ王朝はマレー半島の両岸同時支配のために並々ならぬ努力を続けた。アユタヤ王朝はチャオプラヤー川の首都の港だけでなく、ナコーンシータンマラートをマレー半島の基地として中国貿易や周辺諸国との交易をしきりに行なった。

第3章
中国への朝貢を行なった東南アジア以西の国々の変遷

　今までの記述と重複する部分もあるが、中国の王朝ごとに、東南アジアおよびインド以西の国々がどのような頻度で朝貢を行なったかを見てみよう。ペルシャ（波斯）、アラブ（大食）といった国々は、自国と周辺諸国から集めた財貨を、遠路はるばる中国まで運んだと考えられるが、マラッカ海峡に到達する前に、各地の港で仕入れた財貨も運んだことであろう。インド、ベンガル地方で綿織物などを仕入れて、それを東南アジアや中国に運んだケースもあったに違いない。彼らはマラッカ海峡を通過し、マラユ地域で数ヵ月の「風待ち」をした後、北上し、マレー半島東岸（パハン、ケランタン、ナコーンシータムマラート、チャイヤーなど）のどこかに立ち寄り、場合によっては、チャンパにも寄港し、最後は広州へと向かったものと思われる。もちろん、マラユから広州に直行したケースもあった。

　東南アジアの国々で中国への朝貢を行なった国のほとんどは必ずインド方面からの財貨の仕入れルートを持っていたと考えるべきであろう。自国の特産品のみでは中国の王朝も満足しなかったであろう。おそらく、インド方面からもたらされた商品に自国の特産品を合わせて、中国の時の王朝に献上した。貢献品の中にはアラビア方面の特産品である「乳香」やインド製の高級綿織物（古貝と呼ばれた）ものがしばしば含まれていた。また、中国の王朝から貢物のお返しに下賜された高価な品々を売りさばいて巨利を得たのである。それゆえに朝貢をめぐる激しい競争があったことは間違いない。また、途中で財貨を売らないで直接中国に持ち込もうとするアラブやペルシャの商人の動きもあった。そのような「直行ルート」をマラッカ海峡で制約し、かつ東南アジア諸国間の競争を極力に排除し、寡占的に己の利益を図ったのがシュリヴィジャヤであったということもできよう。シュリヴィジャヤは一貫した目的で行動していた。[1]

1　入貢国は北方諸国、中央アジア、朝鮮半島、日本など多岐にわたっているがここでは東南アジアと西方の主な国に限定して論じる。なお、朝鮮半島と日本については『冊府元亀』から拾えるものを別

1. 隋時代の終わりまで

　扶南の朝貢は三国時代の呉国の孫権が在位していた西暦 225 年（黄武 4 年）に始まる。孫権は赤烏 6 年 (243 年) ころ扶南に朱応と康泰の 2 人を使者として送り、現地調査を行わせている。林邑も呉時代に入貢していた。[2]

　西晋時代 (265 ～ 316 年) に入ると、扶南と林邑のほか天竺（インド）、大秦（ローマ帝国）の使者が武帝 (265 ～ 290 年) の時にやってくる。ただし、大秦の使者の献上物が全てインド産のものであったといわれ、本当にローマからやってきたのかどうか疑問の余地はあるが、当時既にインドとローマは交易関係があり、ローマ人が中国に来ること自体はさほど不自然ではない。入貢回数は扶南 5 回、林邑 2 回、大秦 1 回。

　東晋 (317 ～ 420 年) には林邑がしきりに入貢する。穆帝升平元年 (357 年) に扶南王竺旃檀（じくせんだん）が象を献上する。扶南は 389 年にも入貢する。漢籍で「竺」という姓を持つ人物はインド系と考えられる。各国の入貢回数は林邑 7 回、扶南 2 回、師子（セイロン）1 回とまださほど多くはなかった。

　南宋・劉氏 (420 ～ 479 年) の時代に朝貢が極めて盛んになる。特に、文帝 (424 ～ 453 年) の時に対外開放策がとられ、元嘉年間は朝貢ラッシュともいうべき状態であった。入貢回数：林邑 10 回、婆皇 8 回、呵羅単 7 回、扶南 3 回、盤盤 3 回、師子国 4 回、婆達 3 回、干陀利、天竺各 2 回、婆黎（利）1 回。

　婆皇と呵羅単は劉氏南宋時代にしきりに朝貢するが、突如姿を消してしまう。ただし、呵羅単は干陀利に引き継がれたと見られる。両国ともケダと関連した国であろう。婆皇はおそらくパハン（東海岸寄りの内陸部）であり、金の産地としてインド人に古くから知られ、交易も盛んであった。

　南朝・斉 (479 ～ 502 年) は期間が短いため入貢回数も少なく、林邑、扶南各 2 回のほか迦羅が建元元年 (479 年) に入貢する。おそらく、迦羅はケダだと思われる。

　南朝・梁 (502 ～ 557 年) の時代に再び朝貢が急増する。入貢回数：扶南 11

添資料に参考までに併記しておいた。
2 『晋書』巻 97 の「林邑の条」に「自孫権以来、不朝中国。至武帝太康中、始来貢献」とある。孫権以来中断していた朝貢を「西晋」の武帝時代に復活させたということであろう。

回、林邑9回、盤盤7回、狼牙脩3回、干陀利3回、丹丹2回、婆利2回、天竺3回、波斯2回、獅子国1回。武帝は扶南王憍陳如闍耶跋摩を安南将軍に任命する。　この時期、扶南に平行して盤盤の入貢が急に増える。大通元年（527年）から大宝2年（551年）の24年間に7回も入貢する。この頃（550年）までは扶南も隆盛であり、属国としてビルマ沿岸の頓遜（テナセリム）などを従えていたといわれている。

陳（557～589年）。入貢回数：丹丹4回、扶南3回、林邑2回、盤盤2、狼牙脩1回、干陀利1回、頭（投）和1回、天竺1回。丹丹はケランタン（旧訶羅旦）の後継国でインド方面からの財貨をケダから運び、また隣国パハンの金製品を朝貢品に加えていたものと推測される。ドヴァラヴァティ（投和）が583年に初めて入貢する。このとき既にタイ、ビルマ地域への扶南の支配権が揺らいでいたと見ることができよう。

隋（589～618年）。新顔の赤土が初めて入貢し、3回（608、609、610年）と最多であった。赤土国の突然の台頭と突然の消滅の理由が謎に包まれたままである。真臘が616年に初めて入貢。林邑、盤盤、哥羅舎分、丹丹、婆利、波斯各1回。煬帝は赤土国に常駿、王君政を使節として送る。

「扶南」は梁の543年の後は入貢回数が極端に減少する。その後は陳の559年と572年と588年と唐の武徳年中（618～26年）と貞観年中（627～649年）に2度と合計5度しかない。このうち唐時代の入貢は誤りであるという桑田説がある。6世紀の後半に異変（真臘による追放）が起こったと考えられる。

梁時代の527年以降入貢回数が増えるのは「盤盤」である。あたかも520年代にメコン・デルタ地帯で扶南の実力が次第に衰退してくるにつれて盤盤が「扶南の代役」として台頭したかのごとき観を呈している。これは盤盤が実力をつけて扶南から独立して入貢したということではないであろう。扶南朝の入貢の出発地点がオケオ港から、対岸の盤盤に変わったと見ることもできよう。

前に述べたように、扶南は朝貢用の「商品」を主に2通りのルートから集めていたと考えられる。1つは南インド方面からベンガル湾を船で横断し、マレー半島西岸のタクアパで荷揚げし、それをマレー半島横断して盤盤（チャイヤー）まで運び、それをさらにオケオまで船で運んだのである。この通商路は「Aルート」と呼んできたものである。

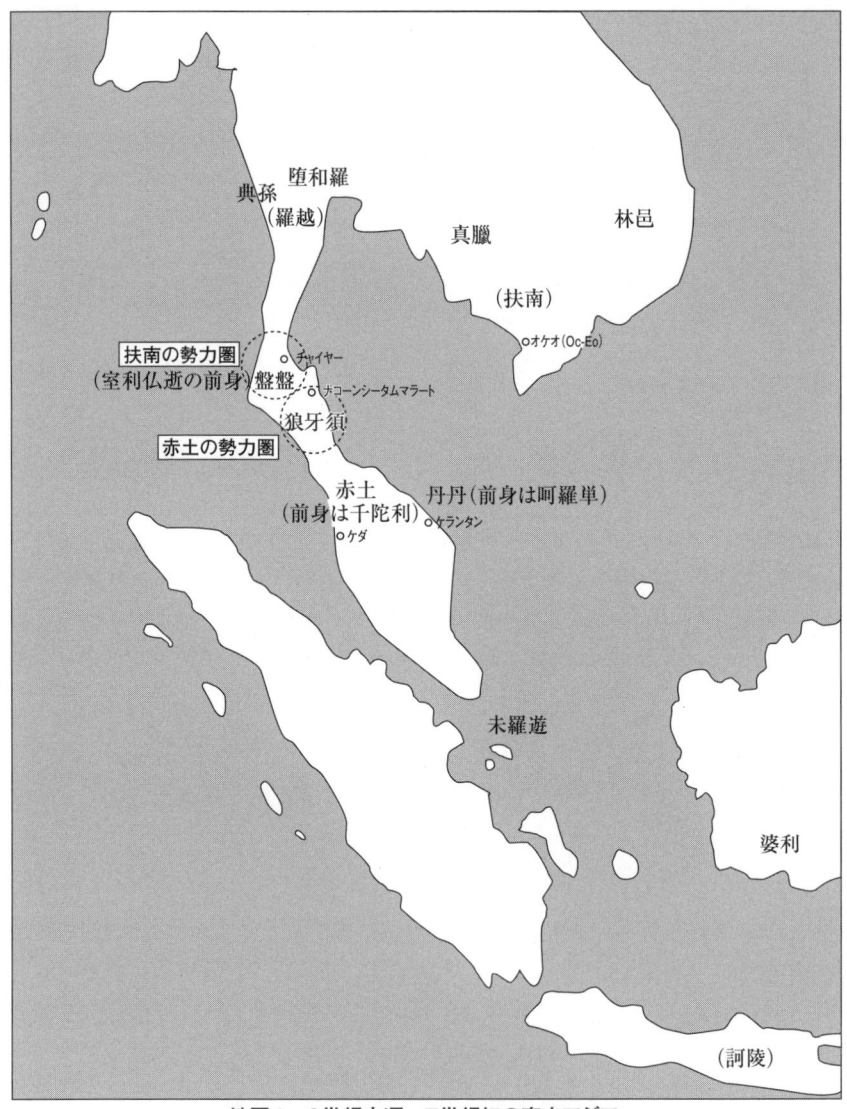

地図4　6世紀中頃～7世紀初の東南アジア

隋時代に赤土国が狼䆁脩も勢力下に入れ、マレー半島の最大の国として入貢した。ただし盤盤は扶南王統の支持があり、存続した。

もう1つのルートはビルマのモールメンやテナセリム（頓遜）で陸揚げし、それをモン族の支配する地域ドヴァラヴァティに運び、船でチャオプラヤー川を下り、タイ湾に出てオケオまで運ぶという「ビルマ⇒ドヴァラヴァティ・ルート」である。6世紀の初めごろから真臘がシェム・レアップから北に勢力を伸ばしはじめると、このビルマ⇒ドヴァラヴァティ通商路は真臘の干渉を受け、扶南としてはこのルートは使えなくなったということが考えられる。そうなると、扶南はオケオ港の仕入れルートは「Aルート」のみとなり、中国に出荷するにはタクアパ経由で盤盤に運び、そのまま直接中国向けに出荷したほうが効率的だということになったものと思われる。扶南と盤盤の政治経済上の関係もより密接になっていったに違いない。真臘が扶南を滅ぼしたのは西暦630年であるという説もあるが、実際に扶南がカンボジアの基盤を完全に失ったのはそれよりもはるか前の590年ごろではなかろうか。扶南の唐代の朝貢がなかったとすれば、最後の扶南国からの朝貢は陳末の禎明2年588年である。

「投和」（頭和、独和羅、堕和羅）が陳朝の583年と唐の貞観年代（627～49年）に入貢している。『新唐書』には「真臘の南であり、広州から100日の旅程とあり、王の姓は投和羅だとある。投和（堕和羅鉢底＝ドヴァラヴァティ）が自ら入貢した583年ころは既に扶南が同国の輸出をコントロールできなくなっていたと見ることができる。投和という国の歴史はおそらく扶南と同じくらい古い可能性がある。唐の初め（貞観年間）に投和（堕和羅）の入貢は一時的に急増するが649年以降は途絶する。これは真臘の支配が及んだためであろう。

2. 唐時代前半の朝貢（618～767年まで）

　唐王朝は618年から907年まで約300年の長きにわたって続いた王朝である。玄宗皇帝が712年に即位し、755年に安禄山の反乱があり、玄宗が失意のうちに退位したのが756年である。その頃までがいわば唐の全盛期であった。室利仏逝の入貢は741年で終わり、林邑も749年で名前を消す。ここでは後期訶陵（シャイレンドラ）が登場する前年の767年までとそれ以降と2分して考察する。
　朝貢回数：林邑34回、扶南2回、盤盤4回、室利仏逝6回、真臘15回、前

期訶陵＋訶羅5回、婆利2回、婆羅2回、堕和羅4回、天竺20回以上、波斯27回、大食29回、環王2回、丹丹（単単）2回、師子（獅子）4回、堕婆登1回、哥羅舎分、摩羅遊、崑崙各1回。

　林邑がもっとも多い。東南アジアでは真臘、室利仏逝、盤盤、堕和羅、訶陵がこれに次ぐ。これら諸国間の競争はかなり激しかったものと思われる。また、この時期に天竺（インド各地）、波斯（ペルシャ）、大食（アラブ）といった西方の遠国（西洋）からの入貢が急増する。入貢は波斯27回、大食29回である。波斯と大黒の入貢は複数の国からなり、年に2～3回も登場するケースがある。往復で3年ないし4年も要するペルシャ・アラブ地区からこれほど頻繁に朝貢に来たとは考えにくい。マレー半島のどこかに財貨を保管しておいて、そこから中国との往復が行なわれた可能性もある。その場合、考えられる候補地が仏羅安である。「仏羅安」はトレンガヌ川の上流のベラン＝Kuala Berangであり、ホィートレーはアラブ商人が仏羅安を多用したといっている。仏羅安はメインの貿易ルートから外れており、かなり内陸部に入っているのでアラブ商人にとっては絶好の「サンクチュアリ（避難場所）」であったかもしれない[3]。ちなみに、『嶺外代答』（周去非1178年）によれば「其属有仏羅安国、国主自三仏斉選差」とあり、仏羅安は三仏斉の「特別な属国」であり、国王も三仏斉が選んで決めていたとある。仏羅安がこのような特殊な地位に置かれていた理由は明らかでない。

　また、注目すべきは室利仏逝が742年に消滅し、767年に後期訶陵が登場するまでの25年間に波斯8回、大食15回と異常に回数が増えることである。まさに「鬼の居ぬ間の洗濯」のごとき有様である。この期間、シュリヴィジャヤ・グループは大混乱に陥っており、マラッカ海峡は「フリー・パス」の状態だったに違いない。不思議なことにインド（天竺）諸国からのこの時期の入貢はゼロである。インドからは737年の「東天竺」が最後の入貢になる。大食、波斯の直接入貢によって中継国としてのインドが外されたと見ることもできよう。

　大食（アラブ）は唐・永徽2年（651年）が初めての入貢である。大食のうちイスラム教徒の国からの入貢を中国では「黒（衣）大食」として当初は区別していた。黒大食の最初の入貢は743年であった。波斯は南朝・劉氏宋時代の

3　Wheatley, Paul. 1961. pp.68-70.

第3章　中国への朝貢を行なった東南アジア以西の国々の変遷　　　　69

535年以来81年の中断期間の後に隋・大業12年（616年）に再登場し、唐に入って貞観13年（639年）に入貢した。アラブ人とペルシャ人は広州に住み着く人が多く、一大租界を形成するようになる。大食も波斯も複数の国からの入貢である。彼らは広州以外の揚州など各地に住み込んでおり、民間貿易を各地で行なっていたと考えられる。

　扶南の2回については武徳、貞観年中のものであるが、先に見たように『新唐書』の間違いではなかろうかという桑田六郎博士の指摘がある。確かに6世紀末には真臘に追われたはずの扶南が唐初に入貢というのは一見ありえないようにも見えるが、扶南の亡命政権が盤盤の港を使って入貢した可能性も考えられる。

　この時期に最多の入貢回数を記録した歴代の朝貢国の老舗ともいうべき林邑は749年を最後に入貢が絶える。このころ林邑にはジャワ人（シャイレンドラ）に767、774、787年に攻められた記録が残っている。これによりチャンパは貿易国としては再起不能に陥ったとも見られる。チャンパには隋時代に「環王」という政権が成立し、『新唐書』には「環王、本林邑也。一日占不労、亦日占婆。」とあり、「武徳中、再遣使方物、高祖為設九部楽饗之。貞観時、王頭黎献馴象、鏐鎖、五色帯、朝霞布、火珠、與婆利、羅利二国使者偕来。」と唐初から入貢していた。高祖からも歓待を受けていた。唐初はまだ、林邑が健在であり、環王を受け入れたことに対し唐王朝に不服を申し入れたが、一蹴されたようである。その後、一時「環王」は内乱で絶えたが、『新唐書』に「至徳後、更号環王」とあり、至徳年間（756〜758年）以降復活した。復活した「環王」の朝貢実績は少なかった。「環王」とはPândurangaのPânからとったものであるという（『桑田』p.359）。この環王は8世紀中頃〜9世紀中頃まで続いたが、朝貢実績は貞元9年（793年）の1度だけである。8世紀後半ジャワ（シャイレンドラ）に数度にわたり攻撃を受けたことが影響していると見られる。その後チャンパには「占城」として正史に長く残る国が870〜1471年のあいだ続く。その間の支配者は何度か交代している。統一政権が長期にわたり維持されていたという時期はあまりないと見られる。インドシナ半島の長い海岸線の要所要所に港があり、それらが都市国家として存在し続けた。

　盤盤国が貞観22年（648年）を最後に朝貢を取りやめた経緯やその後どうなっ

たかは記録がないが、おそらく「室利仏逝」と改名したものと思われる。その支配者は亡命してきた扶南の王族であったと思われる。察するにマレー半島を統一する国家を作りあげ「室利仏逝として今後は朝貢します」という説明を唐の朝廷に行なって了解を得たものと考えられる。セデスの仮説は「マラッカ海峡とパレンバンを極度に重視した説」ともいうことができるであろう。これは日本の一部の学者に受け継がれており、「マレー半島横断通商路」はあまり使われず、寂れてしまったなどという議論がまかり通っているようである[4]。しかし、これは事実誤認といわざるをえない。室利仏逝は朝貢貿易全体を支配するために、羯茶や末羅遊を従来の「友好関係」から一歩進んで「属領化」し、おそらくシュリヴィジャヤに抵抗したと見られるパレンバンやジャンビには直接兵を進めて占領した。そこの住民には忠誠を誓わせるために、楕円形の石の彫刻（Telaga Batu 碑文）を作り、頂上から水を流して、受け口でその呪文の上を流れてきた水を飲ませたと考えられる。

　ジャンビとパレンバンの制圧によって室利仏逝はマラッカ海峡の支配権を確立し、さらに、訶陵の支配する中部ジャワにはバンカ島に結集させた大軍を率いて686年に侵攻を開始し占領したと見るべきである。まさに、「帝国主義的」な領土と貿易支配権の拡大を行なったのである。室利仏逝がマラッカ海峡の制圧を目指したのは、アラブやペルシャからの朝貢が7世紀中ごろから急増したことに対する危機感が作用したからなのはいうまでもない。ただし、マラッカ海峡を制圧しても、どの程度室利仏逝が西方諸国の朝貢に干渉できたかは必ずしも明らかでない。しかし、マラッカ海峡のコントロール体制の確立に注力している間に、真臘によって手薄になっていた首都のチャイヤーを占領されてしまったのである。そのため741年を最後に室利仏逝は朝貢をやめて、室利仏逝の王家は本部（首都）を安全地帯のスマトラもしくはジャワに移動させてしまった。真臘はタクアパ⇒チャイヤーのマレー半島横断通商路の「Aルート」と隣接するナコーンシータムマラートは占領したが、20年ほどしか続かなかった。しかし、この真臘による占領によって室利仏逝グループは混乱状態に陥り、マ

---

[4] 深見純生. 2001. 270. 深見氏は「メインルート（マラッカ海峡直行ルート）から外れた扶南は没落していった」とするが、扶南は6世紀末には既に「没落」していた。アラブ・ペルシャの入貢が増えるのは7世紀半ば以降である。

ラッカ海峡の管理体制も機能停止に陥ったものと推測される。その間の20年強の期間はアラブとペルシャが大手を振ってフリー・パスでマラッカ海峡を通行し、朝貢を急増させた。しかし、やがてシャイレンドラの台頭とともにシュリヴィジャヤが体制を建て直し、「フリー・タイム」は終わりとなる。

3. 唐時代後半の入貢（768～907年）

　朝貢回数：（後期）訶陵8回、闍婆3回、陸真臘（文単）3回、水真臘2回、驃2回、占卑2回、黒衣大食4回、波斯1回、環王1回（793年）、三仏斉1回（904年）。
　入貢回数が前半に比べ激減し、唐王朝の衰退を物語る。一方、後期訶陵（シャイレンドラ）が突出し、シュリヴィジャヤ系の独占体制が確立されたかに見える。この時期にシュリヴィジャヤ・グループはジャワのシャイレンドラを中心に真臘をチャイヤーとナコーンシータムマラートから追放し、室利仏逝の故地を奪還した後にマラッカ海峡の支配を強化したものと考えられる。768年にシャイレンドラが「訶陵（後期）」の国号で朝貢を開始する。シャイレンドラ王朝はジャワ島で大乗仏教の花を開かせ、ボロブドゥール寺院を建設する。また、後に見るように、シャイレンドラは東海岸の「Bルート」のどこかの港を使って中国向けの船を出航させていたものと思われる。
　7世紀の後半からほぼ100年間、マラッカ海峡直行ルートでしきりに入貢していた大食、波斯からの回数が768年を境に激減する。波斯の入貢は1度だけで771年が最後であり、黒大食は計4回で791年が最後である。もちろん「黄巣の乱（875～84年）」の影響は大きいが、それだけとは言い切れないものがある。ただし、大食は北宋の968年以降復活するが、それは大食と三仏斉の間で、何らかの妥協がなされたものと思われる。ところがシュリヴィジャヤ・グループのまとめ役であったシャイレンドラ王朝は9世紀前半にはジャワから追い出されてしまう。ジャンビ（占卑）がシャイレンドラの統制を離脱したかのように独自に入貢する（三仏斉のところで詳述）。　この時期にジャワ（シャイレンドラ王朝）は767、769、774、787年と真臘とチャンパ（林邑）に侵攻する。これは中国への朝貢ルートを独占支配しようとする試みであり、それは成功を収める。

しかし、肝心の唐王朝が衰退過程にあり、シュリヴィジャヤは次の三仏斉の「北宋時代」に大いに繁栄する。

闍婆の入貢

　既に見たように闍婆国が 820 年から入貢するが、これはサンジャヤ系王朝（復権した古マタラム王国）であると考えられる。しかし、闍婆の入貢は 831 年と 839 年の 3 回で終わってしまう。上述のように、この間、後期訶陵も太和年間 (827～835 年)、咸通年間 (860～873 年) に各 1 回入貢している。中部ジャワのシャイレンドラ（後期訶陵）王朝のにらみが利かなくなり、東ジャワからマタラム王国が入貢した可能性も否定できないが、シャイレンドラは 820 年ごろには既にジャワ島で支配権を失っていたと見るほうが自然であろう。しかし、その後シャイレンドラを追放したサンジャヤ・マタラム王国（闍婆）は 929 年にシンドック王を始祖とするクディリ王朝(929～1022 年)に変わっている。クディリ王朝は北宋時代の淳化 3 年 (992 年) に入貢し、次は 117 年後の大観 3 年 (1109 年) のたった 2 回の入貢実績しかない。この闍婆は 992 年頃に三仏斉に侵攻しており、それを宋王朝にとがめられた結果かもしれないが、闍婆は三仏斉によって完全に中国への朝貢を抑えられてしまったように見える。一方、三仏斉は1006年にジャワに大軍を送り、クディリ王朝4代目のダルマワンサ(Darmavamsa)王は 1007年に陣中に没したとされる。アイルランガ王 (1019～42 年) は彼の女婿である。闍婆の 117 年もの入貢中断は国内の政治的混乱の影響も大きかった。

　闍婆の入貢の激減の直接的な原因としては、マラッカ海峡を三仏斉に押さえられてインド方面からの財貨の輸入が思うにまかせなくなり、中国に「朝貢品」として持ち込むべき乳香などの入手が不可能になったことがあげられよう。当時としてはジャワ島の特産品のみでは宋王朝にはあまり喜ばれなかったことと思われる。おそらくジャワはその間、チャンパ（占城）に胡椒や香薬などの物産を輸出すると同時に、「民間ベース」で中国への輸出を行なっていたものと考えられる。唐時代から「市舶司制度」ができ、これら外国商人からの輸入に対応する制度ができていた。ジャワは香辛料の生産が多く、モルッカ諸島の香辛料 (クローブ、ニクズク、メース) も中国で次第に珍重されるようになっていった。

　三仏斉は 904 年に入貢した直後、907 年に唐王朝は滅亡する。742 年から実

に162年ぶりの入貢ともいえるが、その間「後期訶陵（シャイレンドラ）」がシュリヴィジャヤの伝統的朝貢を継承していたことは既に見たとおりであが、インドネシア史家のクロムは「後期訶陵」の役割についてはなぜかさほど重視していない。

唐王朝は安禄山の反乱勃発（755～63年）以来、宦官の跋扈による政治の乱れや、農民の度重なる暴動、黄巣の乱など大乱に耐え、最後は満身創痍となりながらも何とか150年間も持ちこたえた。黄巣の乱は貧民層の暴動でもあり、排外主義的イデオロギーに駆られて、広州の外国人租界が襲撃され12万人以上の外国人が殺害されたと伝えられる。殺害を免れたアラブ人などはジャンビやケダに逃げ込み、そこで三仏斉に協力したため、三仏斉は意外に早く新しい交易体制作りに成功したと見られる。北宋以降の三仏斉の動きは目ざましいものがあった。殺害された外国人の数は過大評価かもしれないが、租界を形成するに足る多数のアラブ人などがいたということは朝貢貿易以外に大量の民間貿易が存在したことを物語っている。しかし、その全体像を把握することは残念ながら不可能である。

桜井由躬雄氏は「海の市場としての中国市場を制したのは、広州に集中したアラブ系の商人たちで、中国におけるシャイレンドラのプレゼンスは、わずかに中国仏教の世界に見られるに過ぎない。」と述べているがこれは極論といわざるをえない。上に見たとおりアラブ人やペルシャ人の入貢が760年ごろまで多かったのは事実で、彼らが広州に租界を作ってビジネス展開の基地にしたことは間違いない。だからといって「市場を制した」のは彼らで、シャイレンド

5　クロムは741年から904年までのシュリヴィジャヤの朝貢のブランクについて、シャイレンドラが訶陵（後期）の国号を使って入貢していたにもかかわらず、シュリヴィジャヤ・グループとして朝貢を続けたとは必ずしも考えていない。「この間767年から873年までジャワが、中国と国交関係を維持していたという、注目すべき事実が指摘される」（クロム、N. J. p.113.）と記するにとどまっている。さらに、クロムはジャワのシュリヴィジャヤは多くの遺跡（ボロブドゥールなど）残っているが、スマトラ（パレンバンなど）には何もないことを不思議がっている。シュリヴィジャヤ＝パレンバン説を念頭におけば、当然クロムのような疑問に行き当たるはずである。しかし、パレンバンにはもともとたいした遺物はなかったと考えられる。スマトラ島の仏教遺跡が増えるのはシャイレンドラの王子バラプトラデヴァがジャワから亡命した9世紀以降である。シャイレンドラ様式ともいえる洗練された石の観音菩薩像や青銅の仏像が急に増えてくる。

6　藤本勝次訳注．1976. p.33. 原著 Abū Zayd Hasan AD.851 を Sulaymān が916年に取りまとめ出版したとされる。

ラ系は取るに足らなかったとはとうてい断定できない。桜井氏は「訶陵が768年から770年にかけて2回連続で朝貢する。」としながら、それで終わりであるかのような書き方で、「シャイレンドラの発展は東南アジア海域の域内交易網をマラッカ海峡に集中することを目的とする」と狭く限定している。桜井氏は根拠を明示していないが、「内向き志向」がシャイレンドラの交易政策であるはずがない。いままで何度述べてきたように、シュリヴィジャヤの狙いは東南アジアからの朝貢貿易の寡占的（もしくは独占的）支配ということで首尾一貫していたのである。マラッカ海峡のコントロールは西方諸国の通過のチェック体制の強化であり、宋時代の三仏斉の「経商三分一」に見られるような何らかの「貿易上の強制措置」を狙っていたことは間違いない。後期訶陵の入貢は813、815、818年、太和年間（827～35年）、咸通年間（860～874年）と続くし、逆に後期訶陵が登場した768年以降は大食は4回、波斯は1回しか朝貢実績がない。それは唐王朝の衰退傾向もあったが、マラッカ海峡の支配が強化されたことが最大の理由であろう。しかも、シャイレンドラが「マラッカ海峡の域内貿易に集中する」ことに目的をおいていたなら、真臘への逆襲も、チャンパ方面に数次にわたる遠征も不必要だったはずである。シュリヴィジャヤが「マラッカ海峡の関所の番人」だけで終わるつもりはなかったのは、次の三仏斉の時代を見れば明らかである。

7　桜井由躬雄．2001．p.143．

第4章
室利仏逝の成立と消滅

　「シュリヴィジャヤ」という言葉をスマトラ島のパレンバン付近にあった石碑の解読から「発見」したのはジョルジュ・セデス（G.Coedès, 1886～1965 年）である。フランス政府は植民地であったベトナムのハノイに「極東学院」なる研究所を 1900 年に設立し、そこでインドシナ半島や日本や中国を含む周辺地域の歴史や言語などを研究させた。その中での代表的学者はジョルジュ・セデスであり、彼らが収集したベトナムやカンボジアの遺物やインドや中国の絵画などがパリのギメ美術館に収納・展示されている。セデスは天才的なひらめきを持った歴史家であることは間違いない。彼が言ったことはほとんどそのまま「定説」になってしまうといっていいぐらいの権威の持ち主であった。

　セデスが「シュリヴィジャヤ」という言葉を「発見」するまでは、実は「室利仏逝」と「三仏斉」はどう読むべきなのかよくわかっていなかったようである。この 2 つの言葉は「シュリヴィジャヤ」と読むというのがセデス以降の定説になっている。「室利仏逝」のほうは「シュリヴィジャヤ」と読むことには誰も何の異論はないであろうが、「三仏斉」については語源に諸説がある。藤田豊八博士は両者は同じものであり、時代によって呼び方が異なるという理解である。すなわち、唐時代は「室利仏逝」であり、「三仏斉」というのは宋時代から始まったという見方である。ところがアラブ人が使った呼称の「Saboza」を中国人が三仏斉に読み替えただけだという見方もある。しかし、呼称の起源の問題はどちらに転んでも結果は同じである。

　室利仏逝の読み方の解明は大事である。しかし、室利仏逝の本質の解明がなければ何もならない。セデスは扶南の王統が室利仏逝の主権者であること見抜いた。これも歴史学的快挙といっていい。しかし、その場所の特定を誤ってしまったために東南アジア史をとんでもない方向に導いてしまった。なぜ扶南の

1　藤原貞朗．2008．第 6 章に 1929 年に第 2 代院長に就任したセデスについての詳しい事跡が記述されている。

王族が盤盤に亡命したと考えなかったのであろうか？　彼は盤盤というのはタイ湾の片隅の「袋小路」みたいな位置にあり、国際貿易上重要な地点ではなかったと認識していたのである。マレー半島という帆船にとっては大きな障害物のために、古来「マレー半島横断通商路」が重要であったことに思いをめぐらせなかった。その前に、扶南がどういうやり方で交易を行なっていたかを考察していなかったのである。ただひたすらマラッカ海峡の直行ルートの重要性のみに目が行っていたとしか考えられない。しかも、ジャンビ・マラユ地域がパレンバンよりも重要であったという単純な事実をも見過ごしていたのである。私の仮説は「扶南の王統が盤盤に亡命して、そこで再起を図った」というのが出発点である。

　盤盤が室利仏逝の本拠地であったことは義浄が書き記している。そこは東南アジアにおける最大の仏教拠点であったということである。それは『通典』の盤盤の条によって裏打ちされている。これに目をつけて問題にした歴史家はほとんどいないのが不思議である。仏教寺院が11ヵ所も集まっている場所が他にあったという史料はない。

　それから、マレー半島の朝貢国であった「赤土国」と「盤盤」が隋末から唐初にかけて消滅し、唯一「室利仏逝」だけが残ったという事実に対する解明がなされていない。さらに、室利仏逝がジャワ島にどうかかわっていったかについても、室利仏逝がバンカ島に残したコタ・カプール碑文との関連で考察された論文にはなかなかお目にかかれない。セデスの関心が中部ジャワの「訶陵」ではなく「西ジャワ」に行ってしまったのも不可解である。

1.「赤土国」の登場と消滅──室利仏逝の登場

　桑田博士は唐時代に文献に登場する「室利仏逝」は隋時代には「赤土国」といわれていた地域であろうと推論する[2]。その根拠は『隋書』に記載されている「赤土国」の周辺の地名から考えて、そこが「室利仏逝」と唐時代に呼ばれたところと類似していると桑田博士は考える。また、逆に「赤土国」は唐時代には入

2　桑田六郎．1993. pp.3-53.

貢実績がない。桑田博士は、初めは赤土国はマレー半島の東海岸に存在したと考えていたようであるが、研究を重ねるうちに、結論的には赤土国はスマトラ島のパレンバンにあったということになってしまう。そこが後の室利仏逝であるという説である。

　私は「赤土国」の所在地はマレー半島の東側のソンクラーあたりから内陸を西に向かい、西海岸のケダ（ブジャン渓谷付近）を結ぶマレー半島横断ルート（Bルート）の一帯ではなかったかという見方を提起したい。ただし、ナコーンシータムマラートに本拠を置いていたと考えられるランカスカ（狼牙脩）も支配下に置いていた。赤土とはマレー語のタナ・メラの漢字訳である。タナ（tanah）は「土」で、メラ（merah）は「赤い」という形容詞である。しかし、赤い土はマレー半島にはあちこちに見られる。私はケダ州のブジャン渓谷周辺でも目にも鮮やかな紅色の土を目撃した。煬帝の使者、常駿の報告によれば赤土国には国王がいて官僚システムが当時としてはかなり整っていたという。バラモン的政治体制がきちんと機能し、東西貿易を行ない財政も豊かで、後背地・周辺部にかなり広い稲作地帯が存在し、人口も多く、兵士も多く養えた強大な王国であったと考えられる。ただし、赤土国の朝貢実績は隋時代の3年間、3回に過ぎなかった。

常駿らの赤土国訪問

　隋時代、煬帝に命じられて「赤土国」に出張した常駿の報告では、港でバラモンの鳩摩羅に率いられた30艘の船団と楽隊の歓迎を受ける。上陸してから「王城」にたどり着くまで30日間を要したという。これは当然陸行に要した日数と見られ、赤土国の「王城」はマレー半島の西岸（ケダ）にあったということも考えられる。使節が到着した港がどこかは不明であるが、今のソンクラーである可能性が高い。『隋書』には国王の居城は「僧祇城」であると書いてある。これはソンクラーではないかと思われるが、意外にもこれは少数意見のようである。僧祇というのは獅子という言葉に近いからシンガポールであるという学者もいる。[3]

　シンガポールはマラッカ海峡海峡の入り口に位置し、海上交通の要衝ではあ

3　山本達郎．1951.

るが、農民が稲作をやるような土地はない。淡路島程度の面積で、密林に覆われた人口の少ない島であり、水田稲作によって多数の住民を養うことは不可能である。ある程度の規模の常備兵を置かなければ、港湾都市国家としてやっていけないことは自明である。僧祇城がソンクラーということになると赤土国は自ずと「パレンバンではない」ということになり、したがって室利仏逝もパレンバンではないということにもなりかねない。だから、「僧祇城＝ソンクラー説」は東南アジア史の「主流の専門家（パレンバン原理主義者）」にとっては容認できないのであろう。常駿が赤土国のどこかに上陸してから30日もかけて連れて行かれた最終目的地の場所が東海岸のソンクラーということはありえない。たぶん、そこはマレー半島の反対側（西岸）のケダのあたりで、そこに赤土国の「本拠地」があったものと思われる。東海岸の港（例えばソンクラー）は中国への通商上の表玄関であったと考えたい。

　また、注目すべきは常駿一行の帰路である。春の南西風に乗って帰国したものと思われるが、「浮海十余日至林邑東南」と記されている。ずいぶんスピーディな帰り船である。そうなると帰路の出発港はマレー半島の東岸のどこかの港と見るのが適当であり、隋時代の帆船のスピードを考えれば、パレンバンではいかにも遠すぎるのである。ナコーンシータムマラートも有力であるが、そこはもと狼牙須といわれた場所であり、常駿にとっては赤土国への通過点であった。赤土国がそこを当時実質的に支配していた可能性はある。常駿等の最初の上陸地点はソンクラーあたりを想定せざるを得ない。結論的にBルート（ケダからソンクラー、パタニ、ケランタンまで）が赤土国の領域で中間のCルート（狼牙須を含む）は赤土国の友邦もしくは属領だったと見るべきであろう。赤土国はマレー半島を東西に横断する領土を持っていたことは間違いない。マレー半島の両岸の港と横断ルートとしての道路や河川を同時に支配していないと貿易国家としては成り立たない。当時、Aルート（盤盤の支配領域）は強大な存在だったので、対抗上ケダの支配者はBルートと中間ルートをも支配下に置き、大国としての「赤土国」を隋王朝に積極的にアピールしたものと思われる。

　改めて『隋書』を紐解くと、常駿の行程は大業3年（607年）10月に広東を出発し、「**西望狼牙須国之山、於是南達雞籠島、至於赤土之界。其王遣婆羅門鳩摩羅以舶三十艘来迎、吹蠡擊鼓、以楽隋使、進金鎖以纜駿船**」とあり、「安

南の沖を通過し、西に狼牙須国の山を望み、南下し、雞籠島に達し、赤土之界にいたった」と記している。この文章自体極めて簡潔でしかも大切な情報を伝えている。それは「狼牙須国の山を望み」という言葉である。マレー半島の東岸で海側から目立つ山はどこかということになると、ナコーンシータムマラート周辺に限られてしまう。そこからマレー半島に沿って南下するとほとんど山らしい山は海上からは見られなかったはずである。パタニの河口付近は平野である。雞籠島はどこかは特定できないが、ソンクラー港の近くの小島の1つであるという解釈でも良いのではなかろうか。その島を過ぎると「赤土」の領域に入る。一行が到着するや、赤土国王の命を受けて鳩摩羅という婆羅門が30隻の船団を率いて鳴り物入りで出迎えてくれ、常駿の乗った舟を金の鎖で取り囲んだというのである。赤土国としては常駿の来訪の正確な日時を事前に把握していて、歓迎の船団や楽隊を用意し待ち受けていたようである。その情報がどうやって現地にもたらされたかは明らかでないが、たとえば『唐国史補（李肇撰）』には「海路必養白鴿為信」とあり当時は伝書鳩の利用が知られていた。

桑田博士は『赤土国』の四周が室利仏逝と一致すると主張する（『桑田』赤土考、3～53頁）。　赤土の東は波羅刺国（今のボルネオ島であろうか）、西は婆羅娑国、南は訶羅旦国、北は大海であるという。西の婆羅娑国というのは義浄のいう婆魯師国と同じであろうということになっている。ところがこの婆羅娑国というのがどこかは必ずしも明らかでない。スマトラ西岸の樟脳の積出港として有名であったバルス（Barus）港ではないかという説がある。しかし、そこは当時の貿易ルートからは外れており、ニコバル諸島（裸人国）のどこかの島ではないかというのが桑田博士の説である。桑田説では訶羅旦国（劉氏・南宋時代430～452年に朝貢実績あり）は中部ジャワで、後の訶陵と同じだという。[4]

しかし、訶羅旦国がジャワで5世紀ごろ経済的に朝貢するほどの実力を有した国として実在した物的根拠（考古学的）は一切ない。訶羅旦国はあくまでケダ（訶羅）との関連で見るべき国であり、ソンクラーの南のケランタン（現在はマレーシア領）と見るのが妥当であろう。ケランタンはケダとの通商路が通じていたばかりか、内陸部ではパハン州の金の産地にもつながる重要な位置にあった。Bルートの中でも比較的経済力が強く、背後にパハンを擁している分

4　桑田六郎．1993. p.26.

だけケダの支配からは多少なりとも自立しており、後に「呵羅単」の「呵羅」をはずし「単単（丹丹）」として入貢したと見られる。　桑田博士の結論はスマトラのパレンバンであるということになってしまう。その論拠は『新唐書』の室利仏逝の条にある「西曰郎婆露斯」というのが、『隋書』の赤土の条の「東婆羅剌国、西婆羅娑国、南訶羅旦国、北拒（距の間違い…筆者註）大海」と同様だというのである。「婆羅娑国」がニコバル諸島であるとすれば、パレンバンから見れば西というよりは北である。ケダから見ればまさしく西方に当たる位置にある。「婆羅剌国」はボルネオ島とすればマレー半島東岸からも近い。南の「訶羅旦国」をケランタンと見れば、これはまさにソンクラーの南に位置している。

　また、『隋書』に赤土国王姓瞿曇とある。『梁書』に干陀利王瞿曇修跋陁羅（クドン・シュバッダラ）とある。干陀利はカンダリ（Kandari）であり、ケダの別な表現（タミール語）であると考えてよい。要するにケダの国王の姓と赤土の国王の姓が「瞿曇（クドン）」なのである。これは偶然の一致だと片付ければ、それはそれでおしまいであるが、同じ王統であったとしたら話はまったく別な展開になってくる。つまり、赤土国の本拠はケダだった可能性が出てくるのである。ちなみに瞿曇というのは釈迦のゴウタマ・シダッタ（瞿曇・悉達太）の漢訳である「ゴウタマ」にあたる。この両者とも中国側に仏教徒であることをアピールしたかったのかもしれない。また、ケダと赤土国との関係を裏付ける物証が存在するのである。それはケダのブジャン博物館に展示されている1枚の石碑である。この石碑はブジャン渓谷からやや南のペナン島の対岸のプライ（植民地時代はウエルズレー県＝Wellesley Provinceと呼ばれていた地域）で発見されたといわれている。航海の無事（siddhayātra、満願成就というほどの祈りの言葉で、同じ単語がパレンバンのクドゥカン・ブキット碑文にも使われている）を祈願した地元の船長（おそらくは商人との兼務）のブッダグプタ（Budhagupta）なる人物が奉納したものである。そこには彼の居住地としてサンスクリット語で"Rakta-mṛttikā"「赤土」と書いてある。ケダの主要港でブジャン渓谷の周辺からペナン島のあたりにかけて確かに「赤土国」と認識される王国が実在したと考えてよいであろう。同じ地名はインドにもあるというが、ここは単にケダの周辺の地と考えて不合理ではないであろう。

この時代に東南アジアに仏教が広まったのはインド商人に仏教徒が多かったからだともいわれている。セデスはこのブッダグプタの願文は5世紀の中ごろに作られたものだと述べている。そうなると450年前後にはケダのあたりに通称「赤土国」なるものがが存在したということになる。また、既に見たように5世紀にマレー半島から中国に朝貢に現れた国は「呵羅単」である。呵羅単は南朝宋（劉氏）の430年〜437年にかけて6回入貢している。その後、441年に干陀利が登場する。452年には再度、呵羅単が最後の入貢を行ない、455年からは干陀利（斤陀利）が再登場し、以後梁に入って502年、518年、520年、陳時代に563年と干陀利が入貢する。干陀利はケダであるから、呵羅単はケダの東海岸における窓口として当初は機能していたが、その後何らかの理由で朝貢窓口の「国名」を本家筋の「干陀利」に変えたものと推定される。これがさらに「赤土国」に国名を変えたものと見られる。その理由は「狼牙須」の吸収合併にあったというのが私の推測である。

狼牙須国の山

　赤土国への航海の途中で常駿が見た「狼牙須国の山」（『隋書』）については、狼牙須は「ランカスカ」と読み、その場所はパタニであるというのが「通説」である。私がおかしいと思うのは、狼牙須をパタニと狭く限定すれば、パタニ周辺はほとんど平地であり常駿がいうような目立つ山がないことである。山ならむしろもっと北方のナコーンシータムマラート港の背後にあるカオ・ルアン山（1835m）が海から見た場合の絶好の目印になる。そこから南下すると目立つような山はない。常駿はこの山が「狼牙須国の山」だという説明を案内人から受けたのであろう。また、ナコーンシータムマラートの後背地でカオ・ルアン山の麓にラン・サカ（Lan Saka）という峠の町がある。これがランカスカであった可能性もある。こういう説を唱える学者は今のところ皆無に近いが、カオ・ルアン山のふもとを通り、西海岸のトランやクラビやクロン・トム方面に抜ける古くからの街道があり、古代からの交通の要衝であった。リゴール国王の離宮もあったといわれている。また、Lanとは谷という意味であり、古くはLangkaと発音されていたという。もちろん、これだけの材料で狼牙須はもと

5　Coedès, G. 1968. pp.50-1.

もとはラン・サカであったとは断定できないが、可能性はかなり高い[6]（補論1の狼牙脩考参照）。

　ただし、後世になるとナコーンシータムマラートは「単馬令」として中国側に認識されるようになる。単馬令すなわちタンブラリンガは古代からの名称ではない。せいぜい10世紀以降であろう。その前は狼牙脩（須）であった可能性が高いことは今まで述べたとおりである。しかし、現在の歴史学では狼牙須というのはパタニのことだとなっている。特に、明時代の鄭和の航路を説明した『武備志』（茅元儀、1621年刊）には「狼西加」という地名が略図とともに出てきて、孫姑那（ソンクラー）の南隣にあり、どうしてもパタニあたりを想定せざるを得ない書き方になっている。隋時代の地理学では狼牙須はナコーンシータムマラートあたりからパタニあたりまでが含まれていた（広域支配の）可能性がある。特に梁時代は盤盤（チャイヤー）と並んでマレー半島東岸を代表する通商国家であり、Cルート（中間ルート）の代表格の国であったと見られる。梁時代のBルートの朝貢国は干陀利（カンダリ）であり、ケダをスタートし、ソンクラーにもパタニ（タイ領）にも出られるし、やや南のケランタン（マレーシア領）へのルートもあった。もしパタニがランカスカと後世に呼ばれたとしたら、それは「狼牙須」全盛時代の「広域支配の名残」であるとしか考えられない。しかし、狼牙須をパタニと決めてしまうと「赤土国」の特定は永久に不可能になる。ウェールズの「ケダ」説は部分的には正解に違いないが、それでは赤土国の「東岸」はどこかというと、答えはない[7]。ホィートレーの「ケランタン説」が最も正解に近いが、やはり間違いである。やはり狼牙須＝パタニ説に引きずられている[8]。

　私は既に述べたように、赤土国は室利仏逝の前身ではないが、扶南の王統の支配する盤盤によって吸収されて室利仏逝の一部になったと見る。注目に値するのは、隋時代（557年～589年）に入ってから、マレー半島部から朝貢する国

6　狼牙脩はリゴール（ナコーンシータムマラート）にあったとする学者は存在する。マジュムダール（R.C. Majumdar）は Suvarṇdvīpa（2004. p.72）の中で「Gabriel Ferrand 氏（1864～1935年）がアラビア文献を研究しているうちに Lang-Saka という言葉を発見し、狼牙脩はナコーンシータムマラートにあったと考えるようになった」と述べて同氏の説に賛成している。

7　Wales, H. G. Quaritch, 1976. pp.26-7.
8　Wheatley, Paul. 1961. pp.26-36.

が減少し、赤土国（3回）と盤盤（1回）と丹丹（1回）だけになってしまったことである。隋の前の陳王朝（557～589年）には干陀利、狼牙脩、丹丹、盤盤が入貢していた。Bルートはケダに拠点を置く赤土国の台頭によって、干陀利、狼牙脩は隋時代に赤土国によって統一もしくは支配されてしまったものと考えられる。おそらく、当時はナコーンシータムマラートに本拠を持っていたと考えられる狼牙脩も赤土の支配下に置かれて、自らは朝貢できない状態になっていたと推測できる。というのは隋の常駿等の乗った船が「狼牙須国の山が見える」ところまで近づいて航行していたからである。いわば赤土国の勢力圏ということで案内人がナコーンシータムマラートに近づき「あれが狼牙須国の山だ」という説明を常駿一行にし、そこから南に舵を切り、マレー半島東岸を右手に見ながらソンクラーのあたりまで行ったものと推測できる。

　赤土国の前身はケダをベースにしていた干陀利であった可能性がかなり高いという根拠は、貿易ルートの問題以外に上述のように赤土の国王と干陀利の国王の姓が「瞿曇」であったことも指摘されよう。これらの赤土系の王統は扶南の王統とは別系列であったと思われる。中国の王朝には仏教徒であることをアピールするために、ことさら「瞿曇」という姓を強調したのかもしれない。しかし、赤土の政治体制は常駿の宮廷の様子の描写から、「ヒンドゥー的」なものであったことは間違いない。なお『隋書』の婆利の条に、「（煬帝）大業12年（616年）」。「于時南荒有丹丹、盤盤二国、亦来貢方物、其風俗物産、大抵相類云。」とあり、隋の末期に、盤盤と丹丹（Bルートに属するが赤土の消滅後再登場した）の2ヵ国がおそらく同時に入貢し、風俗も物産もほぼ同じだと記載されている。両国はマレー半島東岸にあり友好関係にあったものと見られる。

2.「シャイレンドラ」の興亡

シャイレンドラと775年のリゴール碑文

　686年頃バンカ島を発ったシュリヴィジャヤ軍がジャワ攻略とその後の支配に成功したことは、その後のシャイレンドラ王朝の発展を見れば明らかである。後述のソジョメルト碑文に見るように、セレンドラ王（Depunta Selendra）が

率いるシュリヴィジャヤ軍がペカロンガンのあたりに上陸して、勝利した公算が大きい。彼らは前期訶陵の支配者であったサンジャヤ系古マタラム王統と平和的に共存しつつも、中部ジャワの支配権を確立したものと推測される。ただし、シュリヴィジャヤがジャワ島において「シャイレンドラ」を公式に名乗るのは、マレー半島のチャイヤーが真臘に占領され、「室利仏逝」が消滅した8世紀半ば以降のことである。ジャワ島の碑文で最初に公式に「シャイレンドラ」の名前が出てくるのが「カラサン碑文（Kalasan、778年）」であるといわれている。これはリゴール碑文の775年よりも遅い。シャイレンドラ王朝が8世紀の後半以降シュリヴィジャヤ・グループの代表者として「訶陵（後期）」の名前でマレー半島、スマトラ南東部、ジャワ島の全ての朝貢を取り仕切ったと見ることができる。

　シャイレンドラ王朝がなぜ「室利仏逝」の名前を継承しないで、あえて「訶陵」の名前を使って入貢したかについての理由は明らかではない。考えられることは「室利仏逝」の首都チャイヤーが真臘に占領されて、機能不全に陥ったためと、もう1つの理由はシュリヴィジャヤが訶陵（サンジャヤ系）から中部ジャワの覇権を奪った（滅ぼすには至らなかった）ということを唐王朝に隠す意図があったのではないかということである。朝貢体制は形式的には「冊封」体制であり、朝貢国の多くが唐王朝の「外臣」という立場にあった。そのため、ある朝貢国が他の朝貢国を勝手に攻撃したり、滅ぼしたりできないという大原則があったものと思われる。したがってシャイレンドラもジャワ島を本拠にしている建前上、昔から朝貢していた「訶陵」の国号を掲げて入貢したものと考えられる。同様の事態は11世紀初にチョーラが三仏斉を侵攻したときにも起こった。チョーラは実際は三仏斉（特にケダ）を占領し支配下においていたが、宋王朝には「服属三仏斉」という届けを行ない、あたかも三仏斉の属国であるという見せかけを行なった。

　マジュムダールは「シャイレンドラ（Śailendra）」の語源は6〜7世紀にガンジス川（ヒマラヤの娘とも呼ばれていた）流域を支配していたŚailodbhava王朝と関係があるのではないかといっている。その地域はシャイラ（Śaila）王朝が昔支配しており、Śailendraというのはその辺の名前を取ったものであろう（血統的つながりの有無は別として）と述べている。[9]

9　Majumdar, R.C. 2004. p.226.

しかし、シャイレンドラの王族はインドから直接ジャワ島にやってきて覇権を確立したのかもしれないというマジュムダールの説（断定はしていないが）には同意できない。セデスが言うように、あくまで扶南の王統が「シャイレンドラ」を名乗ったか「借用」したものと考えたい。もととも扶南の王統の祖である憍陳如（カウンディニヤ）はガンジス川流域の出身であり、盤盤経由で扶南に渡ったてきたといわれているので、この地域の王族とは古来何らかの縁があり、交流もあったのではないかと思われる。[10]

シャイレンドラ王朝は貿易から得られた膨大な利益をつぎこみ、ボロブドゥール寺院の建設を行なった。シャイレンドラ王朝の全盛期は8世紀の後半であり、カラサン碑文（Kalasan、778年）やクルラク碑文（Kelurak、782年）にその事跡が残されている。両方の碑文にマハラジャ・ラカイ・パナムカラン（Śrī Mahārāja rakai Paṇamkaran）王の名前が出てくるが、これはリゴール碑文にも出てくるシャイレンドラ王である。「ラカイ」というのは「最高位」というほどの意味の称号である。彼は真臘を撃破した功績によりシュリヴィジャヤ・グループを統括する大王（マハラジャ）に推挙されたものと考えられる。

彼の後継王はサマラトゥンガ（Samaratuṅga）別名サマラグラヴィラ（Samaragravira）王である。サマラトゥンガ王（782年〜没年不明）はスマトラにいたとされるシュリヴィジャヤの王のダルマセトゥ王（Dharmasetu）＝ヴァルマセトゥ（Śrī-Varmasetu）王の娘ターラー（Tārā）と結婚し、バラプトラデヴァ（Bālaputradeva）王子を得るが、別に第1夫人としてペルマイスリ（Permaisuri）王妃がいて、一人娘のプラモダヴァルダニ（Prāmodāwardhanī）がいた。サマラトゥンガの死後、おそらくサンジャヤ系（マタラム系）の王統のラカイ・ピカタン（Rakai Pikatan）がサマラトゥンガ王の王女と結婚し、マタラム王（838〜856年）となりシャイレンドラ直系のバラプトラデヴァ（ピカタン王の義兄弟に当たる）をジャワから追い出したといわれている。バラプトラデヴァは Suvarnadvīpa（スマト

10　Coedès, G. 1968. pp. 88-93. セデスはシャイレンドラの王統を扶南の「山の王」の末裔として考えている。de Casparis の説として扶南王朝の最後の首都があった 'Naravarnagara' に9世紀に建てられた碑文にはジャワのシャイレンドラを建国したブジャヨットンガデヴァ（Bhūjayottungadeva）王はかつてヴァラナラ（Varanara）を支配していたと刻まれているという。また、ジャワのクルラク（Kelurak）碑文（782年）には 'Naravara' の文字が刻まれているという。これは『新唐書』にいう「那弗那城」であろう。

ラとマレー半島の両方）すなわちシュリヴィジャヤのマハ・ラジャ（大王）として君臨する。彼は後に、ナーランダに寺院を寄進する。彼が亡命して以降、南スマトラには大乗仏教の仏像や寺院が急増する。これはもちろん、その後の三仏斉の繁栄とも関連する。

　私はシャイレンドラ王朝の起源については扶南王統の流れを汲むものと理解しているが、1960年代にソジョメルト碑文（Sojomerto Inscription）なるものが中部ジャワのペカロンガン（Pekalongan）港の近くのバタン（Batang）郡で発見され、それにはセレンドラ王"Dapunta Selendra"という王の名前が刻まれているという。同時にそれには王の父の名前として"Santanu"、母の名前として"Sampūla"とが刻まれているという。"Selendra"とは古代マレー語であるが、サンスクリット語で"Śailendra"という意味である。とすると、"Dapunta Selendra"はシャイレンドラ王ということになる。注目すべきはこの碑文が古代からの港湾都市ペカロンガンの近くで発見されたことである。7世紀のものとされ、シュリヴィジャヤ軍がバンカ島の前進基地を686年に出撃し、ペカロンガンに上陸した可能性は高い。その総司令官はシュリヴィジャヤ家の王族で"Dapunta Selendra"と名乗っていた人物であった可能性が高い。クドゥカン・ブキット碑文にも"Dapunta Hiyang"（直訳すれば神王）がシュリヴィジャヤ軍の総司令官として登場する。この碑文はやはり古代マレー語である。古代マレー語が使われているという意味はおそらくスマトラ島で使用してきた影響であろう。"Dapunta Selendra"はヒンドゥー教徒であるらしいとか、彼がジャワ島の原住民から出た王であるという説は根拠に乏しい。部分的にせよサンスクリット語が使われている点からしてインド系の出自の王と考えてよいであろう。サンスクリット語はほとんどの場合、仏教徒が使った言語であった。しかし、マジュムダールのいうようにシャイレンドラ王統を直接インドと結びつけるのは無理がある。ここではセデスのシャイレンドラ家は扶南の王統を継ぐものだという説が正しいと考えられる。[11]

11　インドネシア考古学者のバンバン・ブディ・ウトモ（1954年生まれ、インドネシア文化・観光局上級調査官）は論文"The Homeland of Śailendra Family"の中でシャイレンドラ系とサンジャヤ系の2つの王統について論考を行なっている。その中でインドネシア人の歴史家プルバチャラカ（Poerbatjaraka）はソジョメルト碑文は725年よりも古く7世紀の中ごろのものではないかという「古文書学的」鑑定結果が出ていると主張しているという（Bambang Budi Utomo. 2006.）。また、千原大

第4章 室利仏逝の成立と消滅　　　　　　　　　　　　87

　真臘が室利仏逝の本拠地チャイヤーを750年頃隣接のナコーンシータムマラートとともに占領したことはどの史料にも見えない。しかし、真臘がチャイヤーを占領したことは「室利仏逝」が742年を最後に唐王朝との交渉を絶ったことを見ても明らかである。同時にマラッカ海峡のコントロール体制も崩壊してしまったであろうことは大食と波斯の入貢回数の激増からも窺われる。それまでシュリヴィジャヤ・グループでは傍流であったジャワ島に本拠を置くシャイレンドラ家が中心になって770年ごろに真臘からチャイヤーとナコーンシータムマラートを奪還する。セデスは扶南が真臘に6世紀にカンボジアから追放されたことへの「復讐」だと解釈している。もちろんセデスは室利仏逝の本拠地はチャイヤーではなくパレンバンだと見ているから「奪還作戦」が行なわれたとは解釈していない。シャイレンドラの目的は単なる「仇討ち」や「物取り」ではなく、シャイレンドラ（後期訶陵）の中国への貿易ルート独占のための戦いと解釈すべきであろう。こういう帝国主義的な戦争がこのころ東南アジアの中心部において既に行なわれていたのである。このシャイレンドラのマレー半島東岸奪還戦争の勝利は後の三仏斉の時代に威力を発揮した。

　7世紀の後半から8世紀の前半のほぼ100年間にアラブ・ペルシャからの朝貢が激増したことは既に見たとおりであるが、770年ごろから彼らの入貢は激減する。その契機となる事件がシャイレンドラ（後期訶陵）の登場である。ジャワ島中部に本拠地を持つシャイレンドラ王朝は、マレー半島のチャイヤーやナコーンシータムマラートを占拠していた真臘を破ると、775年の年号のあるいわゆる「リゴール碑文」を建てる。これは一種の「戦勝記念碑」ともいうべきものである。この碑文は当初はナコーンシータムマラートのワット・サマ（Wat Sama）で発見されたといわれていたが、もともとはチャイヤーのワット・フア・ウィング（Wat Hua Wing）にあったものである。ナコーンシータムマラートや

五郎.もソジョメルト碑文について言及していてプルバチャラカの説に注目している（千原大五郎.1982. p.109. 以下）。
12　Coedès, G. 1968. p.91. においてセデスは「一時期シャイレンドラは8世紀の後半から9世紀の大部分にかけてシュリヴィジャヤを支配していたと考えられていた。しかし、9世紀の後半はジャワとスマトラはジャワを統治するシャイレンドラによって統一されていた。だが、8世紀の後半については定かな根拠はない」と主張している。しかし、セデスの見解は史実と異なり、シャイレンドラは8世紀後半から9世紀の初めまでシュリヴィジャヤの統括者として「訶陵」の国名で入貢し、その後はジャワから駆逐されてしまっていたのである。

その北方のチャイヤーにはかなり大規模な仏教遺跡が存在し、同時に大きな政治勢力がこの地に実在していた重要な地域であったことを物語っている。一時期、真臘に奪われた室利仏逝の故地（チャイヤー）を奪還し、王家の復活を誇示する狙いがあったものと考えられる。

リゴールの碑文にはA、B両面があり、はじめはA面しかなく、B面は後から書き加えられたものであることをマジュムダールは発見した。A面はŚrī-Vijayendrarāja（シュリヴィジャヤ）王の賛辞から始まり、王がこの地に仏教寺院を3ヵ所建設したことが書かれている。その大王とはシャイレンドラのパナムカラン王(746～782年、Śrī Mahārāja rakai Paṇamkaran)である。その仏教寺院はワット・フア・ウイング（Wat Hua Wing）とワット・ロング（Wat Long）とワット・ケオ（Wat Keo）であるとされ、全てがチャイヤーにある。裏側のB面は1行と2行目は数文字しかなく、中断した形になっているという。B面はヴィシュヌの名前（パナムカラン王）を持つラジャディラージャ（Rājādhirāja）王の賛辞から始まり、シャイレンドラ王朝のシュリ・マハラジャ大王（Śrī-Mahārāja）に言及して中断しているという。

このシャイレンドラのパナムカラン王は「室利仏逝の首都」であるチャイヤーを占領した真臘を撃破した功績により、シュリヴィジャヤの諸王の中の大王として君臨していくという宣言をこの碑文で表明したとも受け取れる。奪還戦争の前は中部ジャワのシャイレンドラ王家はシュリヴィジャヤ・グループの中では歴史の浅いマイナーな存在であったものと思われる。このB面の作者は不明だが、インドネシアの考古学者ブカーリ（Boechari）やバンバン・ブディ・ウトモはバラプトラデヴァ王が命じて刻ませたと解釈している[13]。これはうがった見方ではあるが、パナムカラン大王の孫でスマトラに逃れたバラプトラデヴァ王がいわば祖父の功績を再確認して自分のシュリヴィジャヤ大王としての「箔をつける」ために命じて刻ませたが、途中でやめたものという見方もできよう。

シャイレンドラ王朝は本拠の中部ジャワで大乗仏教のボロブドゥール寺院を建設する。しかし、シャイレンドラの本流のバラプトラデヴァ王子（ピカタン王の義兄弟）は、東ジャワを中心に勢力を蓄えていたと思われるヒンドゥー教

---

13 Jacq-Hergoualc'h, Michel. 2002. p.246. およびバンバン・ブディ・ウトモの論文 "The Homeland of Śailendra Family"。

徒のサンジャヤ（前期訶陵）系と見られるラカイ・ピカタン王子との権力闘争に破れ、ジャワ島を追われてしまう。それは830年ごろと思われるが、ラカイ・ピカタンが王位につくのは838年とすれば、その後の出来事かもしれない。後期訶陵は咸通年間（860～74年）まで入貢を続けたと『新唐書』にある。しかし、後に見るように、もともとシャイレンドラの入貢は多くはマレー半島から行なわれていた可能性が高く、ジャワから追放され後もシュリヴィジャヤ・グループのどこかの国（ジャンビやマレー半島東岸）から入貢したと考えられる。また、占卑（ジャンビ）が852年と871年に独自で入貢している。これは、シャイレンドラがジャワで権力を失ったために、ジャンビが単独行動をとったものと解釈されよう。ただし、ジャンビが2度の入貢だけで終わりになったのは、その後、パレンバン、ジャンビ、ケダの3王家が中心になって、共同の入貢国「三仏斉」を組織したためであろう。三仏斉は唐末の904年に入貢している。ただし、『唐会要』ではこれを単に「仏斉国」と書いている。ということは室利仏逝との連続性を認知していたことになるであろう。『諸蕃志』はこれを三仏斉の最初の入貢としている。北宋時代に入ると、三仏斉はマラッカ海峡のコントロールをいっそう強化し、海峡を通過する商船から、積荷の強制的な買い上げを行なっていた。[14]

---

[14] 『諸蕃志』は三仏斉の条で「其国自唐天祐始通中国」としている。また、「経商三分一始入其国」とあるのは強制的に積荷の買い取をおこなったものと解釈される。

第5章
義浄の見た室利仏逝

　咸亨2年（671年）11月に義浄（37歳）はインドに行って仏典を収集し仏教のさまざまな作法などを学ぶべく、波斯（ペルシャ）船に便乗して広東を出発し、20日足らずの航海で順風に乗って室利仏逝に到着した。『高僧伝』（巻下）の中に、「未隔両旬果之仏逝。」とある。しかし、そこが通説のようにパレンバンであったとは義浄は一言も述べていない。さらに義浄は室利仏逝で「経停六月漸学声明」と半年間サンスクリット語の文法を勉強した。仏逝王は義浄を大変気に入って、厚くもてなし、インドへの中継地点の末羅瑜（マラユ）まで、自分の所有する船で送り届けてくれる。『高僧伝』は「**王贈支持送往末羅瑜国（今改為室利仏逝也）。復停両月転向羯茶**」としている。カッコ内は義浄の書いた注（割注）である。末羅瑜は義浄が立ち寄った672年には室利仏逝の「友好国」であり、そこから王の所有の商船に便乗させてもらい北上した。また、686年に義浄がインドからの帰りに立ち寄った末羅瑜は室利仏逝の一部になってしまっていた（併合された）のである。桑田博士は「室利仏逝」が末羅瑜に「遷都」したと解釈するが、むしろ自国の領土の拡張期であり、その地を治める「王族あるいは知事」は置いたかもしれないが、遷都したという証拠は何もない。ただし、国土・支配領域が南北に長く広がりすぎたので、タイ湾側もしくは「マレー半島」とマラッカ海峡側に分けて統治していた可能性はある。それは後に見るように『新唐書』の「以二国分総」という記事に現れている。

　672年、往路に義浄は末羅瑜で2ヵ月ほど過ごした後に方向を変え（転向）羯茶に向かった。もし、室利仏逝がパレンバンであったなら、義浄はここで「転向」という表現は使わなかったはずである。「パレンバン⇒末羅瑜⇒羯茶」はほぼ南から北に緩いカーブを描いて同一線上に位置しているからである。『高僧伝』はさらに、「至十二月挙帆還乗王舶漸向東天矣。従羯茶北行十日余至裸人国。」ということで、12月（全て旧暦）になって、再び室利仏逝王の船に乗って末羅瑜から、東天（東天竺＝東インド、ベンガル地方）に向かった。ケダから北

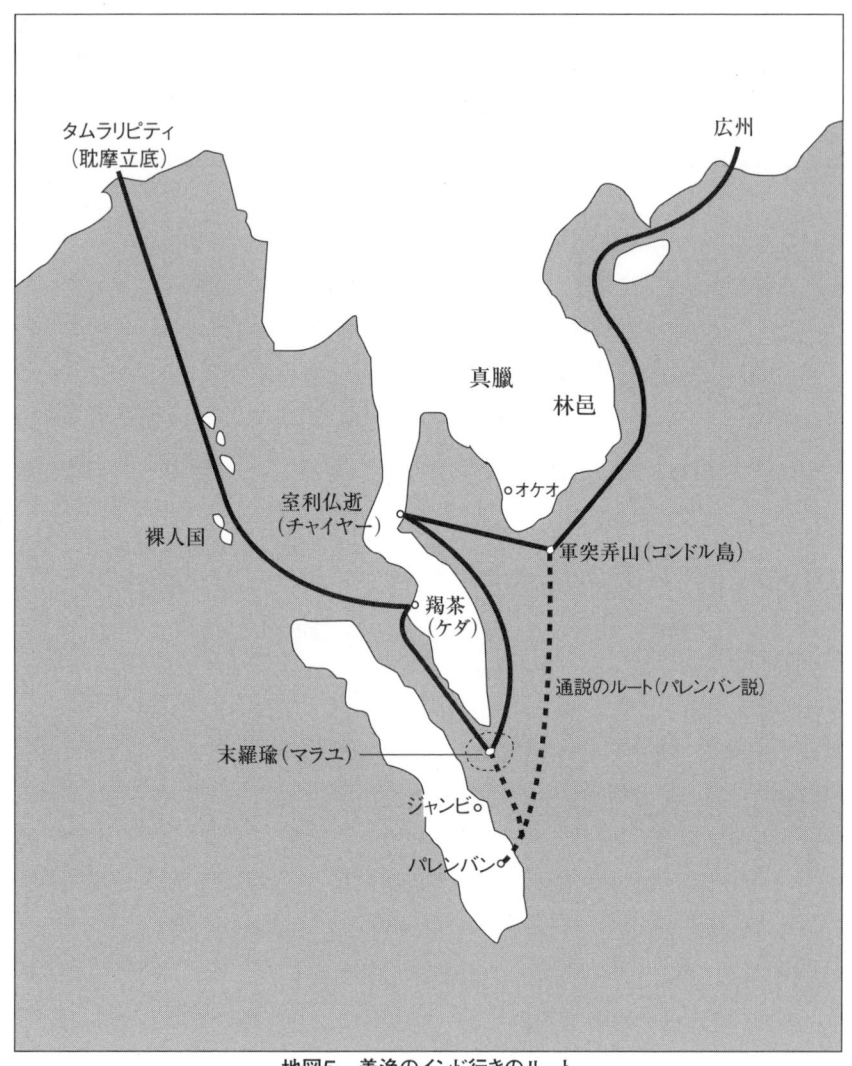

地図5　義浄のインド行きのルート

第5章　義浄の見た室利仏逝

上し裸人国（ニコバル諸島）を通り、耽摩立底＝タムラリプティ（Tamuluk = Tamralipti）という現在のカルカッタに近い港に到着し、そこから義浄は陸路仏教の聖地ナーランダに向かった。以後ナーランダを中心にして仏教の理論や諸作法を学んだり、経典を収集したりして、14年間を過ごす。

このように義浄はインドに向かう行程を「**広府⇒室利仏逝⇒末羅瑜⇒羯茶⇒裸人国⇒耽摩立底**」と記している。現在特定できる地名は羯茶⇒裸人国⇒耽摩立底の部分である。羯茶はケダであることは間違いない。「室利仏逝」を考える場合、この「羯茶」という地名がどこを指すかは極めて大きな意味を持っている。「羯茶」には当初、「茶」ではなく「荼」という漢字が当てられていたようで、高楠博士はこれを「Kacha」と読み、ケダではなく、スマトラ島北端のアチェのあたりだと見ていたことが、彼の作成した「義浄のルート・マップ（Oxford版）」から窺える。藤田博士も当初は「ケチャ」と読んでおり、スマトラ北端のアチェのあたりだと考えていた。また、ホィートレーも「Chieh-ch'a」と読んでいる。しかし、藤堂明保編の『学研、漢和大辞典』によると、漢音では「荼」は「dă」と発音されていたと説明されている。

現在マレーシア領のケダは、マラッカ王国成立以前においては、南インド、セイロン方面からベンガル湾を横断してくる帆船にとって最大の寄港地であると同時に、マレー半島横断通商路（Bルート）の出発点だったのである。羯茶は現在のマレーシアのケダ州でジェライ山（Gunung Jerai、1217m）のふもとのブジャン渓谷近くの港であった。ジェライ山の頂上にはヒンドゥー寺院があり、「聖地」でもあった。すそ野にはメルボク川とムダ川の河口があり、その沿岸は船舶の停泊に適している。また、小船に積荷を積みかえればかなり上流まで運ぶことができる。

ケダの港は後背地が稲作地帯で食料（米）と飲料水の補給が容易にできた上に、マレー半島を横断して東海岸のパタニ港やコタ・バル（ケランタン州）の港に通じる道の出発点でもあった。いわば東西貿易の代表的な中継点だった。インド方面から夏季の偏西風に乗ってベンガル湾を横断してスマトラ島の北端のアチェの沖あたりを通過してやってきたインド商人やアラブやペルシャの商人がここに集まったのである。現代風にいえば「ターミナル港」であり、その地位は帆船時代が終わるまで続いていた。

「裸人国」というのはスマトラ島の北方にあるニコバル諸島の島の1つである。具体的にはどの島かは特定できないが、それはここでは特に問題ない。耽摩立底（タムラリプティ）はベンガル湾の代表的な玄関口であり、最大の商業都市でもあった。末羅瑜はマラユ（ムラユ）であるが、今日のマレー半島を意味する言葉ではない。スマトラ島の東南部とその海域、リアウ諸島のあたりを示す言葉である。そこの言葉はムラユ語（後のマレー語、インドネシア語の原型）であり、ジャワやセレベスやモルッカ諸島の港湾都市の商人の間で使われた共通の国際語（リンガ・フランカ）だったのである。これら近隣の地域の物産（米、香辛料など）は末羅遊の地にもたらされ、そこからチャンパ（インドシナ半島）や中国やインドやアラブ方面に再出荷された。マラユもケダも「風待ち」の停泊地でもあり、商品の交易の地でもあった。ただし、この時ジャンビが末羅瑜国の支配者であったかどうかはわからない。

義浄は「室利仏逝」の場所を明示していないのでどこかは「不明」なのである。セデスのいうように室利仏逝をパレンバン以外にはありえないとして思考放棄してしまえば、議論はそこでおしまいである。19世紀の末から、21世紀の現在にいたるまで、日本だけでなく、世界の東南アジア史研究者のほとんどが「パレンバン説」を信じている。むしろ「パレンバン説」に疑念を持つことを恐れているかのごときありさまである。遺跡の不在とか、貿易上の位置としての不合理性とか、さまざまな議論ぬきで東南アジアの歴史が歪んだ形で語られていくことになってしまう。その典型的な例が「マレー半島横断通商路」交易の早期衰退論である。パレンバンが「交易センター」なのだから、マレー半島横断通商路など必要はなかったという理論である。それは事実に決定的に反している。

1. 当時20日間でパレンバンまで行けたか？

既に見たように、義浄は20日間足らずの船旅の末に最初の寄港地である室利仏逝に到着した。そこはパレンバンであるというのが19世紀の末から21世紀の今日に至るまでの「定説」になっている。しかし、パレンバンという、ム

シ川を 90km もさかのぼる港が、当時、大乗仏教文化が咲き誇り、大寺院がいくつも林立し、1000 人を超える仏僧が集い、ナーランダ寺院にも匹敵するような大乗仏教の中心地があり、「シュリヴィジャヤの首都」であったなどというのは遺跡の乏しさから見てもどうも腑に落ちない。90km の川（当時は海岸線がもっと内陸によっていたかもしれないが）を帆船で遡るだけでも最低 3 ～ 4 日はかかっていたであろう。7 世紀ごろの帆船がインドシナ半島の沿岸部をさほど離れないで湾曲しながら航行していったとすれば、20 日間でパレンバンまで行き着くのはいかに風の具合がよくても無理ではないかと思われる。

　また、義浄は『南海寄帰内法伝』（巻1）で「占波（チャンパ）」から「**西南一月、至跋南国、旧云扶南、先是裸国、人多事天、後乃仏法盛流、悪王今並除滅、無僧衆、外道雑居**」と述べ、チャンパから扶南（跋南）まで1ヵ月かかるとしている。扶南（カンボジア）では昔は人々は裸で暮らしており、天（ヒンドゥーの神）に仕える人が多く、その後仏教が盛んになったが、現在は悪王が出てきて仏教を排除し、僧侶もいなくなり、外道（ヒンドゥー教など）が雑居していると嘆いている。真臘が扶南王朝を追放して以降、大乗仏教を弾圧したことが書かれている。悪王とは誰を指すかは明らかでないが、義浄の時代はジャヤヴァルマン（Jayavarman）1 世（推定 657 ～ 681 年）であり、その前はバーヴァヴァルマン（Bhavavarman）2 世であった。

　また、義浄は『高僧伝』の中で大津法師は「汎船月余達尸利仏逝洲」と 1 ヵ月以上かかっている。風の具合によっては 20 日間が 1 ヵ月となることもありうる。また、無行禅師は「東風汎船一月至室利仏逝国。…後乗王舶経十五日達末羅遊州、又十五日到羯荼国」とある。室利仏逝まで 1 ヵ月、末羅瑜まで 15 日、羯荼まで 15 日要したということである。先を急ぐ人なら広州からパレンバンに行って、更に末羅遊まで行くというような「遠回り」をせずに、末羅遊に直行したはずである。もし室利仏逝がパレンバンで末羅遊がジャンビということになれば、地図を見てもわかるとおり、両者は近いので航海に 15 日間もかかるとはとうてい思えない。この部分を藤田豊八博士は室利仏逝と末羅瑜の 15 日間を要したことに着目し、「その（室利仏逝）の所在につきては何人も明解を与へて居らぬやうである。」としている。[1]

1　藤田豊八．1932D．

また、義浄は自ら翻訳した『根本説一切有部百一羯磨巻五』の中の割注で、インドから中国(広州)への帰りの旅程を書いている。

「即是(耽摩立底)昇舶入海帰唐之処、従斯両月汎舶東南、到羯荼国、此属仏逝。舶到之時、当正二月。若向獅子州、西南進舶、伝有七百駅。停至冬、汎舶南上一月許到末羅遊州、今為仏逝多国矣。亦以正二月而過停至夏半、汎舶北行一月余、便達広府、経停向当年半矣。[2]」

義浄はインドからの帰途、垂拱2年(686年)2月に耽摩立底(タムラリプティ港)を発って2ヵ月ほどで羯荼(ケダ)に到着する。ここは室利仏逝の属領であると述べている。さらに1ヵ月ほどの航海で末羅瑜に着く。ここも室利仏逝の国になってしまい、室利仏逝も(支配する)国が多くなったと記している。室利仏逝が領土を次々拡大して国が多くなっている事実を義浄は驚きをもって記録したと見るべきである。参考として、「ケダからセイロン(獅子州)に行くには南西に向かい、700駅(ヨジャーナ)の距離があるといわれている」と記している。[3]さらに、末羅瑜から広州への直行ルートで夏季の夏風(南西風)で1ヵ月余りかかると書いてある。もし、室利仏逝がパレンバンであれば、パレンバンから広州までの距離は末羅遊から広州までの距離が長いので1ヵ月以上は確実にかかるであろう。また、無行禅師の旅程でいくと、末羅遊から室利仏逝までの航海は15日間かかることになっている。しかし、これはチャイヤーから末羅瑜までの日数と見るべきである。

いくら好条件に恵まれて広州⇒パレンバンを20日間くらいの船旅ではとうてい無理である。義浄の到着した室利仏逝はパレンバンではありえない。

---

2 桑田六郎. 1993. p.296. より引用。
3 加藤栄司氏の解説によれば「駅」というのは梵語 "yojana" の音写「由旬」「踰繕那」の意訳語であり、17.914km に相当するという。(宮林昭彦・加藤栄司訳. 2004.)

2. パレンバンに1000人もの仏僧が存在したか？——盤盤の仏教寺院

　義浄によれば室利仏逝には1000人もの仏僧がいて、寺院などの施設が整っていて、インドの仏教の総本山ともいうべきナーランダ寺院に匹敵する規模であったという。パレンバンにはそれほどの規模の大きい仏教寺院の遺跡らしきものはない。仏僧という通常は生産活動に従事しない人間を1000人も食べさせていくには、周辺に人口の多い町や広い水田地帯が必要である。パレンバンも含めスマトラ島には、近年にいたるまで、水田地帯はあってもそれほど広大なものはなかった。そもそも人口の多い大都市といえるようなものが往時のスマトラ島にはなかったのである。また、パレンバンには宋や明時代の陶磁器の破片は見つかっていても唐三彩の破片などは見つかっていないといわれる。ベネット・ブロンソン（Bennet Bronson）は「シュリヴィジャヤは500年以上続いたという歴史家もいるが、スマトラの碑文（クドゥカン・ブキット碑文など…筆者）ではせいぜい25年から50年続いたというのがやっとであろう」と、遺構の極端な少なさとともに、室利仏逝＝パレンバン説について疑問を投げかけている。[4]

　『根本説一切有部百一羯磨巻五』の割注の中で義浄は次のように述べている。

「又南海洲咸多敬信人王国主崇福為懐此仏逝廊下僧衆千余学問為懐並多行鉢所有尋読乃興中国不殊沙門軌儀悉皆無別若其唐僧欲向西方為聴読者停斯一二載習其法式方進中天亦佳也」[5]

　室利仏逝では多くの国民が仏教を信仰しており、国王も熱心は仏教徒であり、仏教寺院には1000人を超す僧侶が修行をし、托鉢を行なっている。唐からインド方面に修行にいこうとしている僧は室利仏逝で1～2年間、勉強してから行ったほうがよいと義浄は語っている。それだけの仏教的なインフラが整備さ

4　Bronson, Bennet. 1979. pp.400‐3. 'the Śrīvijaya known to Sumatran epigraphy cannot be shown to have lasted for more than twenty-five or fifty years.' p.403.
5　桑田六郎. 1993. p.296. より引用。

れ、指導者にふさわしい高僧もいたと語っている。

　パレンバンに比べればケダのブジャン渓谷のほうが仏教やヒンズー寺院の遺跡は桁違いに豊富である。しかし、義浄はケダについては室利仏逝の属領であると述べるに止まり、その地の仏教については一言も語っていない。ケダはタミール族が多く、大乗仏教よりもヒンドゥー教のほうが当時は盛んだったので義浄はさほど関心を示さなかったのかもしれない。しかし、タミール族の間にも一時は仏教が盛んであったので仏教寺院はケダにも存在した。室利仏逝はブジャン渓谷の寺院群よりもさらに大規模な仏教寺院群を有していたことになる。

　ウェールズは 1930 年代のはじめころ、ブジャン渓谷をはじめ、各地のヒンドゥー、仏教遺跡を調査・発掘して歩き、マレー半島のバンドン湾に面したチャイヤーこそが「室利仏逝」であるという結論に達した。現在は近くのスラートタニー市のほうが大都会であるが、そこから 60km ほど北に行ったところにひっそりとたたずむチャイヤーの町がある。チャイヤーは現在は寂れた感じの田舎町であるが、古寺が数多くあり、10km ほど行くと海で、レン・ポー（Laem Pho）海岸の砂浜にはそこかしこに無数の陶磁片が転がっている。古代からの貿易港の名残を今にとどめている町で、大乗仏教遺跡の宝庫なのである。そこから出た仏像などがバンコクの国立博物館に数多く収蔵・展示されている。また、タクアパの港に当たるコー・カオ島（Ko Kho Kao）でもレン・ポー同様大量の宋磁器の破片が発見されているという。宋時代においてもマレー半島横断通商路の A ルートは健在であったと見られる。[6]

　ウェールズは The Malay Peninsula in Hindu Times で次のように語っている。

"What had weighted most heavily with me in favouring Ch'aiya rather than Palembang as the Śrīvijayan capital was the wealth of Mahāhāyanist remains found at Ch'aiya as compared with the paucity at Palembang.[7]"

「大乗仏教の遺跡がチャイヤーには数多くあるのにパレンバンには乏しい点

---

[6] Jacq-Hergoualc'h, Michel. 2002. pp.280-1. 1988～89 年にかけて「米-タイ」合同でチャイヤーのレン・ポー海岸などの発掘調査が行なわれた。

[7] Wales, H. G. Quaritch, 1976. p.83.

から見て、チャイヤーがシュリヴィジャヤの首都であったいわざるをえない」というのがウェールズの主張である。上記のベネットの主張も特にチャイヤー論を支持しているわけではないが、パレンバンの遺跡の乏しさを考古学者の立場から問題にしている。

盤盤の都チャイヤーには唐時代には多くの仏教寺院があった

　なぜチャイヤーが大乗仏教の一大拠点になったかといえば、それは歴史的に北インド（ガンジス川流域）とのつながりが深い国際的貿易港であったからであろう。この地のインド人の多くが、タクアパに上陸し、マレー半島を横断し、チャイヤーにやってきたからである。扶南の王となった憍陳如（カウンディニアII）もこのルートでやってきた。ガンジス川は「シャイレンドラ（ヒマラヤ山脈）の娘」と呼ばれ、ナーランダという仏教の一大聖地・研究拠点を擁する地域であり、そこ出身のインド商人がこのAルートを使って盤盤経由で扶南に出入りしていた。当時のチャイヤーはマレー半島東岸の最大の国際的な港であり、商業都市であり、仏僧のような経済的には非生産階級を数多く養えるだけの社会的ゆとりのある大都会であった。もちろん仏教徒は古代から主に南インド（タミール地方）からケダにも行っており、そこに仏教寺院も建てられたが、南インド地方でヒンドゥー教が卓越してくると、仏教はケダにおいて副次的な宗教になっていったものと思われる。仏教の発祥地である北インドとの人的なつながりは「盤盤―扶南」の方がより濃厚であったと考えられる。8世紀にガンジス川流域に成立したパーラ王朝様式を帯びた仏像はチャイヤーにしか発見されていないという伊東照司氏の研究がある。[8]

---

[8] 仏教美術の専門家として多くの著書を出しておられる伊東照司氏は「唐代の室利仏逝と仏像」という興味深い論文を発表している（伊東照司．1975．）。その中で伊東氏はパレンバンからわずかに出土している仏像は南インド系（パッバラ朝、チャルキア朝）のものであるが、チャイヤーから出ているものは中インド（パーラ朝）の様式を汲んでいると指摘している。「私（伊東氏）は左肩からかけた羊皮衣装の UPAVITA（ヒンドゥー教のブラーマンが身に着ける聖衣…筆者註）をつけた仏像が、何と東南アジアのチャイヤーにのみしか出土していない事実をつかまえた。そこでの特殊な図像を有した同種の遺例をインドに求めるに、主にインドのパーラ王朝の版図で造られた観音像に見出すことができた。このことは中インドとチャイヤーとの文化的な密接な交渉関係を示唆するものである。」ウェールズ博士も同様な点を指摘している。「この主要な横断ルート（本稿のAルートに相当）ではパッラヴァ（南インド系…筆者註）の影響はほとんど見られず、建造物や彫像においてはグプタ様式の流れを汲むパーラ様式がよく見られる。」(Wales, H. G. Quaritch. 1976. p.118)

チャイヤーは中国の正史にしばしば登場する「盤盤（バンバン）国」の首都であった。現在、バンドン湾と呼ばれている湾の周辺にある町である。この盤盤は 424 〜 53 年の南朝・宋（劉氏）の文帝の時代から朝貢を始め、その後しきりに中国に朝貢して、中国ではおなじみの国であるが、唐の貞観 22 年（648 年）を最後に朝貢の記録は絶えてしまった。この盤盤国が扶南と極めて密接な関係にあったことは既に述べた。たとえば 4 世紀にインドからやってきて扶南の王となったカウンディニヤ（憍陳如）は盤盤経由で扶南の地に入っている。また、扶

チャイヤーで発見された菩薩像
（バンコク国立博物館蔵）

南と盤盤はお互いに順番を決め、調整しながら朝貢していたようにも見える。扶南の主要港オケオはタイ湾を隔てた対岸にあり、至近距離にある。扶南が入貢する年は盤盤が使節を送っていないし、その逆に扶南の入貢と盤盤は重複していない。室利仏逝は盤盤が朝貢をやめて 20 年ほど経って、咸亨年間（670 〜 73 年）から朝貢を開始した。見方を変えれば盤盤（桑田博士のいう赤土国ではなく）こそが室利仏逝の前身であったともいえよう。

　また、盤盤は唐時代に既に 10 ヵ所以上の仏教寺院が存在したことが『通典』（801 年）に記述されている。

「槃槃国、梁時通焉、在南海大洲中。北興林邑隔小海。自交州船行四十日、至其国。（略）有僧尼寺十所、僧尼読仏経、皆肉食而不飲酒。亦有道士寺一所、道士不飲食酒肉。読阿修羅王経、其国不甚重之。俗皆呼僧為比丘、呼道士為貪。」

　すなわち槃槃（盤盤）国には唐時代には 10 ヵ所の寺と 1 ヵ所の上級仏教を学ぶ寺院（道士寺、阿修羅王経を学ぶ）があったのである。東南アジアでこれに匹敵するような仏教寺院の存在を記述した記事は他の漢籍には見当たらない。ただし、盤盤では仏教徒としての戒律は比較的緩く、普通の寺院では飲酒はご

法度であるが肉食は認められていた。上級寺院（道士寺）では肉食・飲酒はともに禁止である。しかし、そこの道士（上級僧）は貪欲であり、地元ではさほど尊敬されてはいなかったようである。もちろん槃槃(チャイヤー)が義浄の行った室利仏逝であるとは明記されていないが、当時、東南アジアで最も賑わった国際貿易港の1つがチャイヤー（盤盤の首都）であり、そこに義浄の乗った波斯船が朝貢の帰途に寄港したと想定すれば、状況証拠としてはこれ以上のものはないであろう。歴史家で『通典』のこの記述を取り上げて室利仏逝を論じる人はほとんどない。

3. シュリヴィジャヤはいつパレンバンを占領したか？

　パレンバンを室利仏逝の首都であるという説を唱えた代表的学者セデスである。深見純生氏は『東南アジア史』（岩波講座）の中でパレンバンで発見された石碑の1つであるクドゥカン・ブキット石碑について「シュリヴィジャヤ王はおそらく扶南の故地からパレンバンに至り、マラユ国を征服して、ここを自らの首都としたのである。この石碑は戦勝と遷都の記念碑ということになる。」と述べている。深見説はいわば学界の「通説」であり、セデスの説でもある。しかし、これは「戦勝記念」の碑文ではあっても「遷都」を記念するような内容には見えない。石碑そのものについては、多くの研究がなされており、日本では冨尾武弘氏が「クドゥカン・ブキット碑文の研究」（1976.『龍谷史檀』）を発表している。

　セデスがパレンバンとジャンビで発見された数個の碑文を解読、紹介したことがパレンバン説を強固なものにしたといえよう。それらには、呪術的な言葉とともに「シュリヴィジャヤ」という名称や、シュリヴィジャヤ王のスリ・ジャヤナーシャ（Sri Jayanaça）王の名前も出てくる。これらが、シュリヴィジャヤ＝パレンバン説の最大の根拠になっているのである。しかし、冷静にこれらの碑文の文言を読めば、ここにシュリヴィジャヤの首都があったとか「遷都」したなどとはどこにも記されてないのである。碑文の内容は「戦勝記念」と住民

9　深見純生 . 2001. p.272.

への「忠誠要求」である。

　また、シュリヴィジャヤ軍がパレンバンを占領し支配権を獲得したのは682年頃である。それ以前にパレンバンが室利仏逝の領土もしくは属領であったという根拠はない。671年に義浄が室利仏逝に行った場所がパレンバンであれば、義浄は10年以上前にパレンバンを室利仏逝の首都として認識していたという不合理なことになる。また、『新唐書』は室利仏逝の入貢を「咸亨年間（670～673年）」に開始されたと記述している。室利仏逝のパレンバン・ジャンビ攻略は680年代である。このような単純な事実が見過ごされてきた理由が私には理解できない。セデスは室利仏逝の最初の入貢を則天武后の證聖元年（695年）と見ており、咸亨年間の入貢記録はあいまいだとしている。そうしなければつじつまが合わないからであろうが、695年は実は室利仏逝は入貢せず、『唐会要』が主な入貢国に対する帰国の食糧の給与についての規定を記録したに過ぎない。[10]

　次にパレンバン・ジャンビ周辺で発見された石碑について個々に検討してみよう。

パレンバン周辺の石碑について
クドゥカン・ブキット（Kedukan Bukit）碑文

　これはパレンバンの西南ブキット・セグンタン（Bukit Seguntang）の麓のムシ（Musi）川の支流のスンゲイ・タタン（Sungei Tatang）の岸辺のクドゥカン・ブキット（Kedukan Bukit）村で1920年に発見されたものである。石碑は高さ45cm、横幅80cmの丸みを帯びたもので、南インドのパッラヴァ文字で書かれているが、文章そのものは古代マレー語（現地の住民は音読してもらえば理解できる言葉）である。碑文の年代はシャカ暦604年（西暦682年）となっている（シャカ暦605年説もある）。その内容についてはシュリヴィジャヤ勢の軍事行動とその勝利を記した「戦勝記念碑」である。冨尾氏の解説では"dualakṣa"＝2万の軍勢（セデスも同じ）が川と陸から攻撃したとある。ところがWikipediaの執筆者（氏名はわからないがマレー語に精通した専門家）は「2000人の兵士が船に乗って敵地を攻め、1312人の陸戦隊（歩兵）が陸から攻撃した」と英訳している。碑文の"dualakṣa"が「2万人」だというのがセデスや冨尾氏の解釈であり、確かに現代インドネ

10　G. Coedès. 1989. p.159. または英訳本の G. Coedès. 1968. pp.83-84.

第5章　義浄の見た室利仏逝　　　　　　　　　　　　　　　　103

パレンバン碑文
1 サボキンキン（テラガ・バトゥ）
2 クドゥカン・ブキット
3 タラン・トゥオ
出典：Michel Jacq-Hergoualc'h, *The Malay Peninsula-Crossroads of the Maritime Silk Road*, BRILL, 2002.

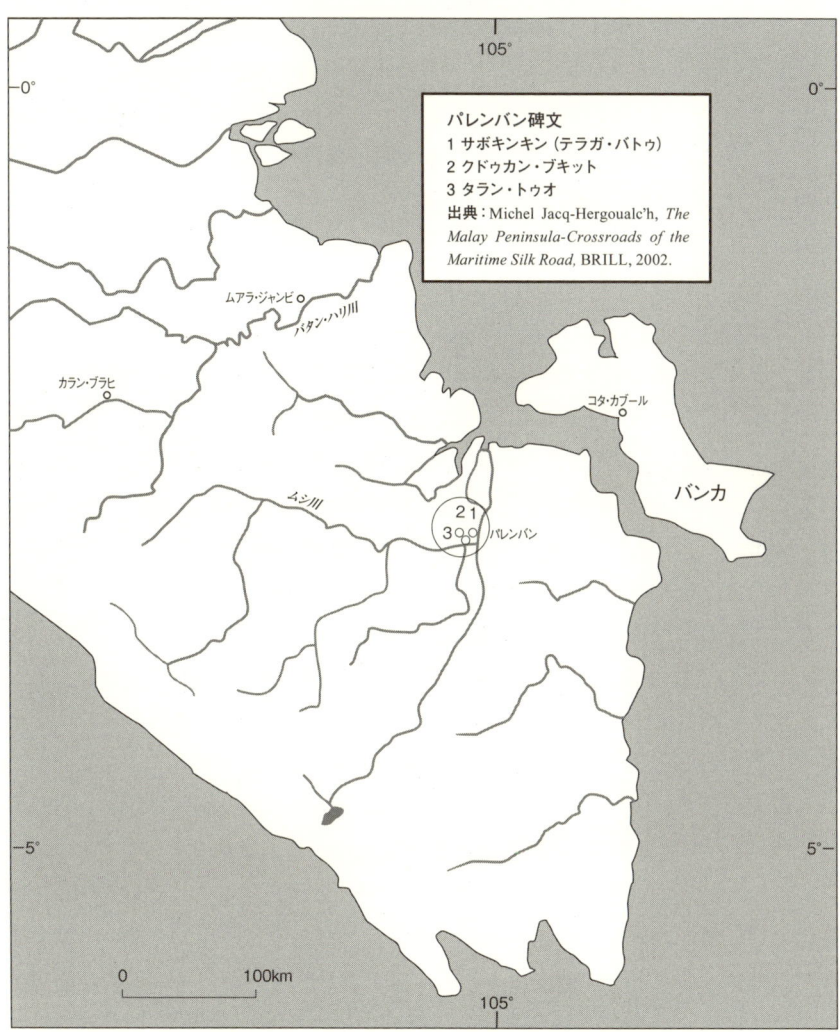

ムアラ・ジャンビ
バタン・ハリ川
カラン・ブラヒ
コタ・カプール
ムシ川
バンカ
パレンバン

地図6　パレンバン、ジャンビ、およびバンカ島の碑文

シア語の辞書では laksa = 10000 となっているが、実際問題として 7 世紀にマレー半島の王国（室利仏逝）が 2 万人もの軍隊を船で移動するなどということはおよそ考えにくい。当時のジャンビやパレンバンは人口も少なく、常備軍もさほど多くはなかったと考えられる。明の鄭和の大遠征隊ですら総勢 2 万 8000 人だといわれている。当時は人口の少ないパレンバンやジャンビといった地方都市の攻略には 2000 人位で十分だったはずである。船も大型帆船ではなく、せいぜい数 10 人乗りの大型の手漕ぎ船であった。これを 200 隻ほど連ねて攻撃に向かったのである。食料や水も積んでいるので、2000 人ぐらいの軍勢が限界であろう。実際の陸戦隊の戦闘員は 1312 人であったと細かく記されている。また、川の上流に位置していたジャンビやパレンバンの王都を攻撃するのに「陸戦隊」が陸上を通って攻撃を仕掛けるというのはやや考えにくい。原文には総司令官の名前が神王"Dapunta Hyang"となっており、軍の出発地は"Minanga"とあるが、どこかは不明である。Hyangというのは「ヴィシュヌ神」のようなイメージである[11]。

　ここで使われた舟艇は扶南軍が利用していた「為船八九丈、広裁六七尺」（『南齊書』）という長さ 20m、幅 1m40cm 位の高速手漕ぎ船を改良したものであったと考えられる。また、冨尾氏は碑文中のはじめのほうの「遠征の目的」を表現する言葉としてシッダヤートラ＝"siddhayātra"という単語に「成就行」という訳をつけている。セデスは"siddhayātra"は"siddhiyātra"「魔術（力）」の誤記で「魔力を獲得する」と解釈をしている。セデスの権威をもってすれば「誤記」として簡単に片付けられるのであろうが、冨尾氏はこの"siddhayātra"は古代マレー語では碑文につきものの「慣用句」であるという。そういえば上述のケダのブッタグプタの碑文にもこの文句が書かれていた。インド人の歴史学者のマジュムダールはこれを魔術的意味合いはなく単に「事業（軍事作戦）の成功による信用の獲得」と解釈している。「仏教を成功裏に広めるためにやっ

11　参考までに Wikipedia の英訳をもとに意訳すると「栄光あれ、シャカ暦 604 年（西暦 682 年）4 月 23 日に神王（Dapunta Hyang）は成功裏にブッダの教えが広布されることを祈念して（siddhayātra）船に乗って出陣した。ミナンガ・タンバン（Minānga tāmvan＝地名？）を 5 月 19 日に発ち、2000（2 万？）人の軍勢——200 隻の船隊と 1312 人の陸戦隊からなる——を引き連れて船に乗って進軍した。彼らは 6 月 16 日目に勇躍ウパンの前面（Muka Upang＝地名）に到達した。偉大なシュリヴィジャヤに siddhayātra（成功）と繁栄を！」。

てきた」ということであればわかりやすい。古代から現代に至るまで「侵略戦争」にも大義名分をうたう場合が少なくないことを考えれば、Wikipediaの執筆者のように「仏教を広めるためにやってきた」という解釈は妥当なものかもしれない。この碑文の末尾にも"siddhayātra"は「シュリヴィジャヤ」に栄光あれという趣旨の言葉と共に再度出てくる。

タラン・トゥオ（Talang Tuwo）碑文

　パレンバンの西5kmのタラン・トゥオ（Talang Tuwo）で1920年に発見された碑文がある。これはシャカ暦606年（西暦684年）のもので、シュリヴィジャヤ王のシュリ・ジャヤナーシャ（Sri Jayanaça 王）が現地の住民を慰撫すると同時に仏教の教義を広める目的で造られた果物植物園の開園記念碑であると考えられている。高さ50cm、横80cmの砂岩に14行の文章が古代マレー語で記されている。冨尾氏の訳と詳細な解説が『龍谷史檀』（1974年）に掲載されている。
　その一部を紹介すると「ここに植えられたものはココ椰子、檳榔椰子、砂糖椰子、サゴ椰子と共に果実が食べ得る種々なる木である。…更に、堰、湖を備えた他の園、それら全てが滅不滅の一切衆生の為に、私（シュリ・ジャヤナーシャ王）がなした善行である。…」。この碑文は明らかにジャヤナーシャ王の願文であり、「一切衆生を安立せしめ、無上の正覚を得さしめん」とするものであった。この碑文には「大乗仏教の哲理」がふんだんに織り込まれているという。この碑文の意味するところは、武力制圧した地方の住民を宣撫するために、果物農園を寄付し、かつ支配者（シュリヴィジャヤ王）は仏教の慈悲の心で接するから安心して暮らすが良いという趣旨と仏教の布教的な意味もあったのであろう。碑文の中には「プラニダーナ（誓願）」、「カリヤーナ＝ミトラ（善知識）」、「ボーディ＝チッタ（菩提心）」、「ラトナー＝トゥラヤ（三宝）」、「ヴァジラ＝シャリーラ（金剛身）」といった大乗仏教や密教系の言葉が使われている。インドネシア史の権威クロム（Krom）は碑文に「マハーサットヴァの金剛身」という語があることに注目し、ベンガルのヨーガチャールヤ（Yogācārya）から発生したタントラ・マハーヤナ（密教）が中国に先駆けてシュリヴィジャヤに入り、その後にジャワに伝わったと述べている。[12]

12　クロム，N. J.（有吉厳編訳）．1985. pp.87-90. この中でクロムは石碑を各地に設置する意味は支配権

カラン・ブラヒ（Karang Brahi）碑文

　パレンバンの隣のジャンビ地方のジャンビ川＝バタン・ハリ（Batang Hari）の南支流のムランギン（Merangin）川の上流にあるカラン・ブラヒ（Karang Brahi）で1904年に発見された碑文であり、作成の年代は不明であるとされている。1920年にクロムがバンカ島のコタ・カプール（Kota Kapur）碑文とほとんど同一の文体と内容（忠誠の強要）が記されていると発表した。とすれば、686年より2〜3年前であろう。両方とも住民に「叛けば天罰が下る」といった忠誠を強要する内容の碑文である。

トゥラガ・バトゥ（Telaga Batu）碑文

　パレンバンにはもう1つの重要な石碑が発見されている。時代は上記の碑文と同じ時期であるが発見されたのは1950年代だといわれる。7つのナーガ（コブラ）の頭をいただく「トゥラガ・バトゥ（Telaga Batu）碑文」または、それが発見された村にちなんで「サボキンキン（Sabokingking）碑文」とも呼ばれている。高さは118cm、最大幅（上のほうがやや広くなっている）は148cmであり、磨かれた石に文章（古代マレー語がパッラヴァ文字）が刻まれている。これはいわば仕掛けがついた石碑で、頭部から水を流すと、碑文全体を伝わった水が最低部の受け口に集まり、それを飲ませるということになっている。「誓忠飲水儀式」に使われたものと考えられる。その碑文の文面はシュリヴィジャヤの支配者たちに忠誠を誓わせるものであり、ひとたびこの水を飲んで、後に裏切れば天罰を受けるという主旨のことが刻まれている。その意味することは明白である。被征服民に服従を強いる儀式に使われたのである。マレー半島からやってきたシュリヴィジャヤ遠征軍はパレンバンとジャンビを制圧し、自らの版図に加えたが、そこの原住民（多くがミナンカバウ人であったと見られる）やそのリーダーに忠誠を誓わせる儀式を行なったのである。逆の見方をすればシュリヴィジャヤは強権的にこの「被征服民」を支配しようとはしていなかったとも受け取れよう。いわば「ソフトな征服者」であったように見受けられる。

　一方で、彼らを懐柔するために「果物農園」を作ってやったというのがこれらの碑文の意味するところと考えるべきであろう。セデスのいうように前から

を外部に主張するためのものであるとしている。

シュリヴィジャヤがパレンバンに首都を置いていたとしたら、その周辺にこのような内容の石碑をわざわざ設置するであろうか？　もしシュリヴィジャヤの支配が長年にわたり確立していたとすれば、改めてその場所で「誓忠飲水儀式」など行なう必要はなかったであろう。マレー半島からやってきたシュリヴィジャヤが新たに征服した国（パレンバンとジャンビ）の民に忠誠を誓わせた道具がこの石の碑文であったと解釈すべきであろう。シュリヴィジャヤ軍の本体は、占領地のジャンビやパレンバンに知事と数名の行政官僚と若干の守備隊を残して、次の征服地（ジャワ）の侵攻の準備のためにバンカ島に向かったに相違ない。ジャンビやパレンバンの住民にはシュリヴィジャヤの支配に逆らえば天罰が下るということを理解させるためにこれらの碑文を作成したに相違ない。

バンカ島コタ・カプール（Kota Kapur）碑文

　パレンバンの沖合のバンカ（Bangka）島のメンドゥク（Menduk）川の北側とパンカル・メンドゥク（Pangkal Menduk）の中間で1892年に発見されもので686年の年号がある。ジャンビのカラン・ブラヒ碑文（別名バタン・ハリ碑文）と内容がほとんど同じで、石材は花崗岩でこの島にはないものである。主旨はバンカ島民のシュリヴィジャヤへの服従を強調し、シュリヴィジャヤの任命した知事の命令に背くと罰が当たるというようなことが書いてある。また、ジャワ人がシュリヴィジャヤのいうことを聞かないのでこれから攻撃するとも宣言している。この碑文はシュリヴィジャヤがバンカ島を前進基地としてジャワ島攻略に向かったことを意味している。セデスは遠征軍の目標は西ジャワのタルマ（Tāruma）国であったと見ている。そこではボゴールなどからいくつかの碑文が発見され、プールナヴァルマン王の事跡（灌漑事業を行なった）を称えるものや、王の足跡を刻んだものなどがあるが、貿易上大きな役割を果たしたとも見えない。450年頃が最盛期であったといわれる。しかし、中部ジャワの訶陵（サンジャヤ系）はタルマとは関係がない。また、7世紀後半においてタルマ王国が健在であったかどうかも疑わしい。これはセデスの勘違いではなかろうか？　シュリヴィジャヤが攻略目標にしたのは貿易上のライバルであった中部ジャワの訶陵であったに相違ない。訶陵はインドのカリンガ地方と何らかの関係を持っている国で「カリン」と発音されていたと思われる。

訶陵の所在地は中部ジャワであったと考えられる。シュリヴィジャヤ遠征軍はその後どうなったかは記録に残されていないが、パレンバンやジャンビを攻略した程度の2000人規模の大軍を率いて急襲すれば、勝利したに相違ない。おそらくは戦闘には至らずに、現地の政権、すなわちサンジャヤ王国は戦わずして降伏して「臣下の誓い」をたて、中部ジャワの支配権をシュリヴィジャヤに明け渡しか可能性がある。中部ジャワにはその後「シャイレンドラ王家」という明らかにシュリヴィジャヤ系とわかる「大乗仏教を信仰する」政権が登場する。彼らは後にマレー半島に海軍を派遣し真臘が占拠していたチャイヤーを奪還し、さらにはチャンパにまで侵攻した。国内では「ボロブドゥール寺院」を建設する。中部ジャワの征服によって、シュリヴィジャヤ王国はマレー半島横断通商路の全てとマラッカ海峡の貿易路全てを手に入れ、ついにはジャワも制圧して、東南アジア島嶼部の貿易独占権を掌握した。

　これら一連の碑文について、インドネシア古代史家クロムは「シュリヴィジャヤがパレンバンに位置していたという確かな証拠は、このこと（石碑の存在…筆者註）によっては得られず、またこの地におけるシュリヴィジャヤの建国もうんぬんできず、推定もできないことはいうまでもない」と明確に言い切っている[13]。これらの碑文はシュリヴィジャヤ王国の勢力拡張戦争とその後の宣撫工作の一端を垣間見るには有力な証拠には違いないが、室利仏逝がその地を首都としたというようなシュリヴィジャヤ王国の「全体像」を語るものではないことはいうまでもない。

　石碑の解読を行なったセデスが「シュリヴィジャヤ」やその王「シュリ・ジャヤナーシャ」という文字を発見したことは大きな業績であるが、セデスの「室利仏逝」についての仮説は石碑の文面からはかなり逸脱したものがある。その根本は「パレンバンがシュリヴィジャヤの本拠である」と勘違いしたことによる。セデスの説に従えば、義浄はシュリヴィジャヤがパレンバンを征服（682年）する10年も前（672年）にその地を「室利仏逝」であると認識していたということになってしまう。このような明らかな矛盾について、筆者の知る限り、パレンバン論者は過去何も説明していない。また、義浄は「室利仏逝には1000人余の仏僧がいた」と記している。パレンバンには若干の仏像は存在するが、

13　クロム, N. J.（有吉厳編訳）. 1985. p.87.

第5章　義浄の見た室利仏逝

大規模な寺院群らしきものの遺跡は現地には見当たらない。一方、ジャンビ市の東26kmの「ムアロ・ジャンビ（Muaro Jambi）」にはかなりのレンガ造りの仏教寺院跡があるが、それらは11世紀以降の三仏斉時代のものがほとんどであるといわれている。「パレンバン＝室利仏逝説」は100年来の定説にしてはどうも現実の話とのつじつまが合わない。そもそもパレンバンを首都とする必然性は何であろうか？　セデスが考えた根拠は「パレンバンが東西交易の主要な中継点」ということであった。ところが、前から指摘しているように、西方からの寄港地としてはパレンバンはジャンビ・マラユ地域に比べ地理的な優位性にかける。藤田豊八博士は「パレンバンは南に偏して」おり、中継地としてはジャンビのほうが適しているとされる。[14]

　ウェールズはTowards Ankorの中でセデスのウェールズに対する批判を紹介している。セデスの言い分は「マレー半島北部（チャイヤー）は副首都（サブ・キャピタル）であったかもしれないが、パレンバンが首都でないとマラッカ海峡をコントロールできないではないか。チャイヤーからでは遠すぎてコントロールは無理である」と批判したという。　これに対してウェールズはチャイヤーから直接マラッカ海峡を北東風の時期（冬季）にコントロールしようとはしていなかったとした上で、同時に、「アラブの文献とインドの碑文では繰り返しケダをシュリヴィジャヤの主要港であるとし、ケダとチャイヤー（およびナコーンシータムマラート地域）との間の陸上の連絡はよいと述べられている」と主張している。さらに、「マラッカ海峡全体をパトロールするにはムシ川を50マイルも遡るパレンバンよりケダのほうが海峡の入り口にも位置しており、何かと好都合なはずだ」と反論している。[15]　全くそのとおりでパレンバンが東西貿易の中継点になるにはマラッカ海峡から離れすぎているし、西方からの商船がマラユ海域を通過して、遠いパレンバンにまで行く必然性は全くない。

14　藤田豊八．1932D．p.47．
15　Wales, H. G. Quaritch, 1937. Towards Angkor. p. 172. の脚注で"セデスはチャイヤーは"at the bottom of a cul-de-sac（袋小路）and its distance from the Straits make it geographically impossible fot it to have controlled this important waterway." といっている。これに対してウェールズはケダの利点を主張し"(Kedah) seems better placed to exercise this control than does Palembang, which lies fifty miles up a river, the mouth of which is 250 miles distant from Singapore" と反論している。室利仏逝はマラッカ海峡の管理をケダで行なっていたと考えられる。

このセデスとウェールズの議論で大事なポイントが抜けている。それは『新唐書』にある「以二国分總」である。国を2分割して統治していたとあり、室利仏逝はチャイヤーに首都を置き、マラッカ海峡の管理はケダ(パレンバンではなく)に一任していたと見るほうが理にかなっている。セデスに限らずほとんどの当時の歴史学者は『新唐書』のこの部分(二国分總)について深くは論じていない。また意外なことに、ウェールズは義浄が最初にパレンバンを訪問し、そこの文化的高さと大乗仏教が繁栄していることを見出したと書いている。これはウェールズの間違いである。彼は義浄の『南海寄帰内法伝』の英訳版(高楠順次郎訳)を読んでそう誤解したに相違ない。この訳本には義浄のインド行きの行程の地図が添付されている。そこには室利仏逝(Sri Bhoga)がパレンバンであると明示されている。この「高楠本」の影響力は甚大なものがあり、多くの欧米の歴史学者に読まれ、「室利仏逝」研究の基本文献ともなった。このころからパレンバン説は「世界の常識」になったともいえる。私の推測だが、セデスも「パレンバンの碑文」を解読した際に「シュリヴィジャヤ」という言葉が出てきたので、ここにシュリヴィジャヤがあったと思い込んだのではなかろうか。高楠博士はなぜパレンバンに「室利仏逝」があったと考えついたかといえば、『瀛涯勝覧』における「馬歓」の「旧港、即古名三仏斉是也。番名曰淳淋邦。」の一節から導かれたものであろう。しかし、何度もいうように義浄は「パレンバンに行った」などとは書いてないのである。義浄の最初の寄港地はあくまで「室利仏逝」であり、そこまで広州から20日間で到着したとしか書いてない。それにもかかわらずウェールズは自分の考古学的発掘調査と貿易ルートの考察から到達した「チャイヤーこそシュリヴィジャヤの本拠地である」という主張を変えなかった。ウェールズは、チャイヤー(Chaiya)というのはジャヤ(Jaya=勝利とか栄光とかいう意味)から来たものだとか、スラートタニー市の近くにシュリヴィジャヤ山(Sivic'ai=Sriwichai)というの小山(hill)が実在する

16　Wales, H. G. Quaritch. 1937. p.173.
17　Wales, H. G. Quaritch. 1937. Towards Angkor. で参考文献にあげている高楠順次郎博士がオックスフォードから1896年に出版した A Record of Buddhist Religion as practised in India and the Malay Archipelago, by I-Tsing (義浄の『南海寄帰内法伝』の英訳と解説)には「室利仏逝」を Sribhoga とし、添付された地図ではそれをパレンバンに重ねている。日本の仏教学の権威の英訳なのでそのままウェールズは受け入れたに相違ない。

という主張をしている[18]。

　ウェールズの学問的な姿勢は「俗説」に幻惑されず、自ら見聞した事実に基づいて結論を出していくという「実証主義」的な態度である。といってウェールズは狭い「経験主義」に陥ることはなく、広い視野の歴史科学者であった。彼は「海上ネットワーク」とか「マンダラ構造」などといった観念論的な述語で何かを説明するような姿勢の学者ではない。

18　Wales, H. G. Quaritch. 1937. p.174.

第6章
『新唐書』と義浄が語る室利仏逝について

1. 賈耽の『皇華四達記』について

　パレンバン＝室利仏逝説の石碑以外のもう１つの重要な根拠とされる文献は『新唐書、地理七上』における賈耽の『皇華四達記』という地理書の引用である。賈耽（730～803年）は唐の徳宗に13年間宰相として仕えた。貞元年間（785～805年）に刊行されたものである。以下のような内容である。

> 「広州東南海行、二百里至屯門山、……又両日行、到軍突弄山。又五日行至海硤、番人謂之「質」、南北百里、北岸即羅越国、南岸即仏逝国、仏逝国東水行四五日、至訶陵国、南洲之最大者。又西出硤、三日至葛葛祇国、……」

　「軍突弄山」というのは現在のホーチミン市（旧名サイゴン）の沖合にあるコン・ダオ島、コンドル島、ソン島または崑崙島などさまざまな呼び名がある島である。ジャワ方面からの中国、チャンパ方面行きの船はここを中継基地としてしばしば利用した。フランス植民地時代は監獄の島でもあった。ここで「質」というのはマレー語の「Selat」で海峡という意味であり、シンガポールに相違ないというのが学者の一致した見方であり、そこを中心にして周囲の位置決めが行なわれてきた。賈耽は「軍突弄山から5日でいける場所」として「質」を考えていたが、そこがシンガポールとすると直線距離で約900kmもあり、唐時代の帆船で5日間でシンガポールにまで行けたとは思えない。義浄の『高僧伝』の無行禅師は「末羅瑜から羯荼」までの行程を15日としている。マラッカ海峡の北上の航路であるが、距離は800km前後でありコン・ダオ島⇒シンガポールよりはやや短い。そもそも賈耽の意図する「質」がシンガポール海峡であったかどうかも実は確かではない。マレー語の"Selat"が「質」であり、これはシンガポールに相違ないというのが、いわば「学界の常識」のごときもので、

藤田博士もそれは当然という言い方である。その後、この「質」についての突っ込んだ議論はされていないようである。また「南北百里」とあるが、通常これは40kmと考えられていて、シンガポール海峡は10km程度しかなく、幅が狭すぎる。さらに、賈耽は「質」の北岸が「羅越国」であり、南岸が「仏逝国」であるとし、「仏逝国」から「訶陵国」まで4〜5日で行けるといっている。末羅瑜（マラユ）からジャワ島中部のスマラン港までは1000ｋｍ強ある。とても4〜5日で行ける距離ではない。このころは末羅瑜も室利仏逝の版図に組み込まれていたから別にその言い方自体は問題ないとしても、賈耽はそこに「室利仏逝の首都がある」などとは言っていない。にもかかわらず、後世の学者はそこが室利仏逝の首都だと決めてしまっている。実に奇妙な論理である。室利仏逝の版図は、義浄の記述によれば、羯茶も末羅遊も含まれる広大な支配地域を既に7世紀末には包含していたのである。

　賈耽は『皇華四達記』を8世紀後半の情報に基づいて執筆したのであろう。ということは「室利仏逝」はマレー半島からマラッカ海峡を南下し、ジャンビとパレンバンを征服し、中部ジャワまで版図を拡大した後であり、しかもシャイレンドラが真臘からチャイヤーを奪還した直後であろう。しかし、当時の唐王朝の認識としては①「室利仏逝」はマレー半島からパレンバンとジャンビを包摂するが、②「訶陵」はシュリヴィジャヤとは「無関係で」ジャワを中心とする国という理解であったと思われる。訶陵がシュリヴィジャヤに占領されて「シャイレンドラ王朝」と称していたことは建前上、あるいは実際に知らなかったと思われる。それは『新唐書』の書き方をみれば一目瞭然である。

　賈耽はシンガポールから少し南に行けば、そこは「室利仏逝」の領土だという認識はしていたかもしれない。しかし、室利仏逝は版図を拡大しても「首都」を移したなどという記録がないし、その必然性もない。ところが、現代の多くの学者が室利仏逝＝パレンバン説にこだわるために、この賈耽の記述を自分たちの理論（パレンバン首都説）の最大の根拠にしてしまっているのは不可解である。賈耽の書は重要な資料であることは間違いないが、典型的な「聞き書き」であり、正確性に欠けると見なければならないが、後世の学者の理解も完璧なものとは限らない。

羅越国はどこか——「質」はバンドン湾

　後世の歴史家が「質」をシンガポールだと決めてしまったがために、「羅越国」はシンガポールの北岸だとすると、そこはマレー半島の南端のジョホールであるということになってしまう。当時のジョホールはほとんどが未開のジャングルに覆われていて、海岸にはマレー人の漁村があった地域で、東西貿易の主要な港湾があったという記録はない。また、藤田博士は「羅越」は「摩羅越」の略と見る。これには桑田博士も同意する。これは「末羅越」と同じで、「マラユ」である。しかし、マラユをリンガ諸島やジャンビの河口の諸島を念頭に置くと「シンガポールの北岸」というより方向としては南である。これくらいは唐時代の地理学では誤差の許容範囲だったのかもしれないがやはり不可解である。

　ところが『新唐書』地理志七は「羅越国」について別な記述を行なっている。もっと真臘に近く、賈耽の「広州東南海行…」の直前に、「**一曰陸真臘、其南水真臘。又南至小海、其南羅越国。又南至大海**」とある。これを素直に読めば水真臘の南の「小海」とは「タイ湾」のことであろうし、その南といえば「マレー半島の東岸」でバンドン湾あたりを指すと見られる。「又南至大海」という記述にも合致する。この記事は賈耽の「質」をシンガポールと見る解釈とはうまくマッチしない。そもそも賈耽のいう「質、南北百里」というのは40kmとすると、シンガポール海峡は約10ｋmで狭すぎる。一方タイのバンドン湾（チャイヤーのあるところ）ならば湾の入り口（南端の岬と北端の岬）はかなり広くほぼ40km ある。

　賈耽の記事を上の『新唐書』の記事と調和させようとすれば、「質＝シンガポール海峡」という歴史学者の定説的解釈を変えなければならない。「質」はもちろんシンガポール海峡の固有名詞ではない。「質」はマレー語の"Selat"であるという。ところが"Selat"には①"Straits"「海峡」、②"Narrows"「水路」、③"Sound"「入り江、湾」という3通りの意味がある。従来は「質」を①海峡と固定的に考えて、それをシンガポールと結び付けていたが、③の「湾」と考えて、タイ湾のバンドン湾口に持ってくれば、そこから北方（マレー半島の付け根部分にかけて）を羅越、バンドン湾以南を室利仏逝と解釈することは十分可能

1　桑田六郎．1993. p.28.
2　インドネシア語－英語辞書　*Kamus Indonesia Inggris*. Gramedia. 1997 年版。

である。そうすれば「羅越＝ジョホール」というような非現実的な苦しい解釈をする必要はなくなる。「南北百里」問題も解決する。そのかわり、「訶陵＝中部ジャワ」までの距離が 2200ｋｍほどに伸びてしまう。ただし、下に述べるように『新唐書』の「訶陵」の条でいう「夏至八尺表、景在表南二尺四寸」記述を正しいものと考えれば、この「訶陵」はシャイレンドラの「後期訶陵」と考えられ、『新唐書』のいう「二尺四寸」（後述）の北緯 6 度 42 分のパタニあたりをも「訶陵」のテリトリーとみなしていたこともありうる。とすれば 4 〜 5 日で「至訶陵」という解釈も成り立つ。賈耽の記述は 8 世紀末ごろの事実関係を記述したものであり、当時の訶陵（後期＝シャイレンドラ王朝）の支配領域が、ジャワ島からマレー半島にまで拡大していたと唐王朝は認識していた可能性は大いにありうる。

　賈耽の頭の中には「室利仏逝」と「後期訶陵」は別な国という認識であり、「室利仏逝」が 8 世紀の中ごろに滅んだという認識もなかったに相違ない。唐王朝自身が 904 年の「仏斉」国の入貢を「室利仏逝」として認識していたことは『唐会要』の記述で明らかである。904 年の「仏斉」国は実は「三仏斉」であったと中国側が知るのは北宋になってからである。『諸蕃志』には 904 年の入貢は「三仏斉」としている。「其国自唐天佑始通中国」とあり、三仏斉国の最初の入貢であったというのが趙汝适の理解である。

　また、『新唐書』の南蛮伝下の羅越の条に「**羅越者、北距海五千里、西南哥谷羅。商賈往来所湊集、俗與堕羅鉢底同。歳乗船至広州・州必以間**」とある。これを見ると羅越というのは今のタイに近く、商人の集まるところで、人種的にはモン族（ドヴァラヴァティ）系が住んでいる（商賈往来所湊集、俗與堕羅鉢底同）というイメージである。ジョホールであったとはとうてい考えられない。西南の「哥谷羅」はカルダモン（香辛料、小白荳）という意味で、その産地の名前をとったとしたらビルマのタヴォイやテナセリムあたりだろうというのが桑田説である。しかし、藤田博士はこれはアラブ人のいう Kakula であり、拘利すなわち投拘利であり、プトレミーのいうタッコラ（Takola）であろうとされる。ウェールズによればタッコラはタクアパである。タクアパは歴史的に盤盤（チャイヤー）経由で扶南に直結していたからである。タクアパの東岸となればバンドン湾ということになる。羅越はそこから北方だとすればマレー半島の付け根にあた

るペッチャブリー（Pecha Buri）かその北のラーチャブリー別名ラト・ブリ（Rat Buri）のあたりということになろう。この「ラト・ブリ」が「羅越」と表記された可能性はある。ただし、「北距海五千里」ということになるとこれは全く当てはまらず「南距海五千里」の間違いと考えなければどうにも説明がつかない。しかし、羅越がラーチャブリーあたりから西海岸のビルマの主要港（たとえば頓遜＝テナセリム、メルグイ）を包摂する国ということであれば、ベンガルのタムラリピティ（耽摩立底）までは1500ｋｍはあり4000里近いので特に問題ない。

次に羅越は「歳乗船至広州・州必以聞」とあり「毎年舟で広州にやってくる」という。マラッカ海峡側の今のビルマ領の港であるとしたら、マレー半島の先端を回って毎年広州にやってくるには時間がかかり困難を伴う。しかし、マレー半島の付け根のペッチャブリーやラーチャブリーからの船出であれば大いに可能性がある。「羅越国」の朝貢の記録がないが、到着したら広州政府に必ず届け出るとある。当時、唐時代に広州には「市舶司」が置かれており、「海関税」を支払えば交易が可能となり、民間貿易という形で来航した船舶があるということを意味している。いずれにせよ、「質」の解釈を「シンガポール」から「バンドン湾」に変えることによって「羅越」問題は一気に解決する。

また、『宋史』の「丹流眉」の条に「丹流眉国、東至占臘五十程、南至羅越水路十五程、西至西天三十五程、北至程良六十程、東北至羅斛二十五程、東南至闍婆四十五程、（略）、東北至広州一百三十五程」とある。広州まで135程とあり、仮に30日の行程とすれば1日あたり4.5程となる。『宋史』の「丹流眉」がどこかが問題であるが、通説的にいわれているように単馬令と同じと見ることはできない。「丹流眉」はタイのチャオプラヤー川の河口付近であると見られる。羅越国はそこから「水路十五程」というのは舟で3日ほどのところということになる。となると、ペッチャブリーかプラチュアップキーリーカンあたりということになるであろう。また、『諸蕃志』には「登流眉」があり、「単馬令（ナコーンシータムマラート）」とは別扱いになっている。「登流眉国在真臘之

3　藤田豊八博士は「宋代の市舶司及び市舶条例」の中で唐代においては開元（713～741年）以降に常設されたとしている。市舶司制度ができたことは、とりもなおさず唐代において民間貿易が増加したことを意味する。宋代の市舶司制度は唐代のものを受け継いだといわれる。（藤田豊八．1932Ｃ．）

西…有山曰無弄釈迦涅槃示化銅像在焉産白荳蔲箋沉速香黄蝋紫礦之属」とある。「丹流眉」を、『諸蕃志』の「登流眉」と同じと見れば「無弄山があり、釈迦涅槃示化銅象がある」とされる。ラーチャブリーやペッチャブリーとビルマ側のタヴォイ（Tavoy）やテナセリムの中間には 1000m 以上の山並み（ビラウクタウン = Bilauktaung 山脈）が連なり、中には標高 2000m を超える山（ミンモレクタト = Myinmolektat Taung 標高 2073m）もある。無弄山はその 1 つであろう。しかし、それ以上のことはわからない。気になるのは「西至西天三十五程」と西インドまで 8 日間で行けることになっていることである。これはどう見ても「東天竺（インド）」のミスとしか考えられない。結論的には羅越の人種がドヴァラヴァティ（モン族）だとしたら、マレー半島の北方の付け根部分にあたる地域にあった国と考えたい。賈耽の『皇華四達記』についての従来の解釈も見直されるべきであろう。

2. 『新唐書』における他の重要な記述

『新唐書、列伝、南蛮下』の「室利仏逝」の条──「二尺五寸」問題

　『新唐書、列伝、南蛮下』の「室利仏逝」の条に「**室利仏逝、一曰尸利仏逝。過軍徒弄山二千里、地東西千里、南北四千里而遠。有城十四、以二国分総、西曰郎婆露斯。多金、汞砂、龍脳。夏至立八尺表、影在表南二尺五寸。国多男子。…咸亨至開元間、数遣使者来**」とある。

　上述の通り「軍徒弄山」というのはホーチミン市沖のコン・ダオ島のことであり、そこから 2000 里というのはそう遠い距離ではない。1 里 = 400m とすれば 2000 里は 800km に過ぎず、せいぜいマレー半島の東岸までの距離である。「東西千里、南北四千里」というからには南北に長細い国土である。これはマレー半島を意味していると考えられる。ちなみにコン・ダオ島からタイのバンドン湾（元盤盤国 = チャイヤーの所在地）までが約 800km である。[4] もちろん 2000

---

[4] ほとんどの学者が当時の 1 里を 400m と計算しており、筆者もそれに従ったが、加藤栄司氏（『南海寄帰内法伝』の共訳者）は 1 里 = 約560m と計算されており、2000 里は 1120km ということになる。これはマラユ（末羅瑜）にまで届きそうな距離であるが、仮にジャンビであったにせよ、それは「南北に細長い国土」とはいえない。

里というのはさほど正確な距離ではないが、どちらにしてもマレー半島の東岸と見てよいであろう。14の城市（有城十四）があったというのだから、港湾都市国家を多く支配し、全体を2ヵ国に分けて統治（以二国分総）していたという。南北に長細いのでそうせざるを得なかったと見られるのと、チャイヤーが第1首都で、マレー半島東岸の諸港や横断通商路を管理し、第2首都としてケダにマラッカ海峡の監視・管理センターを置いたのではないかと考えられる。この場合、西の隣国は「郎婆露斯」という。これは特定しがたいがニコバル諸島のどこかの島（インド方面からの寄港地）を指すものと考えてよいであろう。ここで問題は「夏至立八尺表、影在表南二尺五寸」の解釈であるが、夏至の時に8尺の棒尺を立てて測ったら影が南に「2尺5寸」できたということである。これを研究者の田次伸也氏（1級建築士）に改めて試算をお願いしたら、ほぼ「北緯6度7分」ということであった。[5] それはケダ州のアロール・スターからマレー半島の東岸のコタ・バル（ケランタン州）を結ぶ線であった。おそらく中国人の航海者が室利仏逝の第2の首都ともいうべきケダ（マラッカ海峡の北の入口のコントロール・センター）もしくは、その東岸のケランタンかのその北のパタニやソンクラーあたりを「室利仏逝」として認識して測定したものと思われる。また、ほとんどの学者がこの「二尺五寸」については無視するか軽視している。室利仏逝が『北半球』にあってはまずい事情でもあるのであろうか？　もちろん、多少の誤差はありうるが、どれにしても北半球から南半球（パレンバンの位置）にずれるということはありえない。

　「国多男子」という記述も気になるところである。男子が多いということは何か特殊な事情があってのことであろう。扶南王家が真臘に追われて盤盤に亡命する際に、手漕ぎ船の海軍を引き連れてやってきたためかもしれない。あるいは、支配権拡張戦争のために「軍拡」を大々的に行ない、兵士を周辺諸国から集めた結果かもしれない。ちなみに、室利仏逝が朝貢を開始したのは咸亨年間（670〜73年）とある。室利仏逝が国として名乗りをあげたのは盤盤の国号

5　田次伸也氏によれば後漢時代に成立したとされる『周髀算経』に①北極星の高度を計算する、②特定の日（夏至、冬至など）に八尺の周髀（棒）による正午の日影の長さを測定するという方法によって南北の位置関係（緯度）を測定するという方法が確立されていた。使いやすさからいって折りたたみ式の「八尺棒」が広く普及したと説明している。夏至や冬至については中国に限らず人類は古代からかなり正確に把握していた。『周髀算経』については藪内清．1979. pp.60-1. に説明がある。

の消えた660年前後と推定される。680年のはじめにはジャンビ、パレンバンへの侵攻作戦が開始された。かなりの軍隊が結集していたと見るのは穿ち過ぎであろうか。

『新唐書』の「訶陵」の条──「二尺四寸」問題

「訶陵、亦曰社婆、曰闍婆、在南海中。東距婆利、西堕婆登、南瀕海、北真臘。…夏至立八尺表、景在表南二尺四寸。」

　ここで大変困った問題が起こった。訶陵の本拠は中部ジャワのあたりと考えられ、『新唐書』には「訶陵は別名社婆、闍婆である」としている。ところが、後のほうで、「夏至のときは、例の8尺棒の影が南側に2尺4寸できる」と書いてある。ということになるとほぼ「北緯6度45分で、先の「ケダ↔ケランタン」という「2尺5寸」の北緯6度7分よりもやや北になり、パタニ（北緯6度52分）やソンクラー（北緯7度14分）やサティン・プラ（Sathing Phra、ソンクラーのやや北）あたりになってしまう。今までの歴史家はこの部分は『新唐書』の間違いだとして無視してきたようである。ある意味ではこの「2尺5寸や2尺4寸」という記述が『新唐書』そのもの信頼性を疑わせる根拠とも解されてきたのである。

　藤田豊八博士も「狼牙脩国考」でこの『新唐書』の記事を疑っている。根拠が不明だというのがその理由である[6]。しかし、これがもし事実で比較的正確なものであったらどうなるのであろうか？

　この「訶陵」は実はシャイレンドラ王家の「後期訶陵」であったものと考えられる。そうなると、「訶陵」からの朝貢といっても、実際に中国に行く船はマレー半島の東岸の「Bルート」のどこかの港から出たものと考えても不都合とはいえない。多分同行していた中国人で天文学の心得のある水先案内人のような専門家が影を実測したら、「2尺4寸」だったということであろう。このように解釈すると逆に「後期訶陵」の入貢の実態が明らかになってくる。後期訶陵（シャイレンドラ）の朝貢船はジャワ島発ではなく、実はマレー半島東岸のパタニかソンクラーあたりから中国に向け出発していたということになるであろう。後期訶陵が「シュリヴィジャヤ・グループ」全体の唐朝廷への入貢を取り仕切っていたと考えれば、この記述は少しもおかしくはない。後期訶陵が

6　藤田豊八.1932B.

マレー半島の「Bルート」を使用していた可能性は極めて大である。なぜなら、朝貢品の中に含まれる乳香などの物産はアラビア原産であり、それらをわざわざジャワ島まで運ぶより、ケダあたりで陸揚げして、マレー半島を横断し、東岸のパタニやソンクラー港などから船積み・出荷したほうがコストも時間もセーブできたからである。

　ちなみに、『旧唐書』には「訶陵」についての記述はある（「室利仏逝」の条はない）が、この「夏至八尺表、景在表南二尺四寸」という文言はない。『旧唐書』の訶陵は朝貢年次以外はジャワ島の「前期訶陵」についての記述が中心であると思われる。時代が新しくなった「後期訶陵」の状況を踏まえて『新唐書』の執筆担当者が何らかの資料に基づいて書き込んだものに相違ない。編者の欧陽脩はいうまでもなく「正しい歴史の確認の下に政治道徳を革新し、華夷をわかって中華を顕示しようとする、いわば歴史学派の開祖」であり、この『新唐書』もさほどの根拠なしに、恣意的に『旧唐書』にないような重要な数字を書き込んだとは信じがたい。ちなみに、パレンバンはほぼ南緯3度であり、夏至に8尺棒で影を測ると、4尺1寸ほどになるという。

訶陵は女王シーモが治めていた

　『新唐書』は訶陵について「至上元間、国人推女子為王、号悉莫。威令整粛・道不挙遺」と記している。これは上元年間（674～676年）に訶陵（前期の）は「悉莫（シーモ？）」という名前の女王によって統治されていたという記事である。女王は法と秩序の整った立派な政治を行なったと『新唐書』は賞賛している。おそらくこのシーモ女王の治世（推定674～703年？）にシュリヴィジャヤは訶陵に攻め込んだ可能性がある。クロムはチャンガル碑文について解説しており、「サンジャヤ（Sañjaya）王が732年にウキル（Wukir）山上にリンガを建て、シヴァ神などを讃える。サンジャヤ王の父親はサンナーハ王で近隣の諸王国を服属させた。さらに、サンナーハ王の姉妹とともにサンジャヤ王は国を治めたと受け取れる記述がある」という。[7]その女王が「悉莫」であったのかもしれない。

7　クロム, N. J.(有吉厳編訳). 1985. pp. 93-97. 中部ジャワのクドゥ州のチャンガル付近のウキル山上で発見された、ジャワで最古（732年）の石碑。サンジャワ王がリンガを建てた事跡とともにサンジャヤ王統について語られている。祖先は南インドのクンジャラクンジャ出身でシヴァ教徒であるという。サンジャヤ王の父サンナーハ（Sannāha）が近隣諸国を征服し、統一国家を作ったとある。また、イ

統治の行き届いていたであろう訶陵に686年にバンカ島を出発して乗り込んできたシュリヴィジャヤの軍勢はあまり手荒なことをせずに、サンジャヤ王家に対し共同統治を受け入れさせた可能性もある。シヴァ神を信仰するサンジャヤ王家と大乗仏教を信仰するシュリヴィジャヤ王家はかなり長期にわたって、いわば平和的に共存していたと見られる。シュリヴィジャヤ軍としても大乗仏教を信仰する扶南王統の人物の指揮下にあれば、無益な殺生は好まなかったはずである。また、大量殺戮というような事件を起こせば、何らかの形で後世に語り継がれるはずであり、サンジャヤ系王朝との「平和的共存」はありえなかったであろう。バンカ島に勢ぞろいし686年前後にジャワ島に侵攻したシュリヴィジャヤの軍勢が『新唐書』で賞賛されているような「訶陵」を武力制圧したということは室利仏逝国の立場としても唐王朝には説明しなかった相違ない。したがって、シュリヴィジャヤは「訶陵（サンジャヤ）」制圧の事実を隠し続け、自らも「訶陵」という国号を掲げて大暦3年（768年）に朝貢を再開したものと推測される。したがって唐王朝は「訶陵」の変化に気づいていなかった。ただし、『新唐書』には「其祖吉延東遷於婆露伽斯城、旁小国二十八、莫不臣服。」とある。これは固有名詞が特定されていないが、シュリヴィジャヤが中部ジャワで覇権を確立したのでサンジャヤ系は中心勢力を東ジャワに移したと見たい。支配下にあった28の小国が結束してつき従ったという主旨である。東ジャワは豊な米作地帯であり、かえってこれがサンジャヤにとっては後々有利に働いたものと考えられる。

　この訶陵の起源については語源が「カリンガ」であろうという以外はよくわかっていない。インドネシア史家のクロムはヴァルダーナ朝のハルシャ王（647年死去）が東の隣国のカリンガに猛攻撃をかけ、カリンガの住民が東南アジア方面に大挙亡命したことが起源になっていることはありうるとしている。しかし、訶陵の朝貢は貞観14年（640年）には既に始まっている。訶陵はジャワ島内のインド系新興勢力であったにせよ、そのかなり前から現地で一定の政治的勢力を形成していたと考えるべきであろう。また、「訶陵」という国名はジャワ人自身が使用していたものではなく、中国の文献が「闍婆」を「訶陵」とし

ンドネシアの考古学者バンバン・ブディ・ウトモ氏はSimo女王の在位を674〜703年と推定している。Bambang Budi Utomo. 1970.

て認識していたのみであるとクロムは指摘する。さらに、この頃からジャワの文化・芸術（そして経済も…筆者註）のレベルが急速に上昇しているとし、「この時期にヒンドゥー・ジャワ美術による最古のモニュメントが出現しているが、この時期以前にはそうした遺構は残存していない」とクロムは述べている。5世紀ごろ西ジャワに興ったタルマ王国の影響は中部ジャワにはほとんど及ばなかったとクロムは見ている。ところが劉氏宋時代に430〜452年の間に入貢した「訶羅旦」は中部ジャワにあり、その後継国が「訶陵」（前期）であったと桑田博士は主張する。桑田説は『宋書』の「訶羅単国治闍婆州」から「闍婆州」を「ジャワ島」と狭く解釈したものであり、遺跡などの裏づけは一切なく、ここはクロムの説に従わざるをえないであろう。[8]

3.義浄の室利仏逝と「日時計」についての記述

また、室利仏逝が北半球（マレー半島）に存在したことを示す義浄の文章がある。『南海寄帰内法伝』巻第3、第30章「旋右観時」において義浄は僧の食事の正しい時間とその時間の測定方法について述べている。その中で時間を計る「日時計（圭）」についての記述がある。現代語訳『南海寄帰内法伝』では以下のように訳されている。[9]

「又（南海の）室利仏逝国の如きでは、（陰暦）八月中に至ると（中国式の日時計である土）圭でもって影を測ろうとしても（影は）縮まらず（、また）盈ちることもない（ということがある）。（それはこの国は北回帰線の下にあるので、この時期、）日中に人が立つと並影が無いのである。春中にも亦（同）爾じ（ことがあり）、一年に再度日が頭の真上を通り過ぎるわけで（、このため影ができないので）ある。若し日が（頭上よりも）南に行くとすれば（、当然身体の）北畔の（地面に落ちる）影の長さは二尺（あるいは）、三尺となる。（若しも）日が（頭上よりも）北辺に

---

[8] クロム, N. J. 前掲書. p.71; 76-77. クロムはp.71において中国資料がとりあげるジャヴァ（闍婆）は「ジャワかスマトラか、またはこれらの双方を意味するか確かではなく、…闍婆に位置するとされる訶羅単と称する王国の所在もまた問題である」としている。
[9] 宮川昭彦・加藤栄司訳. 1986. p.309.

向かうとすれば(この場合でも)南(畔の地面に落ちる)影(の長さ)は同爾く(二尺、あるいは三尺と)なる。」(傍線著者。一部省略)

このように、室利仏逝は北半球すなわち「マレー半島」にあることが、義浄の文章からは一目瞭然なのである。ただし、「この国は北回帰線の下にあるので」という表現は、厳密には「北回帰線と赤道の間にあるので」と読み換えるほうが良いであろう。

この問題について、藤田豊八博士は「狼牙脩国考」の中で、先に述べた「室利仏逝の2尺5寸」と「訶陵の2尺4寸」の疑点に言及した後に、次のように付言している。義浄の『南海寄帰内法伝』の巻2(巻第3の誤り…筆者註)に上の『現代語訳』の部分の原文を引用し、「**又如室利仏逝国、至八月中、以圭測影、不縮不盈、日中人立、並皆無影、春中亦然、一年再度日過頭上、若日南行、則北畔影長二尺三寸、日向北辺影同爾**」とあり、「その故に室利仏逝がスマトラ島上に在るを許されたるも、若し此紀事なく、新唐書の伝ふる所のみならんには、此国(室利仏逝…筆者註)も亦た馬来半島の中頭に逐去せらるるの運命に遭遇せしなるべし」とあり、義浄のこの記事を根拠に『新唐書』の記事はさしたる根拠がなく、「強ひて重きを置くに足らざるべし」と切り捨てている。この同じ文章を藤田博士は『室利仏逝三仏斉旧港は何処か』でも引用し、「若しこの国(室利仏逝)をJambi傍近にありとすれば、この要件を満たし、宋元の三仏斉を室利仏逝の訛りと見ることもできる。Palembangとすれば余りに南に偏するの嫌いがあるではないか。」と述べている。しかし、Jambiも「南半球」には違いない。

それはさておき、藤田博士の義浄の引用には重大なミスと誤解があった。まず、上の引用文を見るとわかるとおり「夏至」という文字がない。8尺棒で緯度を測定するときは夏至の正午の影の長さで測定したのが「上の二尺四寸と二尺五寸」のケースであった。これは『新唐書』の執筆者ははっきり認識して書

---

10 『南海寄帰内法伝』巻第3、第30章「旋右観時」において義浄は僧の食事の正しい時間と時間の測定方法について述べている。当時は日時計(土圭)が使われていたが、日時計も地域によって「使い勝手」に差があるとして、室利仏逝の例を引いて説明したものである(宮川昭彦・加藤栄司訳. 1986.)。一方、藤田博士は室利仏逝がマレー半島の中部にあることは受け入れ難かったものと思われる。藤田博士は室利仏逝はパレンバンではなくてジャンビにあったと考えていた。

11 藤田豊八. 1932D. p. 18.

いている。また、もっと重大なことは「二尺三寸」は原文には「二尺三尺」と書いてあったのである。『南海寄帰内法伝、現代語訳』の「二尺あるいは三尺」が正解なのである。藤田博士は「二尺三寸」は 8 尺棒で計測されたものと誤解されていたのである。しかるが故に『新唐書』の記事はいい加減だと即断されたものと思われる。しかし、これは「2 尺ないし 3 尺」という比喩的な表現であり、8 尺棒とは何の関係もない話であった。藤田博士のこの誤解は致命的であり、「室利仏逝がスマトラ島上に在るを許され」なくなってしまうばかりか、「馬来半島の中頸に逐去せらるる」ことになるのである。碩学藤田豊八博士の思わざる勘違いだが、これによってむしろ「室利仏逝がマレー半島の中ごろにあるという」お墨付きを頂いたようなものである。確かに『新唐書』には後世から見れば大雑把な議論や不正確な記事もあるかもしれないが、当時の執筆者は自分の名誉にかけて、入手しうる限りの資料を駆使して記述しており、このような具体的数字の記入されたものには何か根拠があると見る必要があるのではないだろうか。この義浄の「圭（日時計）」の話は 8 尺棒による緯度の測定ではなく単なる人の影のことだったのである。

まとめ——室利仏逝の勢力拡大とその後の変化

　真臘に追われた扶南の王族（後のシャイレンドラ王家）はいったん盤盤に逃れ、そこを本拠にして、赤土国の支配地域を制圧し、「室利仏逝」という国を組織し、7 世紀中ごろマレー半島中部を統一的に支配する政治・経済的地位を確保した。そこから室利仏逝は勢力拡張を積極的に図り、従来の友好国もしくは「属領」の直接支配（羯荼、末羅瑜）を行ない、次にパレンバンとジャンビを武力制圧して、マラッカ海峡全域の支配を完成する。さらに中部ジャワの訶陵に侵攻し政権を獲得し、7 世紀末には東南アジア島嶼部の支配権を確立する。義浄はインドから帰国途中に立ち寄った羯荼（ケダ）について「到羯荼国此属仏逝」と書いている。ケダがいつから属領になったかは書いてないが、672 年にインドへの往路で羯荼に立ち寄った時に既に「属領」であった可能性がある。この段階で室利仏逝はマレー半島の統一を完成させていたに違いない。室利仏逝王の持ち船が末羅遊から羯荼を経てベンガルの耽摩立底まで自由に航行でき、義浄を送り届けている。これは 672 年の段階で羯荼と末羅瑜が室利仏逝と友好関係にあっ

たことを物語っている。

　680年代の初めにスマトラ島のパレンバンにシュリヴィジャヤの勢力が及んだことを示す石碑が存在する。686年以降、室利仏逝はさらにジャワに勢力を伸ばし、当時貿易上のライバルと目されていた訶陵（前期）すなわちサンジャヤ系の王国を屈服させ、ジャワ島に新たな拠点を築いた。これがシャイレンドラ王朝である。ところが740年代に真臘がマレー半島に侵攻し、室利仏逝の本拠地であったチャイヤーと隣接するナコーンシータムマラートを占領するという事件が起こる。この事件はいかなる歴史書にも明記されていないが、その後のシャイレンドラの逆襲を見れば否定しがたい事実である。チャイヤーを奪われたシュリヴィジャヤ・グループとしては、兵力豊富なジャワ島のシャイレンドラ王国に頼らざるを得なくなった。シャイレンドラは直ちにジャワ兵からなる海軍を派遣し、マレー半島のチャイヤーとナコーンシータムマラートを奪還し、775年の年号のある「リゴール碑文」を建て、チャイヤーに3つの仏教寺院を作る。また、シャイレンドラ軍は一気にチャンパを攻略し、東南アジアの貿易ルートを完全に支配下に置く。ただし、自らはサンジャヤの国号の「訶陵」を使い768年から朝貢を再開する。

　マラッカ海峡以東の覇者となったシャイレンドラは朝貢貿易を寡占する。それ以降ペルシャやアラブからの入貢は激減する。この「後期の訶陵」の本拠は中部ジャワにあったが、実際は「シュリヴィジャヤ・グループ」の総本部としてマレー半島、スマトラ島の傘下の城市を従え、統一的に朝貢を行なった。しかし、朝貢への船の出発はマレー半島の東岸のどこかの港を使っていたと考えられる。その後、9世紀に入ると、東ジャワで勢力を蓄えていたサンジャヤ系が優勢になってくると、シャイレンドラ王朝の本流（バラプトラデヴァ王＝Bālaputradeva 王といわれる）は中部ジャワから追い出されることになる。その後、シャイレンドラ王家はかねてからシュリヴィジャヤの支配下にあったパレンバンやジャンビやケダに逃れ、そこで新たに連合国家「三仏斉国」を形成したと考えられる。

　私は室利仏逝というのは当初はマレー半島の両岸の主要貿易港とそれをつなぐ横断道路を独占的に確保する貿易国家であったと考える。当時はマレー半島の両岸の港を制圧しておくことが貿易戦争に勝てる方法であったに違いない。

その後680年ころから室利仏逝は軍事力を使ってマラッカ海峡に「帝国主義的」に勢力の拡大を図った。その理由は7世紀中ごろからアラブやペルシャがマラッカ海峡「直行ルート」による朝貢を開始し、その回数が次第に増えてきたためである。唐王朝に入り、貞観13年（639年）から波斯（ペルシャ）が朝貢を開始し（梁、隋時代に実績はある）、大食（アラブ）も永徽2年（651年）に初めて朝貢する。その間インド（天竺）も641年からも参入するという形で、西方の諸国が直接入貢を始め、次第に回数が増えていった。アラブやペルシャの商人はインドによる中継貿易をも避けて、直接唐王朝に朝貢することによって、貿易の利益を最大限取り込もうと計ったに相違ない。そうなると室利仏逝もこれら西方諸国の香料などの入手が困難になり、「貢献品」の内容が低下してしまうことになる。したがってマラッカ海峡をコントロール下に置くことによって西方からの「直行船」に何らかの形で制約を加える必要性が認識されたに相違ない。後の三仏斉の時代には『諸蕃志』にあるように「経商三分一始入其国」という強引な手段がとられた。室利仏逝時代はそこまでいかないまでも、西方の財貨の「買い上げ」と「東南アジア島嶼部」の朝貢独占を目指したことは間違いないであろう。シュリヴィジャヤとしては海賊対策を行ない、マラッカ海峡の安全通行を保障するといったことを行なう一方、マラッカ海峡の「通過料」を何らかの形で取るということも考えたのではないだろうか。

　実際は室利仏逝の首都チャイヤーが真臘に占領されるといった事件もあり、マラッカ海峡の支配にまでは手が回らず、760年代の前半まではペルシャやアラブ船はフリー・パスの状態が続いた。室利仏逝が初めて入貢したのは670年ころであり、その後の100年間で室利仏逝の入貢は6回にとどまった。先に見たように、シャイレンドラがジャワから海軍を引き連れて、チャイヤー、ナコーンシータムマラートを占領していた真臘を撃退してマレー半島の支配権を回復する770年ころからマラッカ海峡の支配と管理が徹底したようである。それは大食と波斯の入貢の激減という事態となって現れる。室利仏逝が741年以降朝貢を163年間中断し、最後に中国の文献に現れるのは唐末の904年である。この期間はシャイレンドラ王朝が「後期訶陵」としてつないでいたのである。

シュリヴィジャヤ関連の略年表

年	事項
225	扶南・呉に初入貢
425～453	盤盤、劉氏・南宋に初入貢
430	訶羅単、入貢開始～452年で朝貢絶える。後継は干陀利か？
441	干陀利、入貢開始～563年で朝貢絶える。後継は丹丹か？
515	狼牙脩、入貢開始、～568年で朝貢絶える。赤土に吸収されたか？
531	丹丹、入貢開始、～670年で入貢絶える。
583	投和(ドヴァラヴァティ)入貢開始。扶南の統制緩む。649年で終わる。
588	扶南、入貢中断、その直後に盤盤に海軍を引き連れ亡命か？
	盤盤の入貢増える。旧扶南と共同入貢か？
608～610	赤土、3回の入貢で終わる。扶南の没落で急浮上？
唐初	武徳年中(618～26)、貞観年中(627～49)扶南、再入貢。
616	真臘、入貢開始。814年までしばしば入貢するが小規模。
640	中部ジャワのサンジャヤ訶陵(前期)入貢開始～666まで続く。
648	盤盤、最後の入貢。唐初に4回入貢。633, 635, 641, 648.
660頃	室利仏逝、マレー半島の覇権確立か？盤盤を中心に赤土、丹丹を吸収。
670～73	室利仏逝入貢開始、～741年で朝貢絶える。
671	義浄、室利仏逝訪問
682～84	室利仏逝、ジャンビ、パレン攻略(クドゥカン・ブッキット碑文など)
	Dapunta Hiyangが総司令官、Jayanaśa王か？
686	室利仏逝、ジャワ・訶陵攻略(バンカ島、コタ・カプール碑文)
686?	室利仏逝、ペカロンガン占領、ソジョメルト碑文、Dapunta Selendraの名前。
	シャイレンドラ王朝の始祖か？シュリヴィジャヤの版図最大に。

	742	室利仏逝の消息が絶える。この直後に真臘がチャイヤー占領か？
	750	真臘、33年ぶりに朝貢再開。753,755,767,771,780,798と急増。
	767	シャイレンドラのチャンパ遠征。774,787年と続く。
	768	訶陵（後期）が入貢再開。シャイレンドラの入貢。シュリヴィジャヤの代表に。
	775	リゴール碑文でシャイレンドラ王がシュリヴィジャヤのマハラジャ（大王）に。
		後期訶陵の入貢続く、769, 813, 815, 818, 827-35, 860-74。
	820	闍婆入貢開始、831、839で終わる。
		この直前にバラプトラ王子ジャワ追放か？シャイレンドラの没落。
	852	ジャンビ（占卑）入貢。871の2回で終わる。
	904	三仏斉として唐に入貢。
	960	北宋開国と同時に三仏斉の入貢ラッシュ。
	1020頃	チョーラの三仏斉攻略、ケダが占領される。
	1028	三仏斉注輦が実質的にはじめての入貢。
	1077	三仏斉注輦が正式入貢。1090年まで続く。
	1079	三仏斉詹卑が入貢。1082年再入貢。
	1178	三仏斉最後の入貢。南宋は朝貢取りやめ。

第2部

三仏斉について

第1章
三仏斉の成立過程

1. 宋時代の貿易構造の変化——宋以降にマラッカ海峡の重要性は増す

　マラッカ海峡直通ルートが重要性を増すのは唐時代になって、アラブやペルシャからの朝貢が増えた時が第1段階で、さらにその後北宋時代に入り陶磁器が中国からの主な輸出品になってからのことではないかと考える。通常、偏西風に乗ってインド方面から来た船はマラッカ海峡を南下する時に、いわば南西の斜め「逆風」を受けることになり冬の東北風が吹くまでケダあたりで風待ちを余儀なくされる。これは大型帆船の宿命である。インド商人はこのロスを避ける工夫をさまざまにめぐらし、それが「マレー半島横断ルート」を開発した最大の理由であることは今まで述べてきたとおりである。その点、マレー半島に基地を持たないアラブやペルシャの船はマラッカ海峡を通り抜けて、マラユ海域でさらに春まで風待ちをして中国に向かったが、時間的なロスと海賊のリスクは大きなものがあった。

　ペルシャ（波斯）は533年、アラブ（大食国）が651年に初めて入貢し、唐時代の最後の入貢は波斯は771年、大食は791年であった。唐時代以前の貿易商品はさほど「重量物＝陶磁器」はなく、中国に運ぶ商品も東南アジア産と思われる香料や真珠や珊瑚といった宝石類やペルシャ方面からのガラス器や青銅器、アラブの乳香やインドの綿製品などであった。東南アジアからの貢物の中には香辛料や香木のほか馴象（調教された象）やオウムなども含まれるがこれは現地調達したものである。西方からの積荷は陸送で西岸と東岸を結んだほうが速くて安全（マラッカ海峡の海賊を避けられる）であったことは容易に想像がつく。ところが晩唐時代から中国の陶磁器の生産は活発化し、中国側からの輸出品目にも上がってきているが、本格化するのは次の宋時代以降である。そうなると、質量が大きく、かつ壊れやすい貨物の輸送は、積み替え回数が少ない輸送方法が選択された。そのため、中国から冬季の東北風にのってマラユ地方に

陶磁器を運び、そこでマラッカ海峡を南下してきた西方の商人と合流し、交易を行なうという方法に変わっていったものと考えられる。そうなると中間地点のマラユ（末羅瑜）海域の重要性がクローズ・アップされてきて、その地域を管理するジャンビの発言権も増していったことは間違いない。

　宋時代、特に南宋時代には民間の中国商人も許可さえ取れば自由に貿易船を仕立てて商品を輸出できるような体制ができあがった。「市舶司」とよばれる貿易行政機関が宋時代に制度的に大きく拡充された。市舶司制度そのものは唐時代にできたものであるが、北宋時代の971年にまず広州に置かれ、ついで杭州、明州、泉州、密州と北宋時代に5ヵ所に設置された。元祐2年（1087年）に設置された泉州は広州とならぶ規模となった。特に泉州と広州の市舶司は東南アジア以西が担当であり、扱い量は巨大なものとなった。南宋の末には10ヵ所にまで拡大された。その主な機能は①外国船と積荷の検査、②輸入関税の徴収、③貨物の買い上げと保管、売却、④出航許可証の交付、⑤禁制品（銅銭、武器など）の取り締まりである。

　また、中国からの輸出品は陶磁器が多くなったことによって、東西交易の中継点がマラユ海域を含むマラッカ海峡に移ったということがいえる。ただし、パレンバンは物理的には「中国からの直行ルート」の目的地にはなりうるが、中国発の商船は特別の事情がない限りマラッカ海峡に近いマラユ海域（ジャンビに近い）を選好したはずである。当時の中国の帆船（ジャンク）は大型化し、手漕ぎの櫂を備え、風の有無や方向にかかわらずある程度の航行の自由があり、それによってマラッカ海峡付近での中継貿易地の選択の自由度が増したといわれる。14世紀末にはマラッカ海峡の南なかほどにあったマラッカ王国でも中継地機能が果たせるようになったのである。だからといってマラユ海域やジャンビで事足りるビジネスをわざわざパレンバンまで行ってやる必要はなかった。また、黄巣の乱以降アラブ商人は広州からジャンビやケダに移住し、マラッカ海峡における東西貿易の中継点がよりいっそう拡大され、そこでの取引が急増した要因も大きなものがあった。

　古代からの絹に次いで、宋時代の磁器はまさに中国文化の華ともいうべき歴史的な産物であり、青磁は特に有名であるが、景徳鎮や磁州をはじめ各地でいっせいに磁器の生産が始まり、中に「南方白磁」とよばれるものもあった。これ

は中国本土ではほとんど発見されていない（破片は広東省から見つかっている）が、ジャワなど東南アジアでは数多く発見されている。これは広東省潮州で大量に輸出用に焼かれたものであると考えられている。陶磁器は破損防止のために藁などに厳重に包み、それをさらに場合によっては木枠に入れたりして輸送しなければならず、陸送（マレー半島横断）も行なわれたが、大量輸送には明らかに困難を伴う。しかし、宋時代の磁器は皿や壺は比較的小物が多く、マレー半島横断通商路が多く使われていた。その証拠に現在でもチャイヤー付近のレン・ポー（Laem Pho）海岸やタクアパのコー・カオ島（Ko Kho Kao）やケダのブジャン渓谷には宋時代のものを含め、おびただしい陶磁器の破片が発見されている。また、チャイヤーから大量の宋の磁器の皿が発掘された。

しかしながら、マレー半島横断ルートはかなり後の世まで盛んに使われていた。13世紀末のスコータイ王朝やその後のアユタヤ王朝もマレー半島の「両岸支配」に注力しているのである。その結果が今日のタイ王国のマレー島北半分の領有につながっているともいえる。トメ・ピレスによれば、アルブケルケがマラッカを占領した直後の1510年代のケダについて「人々は（ケダから）陸路で3、4日でシアン（アユタヤ王朝のシャム）の国に達する。かれらは商品をケダからシアンへ持っていく」とある。この場合のシアンとはナコーンシータマラートあたりのアユタヤ領の港湾都市を意味している。また、「ケダはシアン王（シャムすなわちアユタヤ…筆者註）に服属しており、人々はケダ川によってシアンに行く。ケダには大量の米と胡椒がある。」と記録している。16世紀にいたっても、シャム王国はマレー半島の両岸支配を行ない、かつマレー半島横断通商路が健在であったこともトメ・ピレスの記述からうかがわれる。1400年ごろはマラッカ王国もシャム王国の支配下にあり、それから逃れるためにマラッカ王国は明王朝の属領になることを強く望み、朝貢したことはよく知られている。永楽3年（1405年）には「満剌加国王」に封じられている。こうなるとアユタヤ王国も手を出せなくなる。

1　佐藤雅彦. 1978. p.142.
2　トメ・ピレス(生田滋他訳注). 1966. pp.216‐7.

2. 三仏斉の成立

　室利仏逝と三仏斉との歴史的な違いを分けて理解しなければならないことはいうまでもない。宋時代以降は東西貿易のあり方が根本的に変わったことは既に述べたとおりである。宋時代以降はシュリヴィジャヤ・グループにとってマラッカ海峡のコントロールがいっそう重要になってくる。唐時代の7世紀の中頃からペルシャ、アラブ諸国の直接的入貢が増えてくると中近東、東アフリカ産の香料（乳香など）の入手がシュリヴィジャヤとしても困難になってくるという事情もあった。西方からの「財貨の仕入れ」はシュリヴィジャヤにとっては死活問題でもあった。それゆえマラッカ海峡のコントロール・センターとして、ケダとジャンビの重要性もクローズ・アップされたのである。

　だからといってマレー半島横断通商路の役割が低下したとか衰退したと見るのは間違いである。唐時代以前はマレー半島横断通商路が多用されており、その利便性は宋時代に入って衰えるものではなかった。11世紀はじめに三仏斉を制圧したチョーラ（注釐）はケダを最重要拠点として位置づけ、マレー半島横断通商路を最大限活用した。その中でマレーシア東岸のタンブラリンガ（ナコーンシータムマラート）の重要性は時を経るにつれ高まっていった。

　三仏斉の起源についてはさまざまな議論がある。藤田博士は上述のように「三仏斉は室利仏逝を訛った言いかたである」とあっさりと片付けておられる。一方、イスラム教徒がSarboza、またはSerbozaと呼んでいた地域の音訳が三仏斉であるというのが通説となっているようである。これは唐時代の室利仏逝すなわち、シュリヴィジャヤという呼称が、アラブ人に受け継がれるうちに、サボーザという音になり、「三仏斉」として中国に認識されるにいたったということであろう。これに対し、ジャヴァカ（Javaka、パーリ語で「ジャワに関係のある」という意味）から発してアラブ人が「ザーバジュ」と訛りそれが「三仏斉」となったという説もある。この「ジャワ」は広義のジャワであり、ジャワ島を意味してはいない。

　マジュムダールはその著書Suvarṇadvīpaの中で「アラブ人はザーバグ（Zābag）という呼称を多用していた。ザーバグ（Zābag）＝マハラジャ（大王）の島であり、

シュリヴィジャヤ」を意味すると述べている。ちなみに、スヴァルナドゥイパは「黄金の島、または半島」という意味であり、具体的には金が産出された「スマトラ島とマレー半島」という意味である。マジュムダールによれば「dvīpa」というのは「両側が水」という意味だという。これを「スマトラ島」だけと解釈すると、マレー半島の重要性を無視した議論になってしまう。これは「パレンバン主義者」には都合のいい解釈であるが根本的に間違っている。学問は出発点で間違うと、とんでもない方向に向かってしまう。

　私は冒頭でも述べたとおり、パレンバン、ジャンビ、およびケダのシュリヴィジャヤ系3国家（城市）が朝貢貿易のための連合体、新たな「国号」を形成したものであるという見方である。3つの「仏斉国」だから三仏斉という単純な理解である。いずれにせよ、当時の中国の官僚や史家が室利仏逝と三仏斉の違いをあまり深刻に意識していたような形跡は見られない。両者の実態は大いに異なるものだが、王統は扶南以降、シュリヴィジャヤ、シャイレンドラ家としてつながっており、王族の大乗仏教信仰はかなりはっきりした形で連続していた。三仏斉には室利仏逝の拡大期のような武力による併合の話は伝わっていない。たぶん、話し合いによる国家連合であり、その際ケダとジャンビが主導的立場にあったことは間違いない。三仏斉は北宋時代に数多く朝貢を重ね、大いに繁栄した。マラッカ海峡をコントロール下に置くことによって西方からの財貨を強制的に買い上げるなどして、「再輸出」用に確保した。「強制買い上げ」を実施するにあたってはかなり暴力的であったことが『諸蕃志』などににに書かれている（後述）。

　その三仏斉を11世紀の前半に軍事的に制圧し、支配下に置いたのは南インドのタミール族の王国注輦（チョーラ）であった。しかし、注輦の支配も三仏斉をどこまで支配したのか、またいつまで続いたのかははっきりしないが、支配の中心地ははケダであった。南宋時代に朝貢貿易体制が終わると、三仏斉のいわば「歴史的使命」が終わることになる。三仏斉はもはや『元史』には登場

3　Majumdar, R.C. 2004. p.43; 209。マジュムダールは p.43 において "the word 'dvīpa' means primarily 'a land having water on both sides." としている。多くの歴史家がスヴァルナドゥイパを黄金の島（スマトラ島）とのみ解釈しているが、黄金の半島（マレー半島）という意味があることを認識すべきだという。「黄金の島＝スマトラ島」のみという解釈がパレンバン説を補強することにもつながっている。そのため東南アジア古代史、通商史の全体象が見失われかねない。

しない。そのかわり、木刺由（ムラユ）という個別の国が出てくる。それはある意味では当然である。三仏斉は「朝貢用の国名」であって、パレンバンやジャンビやケダといったシュリヴィジャヤ系の港湾都市国家の連合体であったためである。元朝は朝貢貿易に主眼を置いたとはいえ、アジア諸国の「服属」を求めた。もちろん服属国は貢献品を持参したが、それは北宋以前の「朝貢体制」に見られた「形を変えた交易」といえるようなものではなかった。元時代の『島夷誌略』（汪大淵撰、1349年序文）には「三仏斉」と「旧港」の条が並列的に述べられている。「旧港」とはパレンバンであり、明らかに「三仏斉」そのものではない。しかし、元時代にも「三仏斉」なる国号は存在したが、それの場所がどこでどういう機能を果たしていたかは汪大淵も語ってはいない。ところが明の洪武帝時代（1371年）に三仏斉は突如として朝貢に現れる。これが、後に大問題になる。三仏斉とはいっても、実はパレンバンの自称だったのである。一方、爪哇（マジャパヒト王朝、1293～1513年）としては、属国としてパレンバン、ジャンビという個々の港湾都市国家を認識しており、「国としての三仏斉」の認識はなかった。[4]

　『宋史』によれば「**三仏斉国、蓋南蛮之別種、與占城為隣、居真臘、闍婆之間、所管十五州**」とある。三仏斉は15の国（主に港湾都市）を支配していた。これは室利仏逝の14の城市より1つ増えているが、基本部分は変わらず、そのほとんど全てが港湾都市国家であったと思われる。「**汎海使風二十日至広州。其王号詹卑、其国居人多蒲姓。唐天祐元年（904年）貢物、授其使都蕃長蒲訶栗立寧将軍。**」というから、順風で20日ほどで広州に行けたことになる。この場合の三仏斉はどこかがやはり問題になろう。三仏斉はマレー半島東海岸をもその領土としていたのである。国王は詹卑（ジャンビ）と号していた。ジャンビは地名であるが、この記事が書かれた頃はジャンビが三仏斉の中心的な役割を果たし、いわば連合国家の代表格として宋朝に接していたものと思われる。しかし、宋朝初期の建隆2年（961年）に入貢した王は「室利烏耶」とあり、シュリヴィジャヤと読んだものと思われる。住人は蒲という姓が多かった。という

4　『瀛涯勝覧』には旧港すなわち浡淋邦（パレンバン）は昔の三仏斉であり、爪哇が管理しているとある。風俗は爪哇と同じ。移住してきた中国人が多い。海賊もいた。しかし、浡淋邦が「三仏斉の全て」ではない。『諸蕃志』は属領の1つにしか過ぎないと見ている。

ことはアラブ系の人が多く住んでいたという意味である。『宋史』の記述では三仏斉の国王が「詹卑」となっているので、中心地はジャンビということになりそうである。しかし、「20 日で広州まで行ける」となったら、「朝貢用の窓口」はマレー半島東岸のどこかであるともいえよう。通常ジャンビから広州までは 1 ヵ月要したといわれている。「占城（チャンパ）」の隣というイメージであればマレー半島を想定せざるをえない。また、ジャンビがいつまで「リーダー格」であったかは不明である。西暦 1000 年ごろは三仏斉の中心はケダに移っていた可能性がある。それは後述のごとくインド側からの資料からそのように考えられる。その決定的な契機となったのは 992 年の闍婆による三仏斉侵攻事件かもしれない。

一方、闍婆（クディリ王国、ダルマワンサ王）からは宋時代の最初の入貢が 992 年（淳化 3 年）にあった。この年に闍婆は三仏斉に侵攻し、三仏斉が宋朝にアピールして、おそらく闍婆は宋朝にお咎めを受けたものと思われる。その後、闍婆の入貢は大観 3 年（1109 年）まで途絶している。おそらくその空白の 117 年の間は、ジャワは自国の産品を占城（チャンパ）などに持ち込み、中国やアラブやインドの産品と交換するという「ローカル・トレーダー」の地位にとどまったと考えられる。占城は三仏斉から排除された国や地域の物産を中国に運んだものと思われる。

「三仏斉＝ジャンビ中心説」に対して、マジュムダールは、アラブ人スレイマン（Sulayman）は 851 年に "Kalah-bar and Zābag are ruled over by the same king"（カラバールすなわちケダとザーバグすなわち三仏斉は同じ王によって支配されていた）と書き残していると指摘している。この記述が事実だとすれば、851 年すなわち三仏斉の王はほとんど成立の当時からケダにいたことになる。これをあながち間違いだとは言い切れない。ジャワを追われたシャイレンドラのバラプトラ大王はスマトラ島（パレンバンかジャンビ）に逃げたと考えているが、マレー半島（ケダ）に逃げた可能性もある。それから、ジャンビの王と話し合って新体制、す

5　唐時代は 820 年、831 年、839 年と 3 回闍婆という国名での入貢があった。その時期に後期訶陵が並行的に入貢している。訶陵の最後は 860～73 年の懿宗の時代（咸通年間）に 1 度あった。闍婆はシャイレンドラを追放したサンジャヤ王国（古マタラム王国）であると思われる。それ以降は黄巣の乱の（875～84 年）があり、唐王朝は大混乱に陥り、877 年に占城、904 年に三仏斉が各 1 度だけ入貢する。
6　Majumdar, R.C. 2004. p.216.

なわち「三仏斉」の組織化を共同で行なったものとも考えられる。その場合の主役(大王=マハラジャ)はケダにいた可能性が高い。結果として三仏斉は成立し、大いに繁栄したことは上に述べたとおりである。

　また、実際に三仏斉の名で中国に朝貢に出かける船はジャンビからだけではなく、多くがナコーンシータムマラートやマレー半島東海岸のどこかの港から出帆した可能性がある。ケダとナコーンシータムマラートはほとんど平坦な道路でつながれておりいわば「表裏一体」の関係にあった。13世紀にはチャンドラバーヌ王がナコーンシータムマラートを本拠において、逆にケダを指揮する立場にあったことも考えられる。

3. 三仏斉の朝貢実績

　『諸蕃志』によれば三仏斉は唐の末期の天祐元年（904年）に初めて入貢する。その後907年に唐が滅亡し、「五代十国」の分裂の時代を後周から出た趙匡胤が統一し、宋朝を960年に建国する。『宋史』によれば、太祖建隆元年（960年）9月には早くも三仏斉は国王悉利胡大霞里檀が李遮帝という使者を派遣し朝貢した。翌建隆2年（961年）の夏には蒲蔑という者が使者として朝貢している。同じ年の冬には国王室利烏耶が茶野伽という者を使者に朝貢し、建隆3年（962年）春には李麗林という者を使者として朝貢している。この両王は別人であり、おそらくジャンビとケダの王であろうが、どちらがケダの王かはわからない。宋王朝の最初の3年間に三仏斉は6回も入貢している。まさに朝貢ラッシュといった有様である。このように、三仏斉が立て続けに入貢したことは、「三仏斉」体制を宋王朝に真っ先に認知してもらおうという目的があったに相違ない。特に「国王室利烏耶」という名前をアピールすることに意味があったと思われる。この王家がシュリヴィジャヤ王家の末裔であるということが強調されたに相違ない。

　三仏斉の入貢：904年、960年、961年（2回）、962年（3回）、970年、971年、972年、974年、975年、980年、983年、985年、988年、989年、990年、1003年、1008年、1017年、1018年、1019年、1028年（注輦？）、1077年（注輦、地華伽

囉)、1079年(2回、注輦、詹卑)、1082年(2回、注輦、詹卑)、1084年、1088年(2回、うち1回は注輦)(『宋史』には単に「五年」とのみ記されているが元祐三年の誤り−桑田説)、1090年(注輦)、1094年、1095年(以上北宋時代)、1128年、1156年(3回)、1178年。[7]

1003年(咸平6年)に入貢した時の王の名前は思離味囉無尼仏麻調華となっているがシュリ・チュラマニヴァルマン(Śrī Cūḷāmaṇivarman)と読むとされる。同じ年、三仏斉王は皇帝の長寿を祈願するために寺を建てたので寺名と鐘をいただきたいと申し出、「承天萬壽」の名と鐘を賜る。こういう行為によって三仏斉は宋王朝との絆を強化した。三仏斉は占城を別とすれば、東南アジア島嶼部からの朝貢をほぼ独占した。

一方、チュラマニヴァルマンは南インドのチョーラ朝のラージャラージャ大王(Rājaraja：在位985〜1014年)の治世にナガパタム(Nagapatam)という場所に仏教寺院を建設・寄進し、さらにその息子であるシュリ・マーラヴィジャヨートゥンガヴァルマン(Śrī Māravijayottuṅgavarman)がその寺院に寺院の維持費のための「村を寄進」したという記録が1006年の碑文(大レイデン銅板文書)として残されている。三仏斉としては中国と同時にチョーラにも気配りをしていたことがうかがえる。このとき注目すべきはマーラヴィジャヨートゥンガヴァルマン王の肩書きがサンスクリット語の記録では「カターハ(ケダ)およびシュリヴィジャヤの王」となっているのに対し、タミール語の記録ではカダーラ(Kadara)またはキダーラ(Kidara)つまりケダの王とのみ称しているとクロムは指摘している。[8]

別な見方をすればチョーラの関心はケダに集中し、三仏斉の王も実際はケダの王としての意識が強かったのかもしれない。チョーラが利用したかったのはケダを起点とするマレー半島横断通商路であった。1008年(大中祥符元年)にはチュラマニヴァルマンの後継王の思離麻囉皮(シュリ・マーラヴィジャヨートゥンガヴァルマン)が入貢している。当然のことながらこの時代になるとシャイレンドラという名前はどこにも出てこない。しかし"Mahārāja"(マハラジャ)という称号は時々出てくる。これは"Śrī-Vijaya"の大王という意味であり、10数カ

7　三仏斉の朝貢については桑田博士の緻密な解説がある (桑田六郎 . 1993. pp. 236-265.)。
8　クロム, N. J.(有吉巌編訳) 985. p.216.

国の属国に君臨していたということであろう。そのときの「首都」はケダにあったと考えられる。

第2章
チョーラ（注輦）と三仏斉

1. チョーラの三仏斉支配

　三仏斉とチョーラの関係は11世紀初頭においては友好的であったにもかかわらず、やがてチョーラ王朝が三仏斉への侵攻を開始する。それはラージャラージャ大王の息子シュリ・ラジャ・ラジェンドラ・チョーラ王（Śrī Rāja Rājendra Coladeva、在位1014～1044年）の時代であった。チョーラが初めて北宋に入貢したのは大中祥符8年（1015年）であった。『宋史』には「其国主羅茶羅乍、遣進奉侍郎娑理三文、副使蒲恕等来貢。三文等盤奉真珠、碧玻璃升殿」とあり、「真珠二萬一千一百両、象牙六十株、乳香六十斤」とあり、使節の娑理三文も「献珠六千六百両、香薬三千三百斤」を別に献上している。「其王羅茶羅乍」とはラージャラージャ大王であったが、使節の帰りを待たずに1014年死亡した。娑理三文は南インドから広州まで「離本国凡千一百五十日至広州焉」と約3年を要したと語っている。この日数には誇張があるにせよ、「マラッカ海峡直行ルート」は大変時間のかかる行程であったことは間違いない。風の具合にもよるが南インドから広州までは通常片道8ヵ月ないし1年近くかかることもあったと思われる。おそらく、その結果を踏まえ、チョーラとしては効率的に中国との交易を行なうためにはマレー半島横断通商路の利用が不可避であると考えたことであろう。その間、おそらく三仏斉との間に何らかのトラブルもあったかもしれない。チョーラの方針としては中国との交易を続けるには、三仏斉を押さえ込み、かつケダを起点とするマレー半島横断通商路の「自由利用権」を確保せざるをえないという結論に至ったものと推測される。

チョーラの三仏斉侵攻

　チョーラの三仏斉への侵攻は1017、18年に始まり、1024年にはケダを完全に支配下においたと考えられる。それに先立ちチョーラ朝はベンガル湾の西側

のカリンガ地方（現オリッサ州）への侵攻を行ない、多くの舟艇と兵員を確保したといわれる。その兵力を使って三仏斉への攻撃を行なったものと見られる。結果的に、それ以前の三仏斉のチョーラに対する懐柔策は効果がなかったことになる。

チョーラ（注輦）王国はラジェンドラ・チョーラ王の時代に、1015年、1016年、1020年および1033年と直接北宋に入貢した。しかし、三仏斉はチョーラの支配下にあったと考えられる天聖6年（1028年）にも朝貢に行っているが「国王、室離畳華遣使蒲押陀羅歇及加盧等来貢方物」と記録されている。国王**室離畳華**はシュリ・デヴァ（Śri Deva）と読める。これはラジェンドラ・チョーラ王（Śrī Rāja Rājendra Coladeva）の略称の可能性が高い。使者の名前は1028年は「蒲押陀羅歇」であり、1033年の注輦の入貢の場合の「蒲押陀離」とよく似ている。したがって、チョーラが三仏斉を攻撃・占領して間もなく1028年に三仏斉の名前を使って朝貢したとも考えられる。使者の蒲押陀羅歇は姓が「蒲」であることからアラブ系とすれば三仏斉の人材を使って入貢したものと考えられる。宋朝廷からの回賜も「旧制遠国使入貢、賜以間金塗銀帯、時特以渾金帯賜之」（『宋史』）と、通常は銀の帯に金メッキしたものを与えるが、今回は特別に金製の帯を賜ったとある。宋朝はなぜか1028年の「三仏斉」の朝貢を重視していたようである。

明道2年（1033年）の注輦の入貢の時は**国王尸離羅荼陁羅注羅**であり"Śrī Rāja Rājendra Coladeva"と読める。すなわち、1028年と1033年の入貢はともにシュリ・ラジャ・ラジェンドラ・チョーラデヴァ王の入貢だったと見ることができる。

チョーラ国王ラジェンドラ1世の三仏斉諸国遠征の成功を称える文章がマルール（Malur）寺の碑文（1024～1025年）とタンジョール（Tanjore）碑文（1030～1031年）に見られる。2個の碑文があるが遠征が2回にわたって行なわれ

1　Malur寺の刻文：1024～25年、Tanjore刻文1030～31年の内容。攻撃した国名の後に簡単な形容句が付いている（カッコ内は通説的な注釈に筆者が若干コメントを加筆したものである）。
「荒海に乗り出し、Kadaram（ケダ）の王 Sangrama-Vijayottungavarman を捕虜とした。多くの軍船をやっつけ、多くの車両や、象や財宝を分捕った」というのがいわば「主文」で以下に個々の港湾国家について書かれている。
Vidyadharatorana: 戦争の門＝「宝石の門」（パレンバン？）。
Vijayam: 名高い（パレンバンが通説であるがチャイヤーであろう）。

たことを意味しない。実際はマルール碑文ができた1024年までにはチョーラのケダ占領は完了していたと見るべきであろう。これらの碑文の中でカラダム（ケダ）王サングラマーヴィジャヨットゥンガヴァルマン（Saṅgrāma-Vijayottuṅgavarman）を捕虜にし、多くの舟艇と象などを手に入れ、膨大な財宝を奪ったと記されている。多くの国（港湾都市国家）に攻め入り、場所によっては激戦があったように書いてある。しかし、具体的に占領して国王を捕らえ、財宝を奪った明記しているのはカダラム（ケダ）だけで他はジャンビを含め書き方が抽象的で曖昧である。それらの国々はほとんどが三仏斉支配下の属国であったものと思われる。ただし、中国への貿易ルートにある主要港（都市国家）の争奪戦は実際に行なわれたものと解釈してよいであろう。チョーラ朝の立場からすれば、宋王朝への経済的な朝貢ルートが確保で目的であり、そのためケダとマレー半島東岸のナコーンシータムマラートやパタニやソンクラーやケランタンの確保に主眼をおいていたものと考えられる。チョーラにとマラッカ海峡全域の確保は必ずしも必要ではなく、ジャンビなどにはある程度の「自由裁量」を認めていたふしがある。それもあってか後にジャンビはチョーラの権威を無視しているかのように独自に「三仏斉詹卑」の名前で入貢をする。

地華伽囉は三仏斉の大首領かチョーラの王か？

　注輦は1033年に入貢してから、次に入貢するのが1077年（熙寧10年）であり、

Pannai: 川から水を引く。（スマトラ島北部のパナイ）。
Malaiyur: (高い丘に位置するマレーの砦＝マラユ、すなわちジャンビ)。
Mayirudingam: 深い海に囲まれている要塞都市（日羅亭、トレンガヌ州Besut 川）。
Ilangasogam: 猛攻をしのぎきる（ランカスカ＝ナコーンシータムマラート付近？）。
Mappappalam: 防御用の水利を持つ（パハン）。
Mevilimbangam: 高い防護壁に囲まれた要塞都市（ナコーンシータムマラート付近？）。
Valaippanduru: 農耕地とジャングルを持つ（不明）。
Talaitakkolam:「科学知識を持った人がいるので有名な Takkola」と書いてあるが、タクアパということになろうか。当時、タッコラなる地名は存在しない。
Madamalingam: 激しい戦闘を行なった（Tambralinga＝ナコーンシータムマラート）。
Ilamuridesam: 強い戦闘力も次第に失われた（スマトラ島北部のラムリ）。
Manakkavaram: 花園のある南国（ニコバル諸島）。
Kadaram: 強国であり、周辺の海に囲まれている（ケダ）。
このチョーラの侵攻については桑田博士の詳しい解説がある（桑田六郎．1993. pp.246‐8.）。マジュムダールも Suvarṇadvipa で解説している（Majumdar, R.C. 2004. pp.175‐8.）。

その間44年もの空白がある。1077年には『宋史』には三仏斉と注輦が同時期に同じ使節が入貢したような記述がなされている。「三仏斉」の条には「使大首領**地華伽囉**来、以為保順慕化大将軍」として使者「地華伽囉」に大将軍の位を授けている。[2] 三仏斉の大首領地華伽囉は後に見るように宋王朝には名前が既によく知られている人物であった。地華伽囉は形式的には三仏斉王の使者であり、肩書きは王ではなくて「大首領」である。宋王朝は早速地華伽囉に「順慕化大将軍」という官位を授けた。一方、『宋史』の「注輦」の条を見ると、同じ1077年に「**国王地華伽囉遣使奇囉囉、副使南琵打、判官麻図華羅等二十七人来献**…」とあり、続いて貢物の膨大なリストがあり、注輦独特の「撒殿」という儀式を行ない、使者は「懐化将軍、保順郎将」などという称号とそれに伴う衣服を授けられている。「撒殿」というのは貢物（の一部）の真珠、金蓮花、龍脳などを玉座の前にばら撒く（？）というのがチョーラ独特の「至敬之礼」という風習だという。宋王朝はそれを特別に許可したのであろう。こちらの地華伽囉はチョーラ国王である。宋朝はこの2人の地華伽囉の関係をこのとき問題にしたと思われる。[3]

「地華伽囉」とは注輦国王なのか、三仏斉の実質的支配者（大首領）なのかという問題である。しかし上に見るように、『宋史』の「三仏斉」の条と「注輦」の条には2人の「地華伽囉」が存在したようになっているが、実際は地華伽囉が「ひとり2役」を演じる形となっていた。チョーラとしては両者はあくまで「別人」ということで押し通したものと思われる。マジュムダールは「地華伽囉」というのはクロトンガ王"Rājendra Deva Kulotuṅga"（在位1070～1119年）の「Deva Kulo」からとった名前であろうという。チョーラ王朝の立場としては前から入貢実績もあり、わざわざ「三仏斉注輦」と名乗って入貢する必要はなかったのではないかという疑問が当然生じる。[4]

---

2 桑田博士はこれは大首領「地華伽囉」遣使来の誤りであるという。チョーラの国王が自ら入貢するというのも確かに考えにくいが、誤りと断定する根拠はない。桑田六郎．1993．pp.243-4.
3 桑田六郎．1993．p.244. 文昌雑録、龐元英；元豊5年8月の記事＝三仏斉注輦国朝貢見延和殿引至柱跪撒金蓮花真珠龍脳於御坐前謂之撒殿初至闕先具陳請詔方許之、の記事あり。
4 マジュムダールによれば"Rājendra Deva Kulotuṅga"（在位1070～1119年）はラジェンドラ・チョーラ王の娘の子供であり、父親はカリンガの一地方のヴェンギー（Veṅgi）の王であった。しかし、クロトンガはヴェンギーの王位を継がせてもらえず、若いときにケダに駐在させられていたという。Majumdar, R.C. 2004. p.186.

宋王朝は次に述べる「広東天慶観修復」事業の協力者として「三仏斉地主都首領地華迦囉」という人物を1070年代前半には認識していたはずである。その同一人物が三仏斉の使節代表として1077年に朝貢に来たので、宋王朝としては大歓待をしたものと思われる。ただし、このとき既に地華伽囉は1070年から「チョーラ国王」になっていたことを宋王朝は知らなかったと考えられる。これに対し、チョーラは「三仏斉の属領」になったというつじつま合わせの説明を後日したものと思われる。まことに奇妙な話であるがそうとしか考えられない（後述）。

　「地華迦囉」なる人物について、深見純生氏は、チョーラの朝貢関係に加え、別に宋朝との関わりがあったことを詳しく論じている。それによると、1960年代になって「広東重修天慶観記」なる碑文の存在が明らかになった。その内容は内乱によって破壊された広東の「天慶観」という建物を「三仏斉地主都首領地華迦囉」なるものが修理・再建したという顕彰記録である。碑文の日付は「元豊二年（1079年）重九日」となっているが、実際の工事はその数年前からおこなわれていたものと考えられる。さらに『広州志』には治平年間（1064～67年）に地華迦囉の使者の至囉羅が広州に派遣されたという記事があり、さらに「明年（1080年）地華迦囉没」とあり、爪と髪が広州に送られ、葬式が営まれた（「至今祭焉」）ように記録されている。この記述が正しければ「三仏斉地主都首領地華迦囉」は1080年に死亡し、チョーラ国王クロトンガ（在位1070～1119年）ではないことになる。

　その後、「三仏斉注輦」と表向きは名乗らないまでも、実質的に「注輦」が関与していると思われる入貢は元豊2年（1079年）、元豊5年（1082年）、元祐3年（1088年）、元祐5年（1090年）と続くと深見氏は論証する。このうち、三仏斉詹卑も1079、82年に入貢するがこれは偶然の一致であろうという。1080年以降の三仏斉の入貢には、三仏斉の「大首領地華迦囉」の名前は『宋史』にも『宋会要』にも出てこない。それもそのはずで彼の「死亡届」は1080年には宋王朝には提出済みだからである。しかし「地華迦囉」はチョーラのクロトンガ王として1119年まで確かに生き続けたことは間違いない。チョーラが宋王朝に嘘をつき通してしまったとしか考えられない。また、元祐3年（1088

5　深見純生．1987．

年)の三仏斉の入貢(実際はチョーラのものと考えられる)の使節に「判官地華加囉」が含まれている。これは字が違う(迦と加)し、「判官地華加囉」はもちろんクロトンガ王ではありえない。宋朝への説明としては「地華加囉」という名前はごくありふれた名前だということを強調したかったのかもしれない。そもそも広東の「天慶観」の修復という一大プロジェクトを指揮したのはケダの「主席駐在員」で実態はケダの支配者を兼ねていたのはクロトンガ王であったことはほぼ確実であり、「死亡記事」のほうが「間違い」か、あるいは「虚偽」であった可能性が大である。

　それにしても、チョーラの入貢に、1033～1077年の間の44年間の空白期間がなぜ生じたのであろうか？　その間にチャンパ(占城)は10回入貢し、大食は4回入貢している。しかし、この空白期間の謎はいまだに解明されていない。1033～1077年の間はチョーラ本国も、ケダも多事多難で朝貢に出かける余裕はなかったのかもしれない。それは次のような事情が影響したと考えられる。　三仏斉に侵攻したラジェンドラ・チョーラ王の後継は長男のラジャディラージャ王(Rājādhirāja、在位1044～1054年)であった。彼は隣国チャルキヤス(Cālukyas)との戦争に明け暮れ、1054年に戦死してしまう。クロトンガ王の前のヴィーララジェンドラ王(Vīrarājendra、在位1063～1070年)の時代にケダで内乱があり、チョーラは1068年頃カダラム(ケダ)に遠征軍を送り、内乱を平定して、カダラム王(シュリヴィジャヤの王)はチョーラ王の足下にひざまずき恭順と感謝の意を表したと伝えられる。これは「臣下の誓い」でもあった。その時にケダにチョーラを代表して駐在していたのが、後の地華伽囉ことクロトンガ王子であったといわれている。この1068年の内乱の内容はよくわかっていないが、ウェールズは真臘(クメール)の侵攻によるものではないかと見ている。[6] ケダの碑文1086年にクロトンガの名前があるので、このころまではチョーラがケダを支配下においていたことは間違いない。実際にチョーラがケダから手を引いたのがいつかはわかっていないが、おそらくクロトンガ王在位中(1070～1119年)は其の影響力を維持し続けたものと思われる。

　深見氏によれば、熙寧10年(1077年)以降の三仏斉注輦の入貢は1079年、1082年、1088年、1090年の合計5回行なわれたことになる。それ以外に三仏

6　Wales, H. G. Quaritch, 1976. p.133.

第2章　チョーラ(注輦)と三仏斉

斉詹卑 (1079年、1082年) は2回、三仏斉単独名義は1084年、1088年、1094年、1095年、南宋に入り1128年、1156年、1178年の合計7回があり、3通りの国名での朝貢が行なわれた。この「単独名義」の入貢の中にはチョーラ主導のものがあったかもしれないが、資料面からは明らかでない。こう見てくると、チョーラの「三仏斉支配」は実質ケダを支配したのみで、そのほかの国（ジャンビなど）については支配が必ずしも及んでいなかったか、放任していたように見受けられる。チョーラが「三仏斉」をいつまで支配してかについて、桑田博士は熙寧10年 (1077年) で注輦の朝貢は終わりだとする。しかも、注輦の入貢を三仏斉の入貢と『宋史』が間違えたとされる。[7] しかし、注輦はケダを中心とする三仏斉の支配は1077年以降もしばらく続いたと考えられる。それがいつまで続いたかが問題である。上に見たように、元祐3年 (1088年) の三仏斉の使者の名前で「判官地華伽囉」という名前が出てくる。この人物はインド系と考えられ、チョーラとは無関係であるとはいえない。また、元祐5年 (1090年) の入貢についても深見氏はチョーラによるものであるとしている。この見方はおそらく正しいであろう。　チョーラとしては貿易センターとしてのケダを確保し、マレー半島東岸の主要な港湾を確保し、それをつなぐマレー半島横断通商路を押さえれば、インドと中国とを結ぶ交易路としてはベストのものが手に入る。したがって、チョーラはケダの確保に最大の力点を置き、王族の「地華伽囉」をチョーラの王になるまでは現地の最高責任者として常駐させていたと考えられる。

　『宋会要』によると、ジャンビも1079年 (元豊2年) および1082年 (元豊5年) に「三仏斉詹卑」として入貢する。実際はジャンビ単独での入貢であったが、宋政府はジャンビを三仏斉の1メンバー国（属領）として認識していた。回賜も三仏斉に対して行ない、詹卑に与えるものではないと念を押している。『続資治通鑑長編』は「**賜三仏斉物不及詹卑**」としてこの間のいきさつを記録している。これは三仏斉という国家連合の本質を衝いている。すなわち、シュリヴィジャヤ・グループは宋王朝に対し「三仏斉」に一本化して入貢するものと見做していたと考えるべきであろう。したがって、宋王朝としては「詹卑（ジャンビ）」なる国の個別の「朝貢」は認可していなかったことになる。「三仏斉詹卑」

7　桑田六郎. 1993. p.244.

としてであれば認可したものと考えられる。なお『嶺外代答』(周去非1178年)によれば、三仏斉の条に「至神宗元豊2年7月、遣詹卑国使来貢」と書いてある。詹卑は三仏斉が派遣した使者として入貢したという建前があったのである。ジャンビ（詹卑）は一見、チョーラの権威を無視して行動しているかのように見えるが、原則は「三仏斉の支配者はチョーラである」ことを認めた上での行動であったことは間違いない。それというのも11世紀初期のチョーラの侵攻でジャンビもケダほどではないにせよ、だいぶ痛い目にあわされていたからであろう。

「注輦役属三仏斉」の意味について

『宋史』「蒲甘」(ビルマのパガン朝)の条に、「崇寧5年（1106年）、遣使入貢、詔礼秩視注輦。尚書省言：**「注輦役属三仏斉、故熙寧中敕書以大背紙、緘以匣樸、今蒲甘乃大国王、不可下視附庸小国。欲如大食、交趾諸国礼、凡制詔並書以白背金花綾紙、貯以間金鍍管籥、用錦絹夾樸緘封以往。従之。」**とある。パガン（蒲甘）が初めて入貢した崇寧5年（1106年）に勝手がわからず、使者が中国の皇帝から下賜された詔書などをどういう表装にすべきか見当がつかず、たまたま眼にした注輦の文書が紙の背表紙でできていたので、それでよかろうと思い尚書省の役人にお伺いを立てたところ、役人は「注輦というのは三仏斉の属国である。蒲甘は大国なのだから、そんな小国のマネをしてはだめだ。大食（アラブ）とか交趾のような大国に倣いなさい。詔書は金綾紙を背表紙に使い、金箔の箱に収め、綾絹で封をしなさい」という主旨の説明を受けたという。ここで議論になるのが、尚書省（行政官庁のトップ）の役人の言葉として出てくる「**注輦役属三仏斉**」という文言である。文字通りに解釈すれば「注輦は三仏斉の属国である」ということになる。これは事実と明らかに異なる。しかし、チョーラ（注輦）は熙寧10年（1077年）に「三仏斉注輦」として入貢した時に「三仏斉」の属国になったという説明を宋王朝にしたものと思われる。これは一見不可解なことで、チョーラは本来、単独で「注輦」国として朝貢する「権利」を有していた。しかし、「三仏斉」を侵攻し、それを乗っ取ったという事実を宋王朝に隠蔽するために、あえてそのような小細工を弄せざるをえなかったものと解釈される。朝貢関係は中国の王朝と朝貢国の間に「冊封」関係があるという「建

第2章　チョーラ(注輦)と三仏斉　　　　　　　　　　　　　151

前」になっている。いわば、「朝貢国」は中国の王朝の「外臣」である。それを中国王朝の許可なしに占領してしまうことは、中国王朝にとっては許しがたい犯罪行為ということになる。チョーラ朝としても三仏斉を征服し「三仏斉を支配下におきました」とは言えなかった事情があったものと推測される。1084年以降は三仏斉単独名義での朝貢が行なわれる。実際にどこの国が行なったかは不明であるが、おそらく、チョーラの実効支配がかなり続いたものと思われる。北宋の紹聖2年(1095年)で北宋時代の三仏斉の入貢は終わるが、この時はまだチョーラではクロトンガ王の治世が続いていた。

2. チョーラ後の三仏斉

　上に述べたように1090年に三仏斉注輦という名前での朝貢が終わり、1094年以降朝貢国として名前が出てくるのは「三仏斉」としてだけである。『宋史』にはその後のジャンビ(詹卑)入貢の記事は見当たらない。また、三仏斉の主導権がジャンビに再び移ったと見るだけの根拠はない。むしろケダ中心体制が続いたと見るほうが自然である。『宋史』における三仏斉の入貢は南宋の1178年(淳熙5年)で終わる。また、紹興26年(1156年)の入貢に国王悉利麻霞囉陀(スリ・マハラジャ)の名前が出てくる。これでは称号だけしかわからないが、シュリヴィジャヤ・グループの大王ではないかと思われる。この年の朝貢については桑田博士の詳しい考察がある。[8]『宋会要』によれば1156年の12月に入貢があり、貢献物は「龍涎1塊36斤、真珠113両、珊瑚1株240両、犀角8株、梅花脳板3斤、梅花脳200両、瑠璃39事、金剛錐39個、猫児眼睛指環・青瑪瑙指環・大真珠指環共13個、番布26条、大食糖4瑠璃瓶、大食棗16瑠璃瓶、薔薇水168斤、賓鉄長剣9張、賓鉄短剣6張、乳香81,680斤、象牙87株共4065斤、蘇合油278斤、木香117斤、丁香30斤、血竭158斤、阿魏127斤、ニクズク2674斤、胡椒1万750斤、檀香1万9935斤、箋香364斤など」という多品種かつ大量の一覧が列挙されている。アラビア方面の香料(乳香)や東南アジアの香料や象牙、インドの織物など多彩な貴重品が大量に献上されたこ

8　桑田六郎 . 1993. p.263.

とがわかる。三仏斉の取引相手（財貨の仕入先）の多様性がうかがわれる。財政的にゆとりがなくなりつつあった南宋王朝としてはその回賜（返礼）には相当苦心したことであろう。淳熙5年（1178年）で南宋時代の朝貢は実質的に終わる。最後のほうは入貢回数が激減する。南宋は朝貢制度の負担に耐え切れなくなりいわば「コマーシャル・ベース」で財貨の輸入を処理しようとした。それが「市舶司制度」の拡大政策であった。朝貢貿易の廃止が三仏斉の存在理由を消滅させたのである。その後、タンブラリンガ（Tambralinga＝単馬令＝リゴール＝ナコーンシータムマラート）のマレー半島における役割が大きくなっていった（詳細については後述する）。

第3章
宋時代の貿易体制の変化——南宋の朝貢貿易の終焉

　宋時代になると、前にも述べたように、中国からの輸出品の主役が絹織物などから重量物で容積の大きな陶磁器となり、かつ貿易の自由化（市舶司制度の拡充）により、中国船や外国船が冬季に北東風に乗って南シナ海を一気に南下し、スマトラ南部のマラユ海域に直行するというケースが急増したものと思われる。また、当然日本にも宋の商人が交易にやってきた。このように多くの中国商人が合法的に直接外国に出かけていくことは中国の歴史上初めてのことといってよい。しかし、ジャンビのほうがマラッカ海峡に近いので、ことさらパレンバンにいく必要は必ずしもなかった。また、マレー半島横断通商路もけっして衰退したわけではなく、むしろナコーンシータムマラートなどは東海岸の中心的港湾都市として成長していった。

　北宋時代（960～1126年）は朝貢が依然として貿易の主要な形態であった。しかし、密輸入や民間貿易も唐時代からかなりの規模で行なわれていたことは、市舶使、押蕃といった官職が設置されていたことをみれば明らかである。また、唐末には広州にアラブ人を中心とする一大租界が形成されていたことを見ても、「民間貿易」の拡大を想定しないわけにいかない。しかし、その実態はほとんど史料的な裏づけがなく不明である。市舶司制度は、それらの民間貿易を国家が管理するシステムに他ならないが、政府にとっては民間貿易から「関税」を徴収したり、高級品を「独占的に」買い上げたりすることに最大のメリットがあったことはいうまでもない。

　朝貢制度は中国側の財政負担が課題であることから、北宋時代においても11世紀に入ると「回数制限」などの制限が強化されるが、南宋時代（1127～1279年）に入り「市舶司制度」の機能の変革・拡張により、一気に「朝貢制度」が崩壊に向かう。中国商人がライセンスを得られれば、海外に出かけて自由に貿易活動ができるようになり、南宋以降、中国商人がインドやアラブ地区まで船をしたたて遠洋航海貿易に乗り出すケースが増加した。また、外国商人も関

税を支払いさえすれば、かなり自由に商品を持ち込み取引できるようになった。政府が必要と思うものや専売に適する財貨は強制的に買い上げられるが、その他の一般的商品は関税さえ支払えば市場で売却できるようになる。換言すれば交易に「朝貢という手続き」が不要になったのである。

　もともと朝貢制度下での交易にはなじまない陶磁器などの重量・巨大カーゴを自国の船（ジャンク）を仕立て海外に持ち出せるようになると、中継地点での商品の売買が多くなる。アラブやインドの商人にとっては、中継地で自分の目で確かめながら陶磁器を買った方が、買い手のリスクが軽減できる上に航海日数も大幅に減らせるからである。そうなると中継地点としての三仏斉の諸港（ジャンビ、ケダ、ナコーンシータムマラートなど）の役割は増大する。逆に周辺国の役割は占城を除いて少なくなってしまう。アラブ、ペルシャ、インドといった「西方からの」商船は広州まで来ずに、ケダやジャンビといった中継点で交易をして、そのまま母国に引き返すというケースがかなり多くなった。それは黄巣の乱（875～84年）後にアラブ人などが、この地域に大挙脱出して通商にかかわるようになった影響も無視できない。また、アラブ人は宋時代になって中国に再び住み着いて貿易業に携わり、財をなした人物も少なくなかった。[1]

　1178年（淳熙5年）で南宋時代の朝貢は実質的に終わるが、最後のほうは入貢回数が激減する。その理由として桑田博士は①南宋（王朝）側の経済力の衰退、②市舶司制度のおかげで入貢という形が貿易を行なう上で重要でなくなった、③中国船の外洋航海貿易が盛んになり、民間が自由に交易できるようになったことなどを指摘する。そうなると中継貿易連合国家ともいうべき三仏斉そのものの存在意義が薄れてくることにもなる。桑田説の②「国力衰退」説は有力な議論であり、土肥祐子氏が具体的に論考している。[2]土肥氏によると南宋王朝が朝貢品の全てを受け取れず、受け取るのは10分の1だけとし、その回賜（返礼）の品も「朝貢品」の価値の2分の1か3分の1しか返さなかった（別に官職用衣装などの礼物はあるにせよ）という分析をしている。「香薬、宝貨の類」は港の「市舶司」が全量買い取って中国の商人に「専売」して莫大な利益を上げたという

1　桑原隲蔵.1989. 参照。唐宋の市舶司制度についても詳しい論考がある。
2　土肥祐子.2002.

ことでる。はじめは豊かであった宋王朝の財政も、北方の敵との戦争の準備で軍事費が膨れ上がり、余裕がなくなったことは事実である。

朝貢制度は廃止されたが、南宋政府は外国商船、外国使節の来訪を歓迎し、多額の関税を納めた外国商人には官位を授け、官服を支給したりして厚遇したと伝えられている。一種の貿易振興政策である。外国商人の自由にして活発な往来こそが政府にとっては税収増加の源泉だったのである[3]。自由な航行が可能になり、中国船がインド洋を渡って紅海やペルシャ湾にまで出向くようになったとはいえ、中国船は冬季の北東風に乗ってジャンビあたりで積荷を降ろし、西方からもたらされた物産や現地の産物を積んで、翌年の春風を待って中国に帰るというルートが実際は多かったものと考えられる。マラッカ海峡を通過するには風待ちが必要になることと、未知の海への不安もあったことであろう。中国船のジャンクには櫂がついたものが開発され、ある程度季節風を気にせずにマラッカ海峡を南から遡上できるようになったのも宋時代になってからである。この櫂つきジャンクの登場が明時代にはマラッカが「国際的交易市場」として機能する要因にもなった。また、宋以降ケダが商品交換の国際市場としての機能を失ったわけではない。ケダの河口港周辺からはおびただしい宋や元の陶磁器の破片が発見されたとウェールズ博士は述べている[4]。

元の時代は「朝貢貿易」は廃れてしまい、中国商人が自由に西方遠洋貿易に従事した。イブン・バトゥータはその旅行記でアラブやインドでおびただしい数の中国船を目撃したと記録している（1340年代後半）。元の時代も貿易については南宋の「自由主義的通商政策」が基本的に受け継がれ、貿易システムとしての朝貢制度は実際上消滅していた。したがって、そこでは三仏斉といった貿易国家が登場する余地はない。元王朝が求めたのは文字通りの「服属」であった。しかし、日本とベトナムはそれを拒否した。海軍力が弱い元としてはいかんともしがたく、勢力拡張は騎兵集団を率いて、西方のビザンチン帝国方面に向かっていった。

明朝になると、初代の太祖洪武帝（1368〜98年）の時代は中国商人の海外渡航は禁止され、「朝貢貿易」が一時的に復活した。私貿易は禁止され、1374年

3　森克己.1948. pp.120-7; 391-406.
4　Wales, H. G. Quaritch, 1976. p.135

には「市舶司」も廃止された。したがって、外国からの一般の商船も来なくなった。しかし、こういった復古的な政策を再転換したのは第3代の成祖永楽帝(1402～24年)であった。永楽帝は西方との貿易を重視し、鄭和に1405年から7回にわたりインド洋からアラブ地域まで遠征を行なわせ中国側からの交易ルートの開設と明王朝のデモンストレーションを行なった（後述）。

第4章
『嶺外代答』、『諸蕃志』、『瀛涯勝覧』と『明史』に見る三仏斉

1. 『嶺外代答』と『諸蕃志』に見る三仏斉

　藤田豊八博士はその論文『室利仏逝三仏斉旧港は何処か』において『嶺外代答』（周去非1178年）にある「**三仏斉国、在南海之中、諸蕃水道之要衝也。東自闍婆諸国、西自大食、故臨諸国、無不由其境而入中国者**」という記述にまず注目する。この文章はわかりやすく「三仏斉国は南海中にあって、諸国の海上交通の要衝である。東はジャワ諸国、西はアラブ方面の諸国はここを通らないと中国にはいけない」と書いてある。また『嶺外代答』の「航海外夷」の条には「**三仏斉之来也、北正行、舟歴上下竺與交洋、乃至中国之境**」とある。交洋とは交趾洋のことである。このように「アラブ方面あるいはインド方面からマラッカ海峡を経由して中国に向かう船舶は三仏斉の支配海域を通る必要がある」ということになると、そこはジャンビの領海（旧マラユ諸島を含む）であって、パレンバンはそこからさらに東にずれている。西方からの商船はジャワ行きを別にすればわざわざパレンバンの領域を通る必要はなかったはずである。

　『諸蕃志』は宝慶元年、1225年に趙汝适（1170〜1228年）が著したものである。趙汝适は宋の王家の血筋であり、1225年には福建泉州市舶提挙に就任した。彼は主にアラブ人や中国商人からの情報を集め、また、他の書物からの引用と合わせ『諸蕃志』を編纂した。特にアラブ商人の通路であった三仏斉についての記事は信頼性が高いものと考えられる。買耽の『四達記』と同様に「聞き書き」という限界はあるが、聞き手が話し手に対し影響力が強く、大変貴重な地理文献である。『諸蕃志』には「**三仏斉、間於真臘、闍婆之間、管州十有五、在泉之正南、冬月順風月余方至凌牙門、経商三分一始入其国、国人多姓蒲**」とある。「三仏斉は真臘と闍婆の間にあり、15の属国を持つと」書かれている。首都がどこかは特に記述されていない。福建省泉州から南に1ヵ月あまりで凌牙門（リンガ島）に到着する。そこがおそらく中国からの直行ルートの目印で三仏斉の領域に入るという意味であろう。三仏斉の場所はリンガ島の先となるとジャン

ビということになるであろう。国民の姓は「蒲」というのが多い。ということはアラブ人が多く住んでいたということになる。

　『諸蕃志』の記事で注目すべきはマラッカ海峡における外国商船に対しての商品強制買い上げとその強制方法である。「**其国在海中、扼諸番舟車往来之咽喉、…若商舶過不入、即出船合戦、期以必死、故国之舟輻輳焉**」とある。「三仏斉は諸国の船舶の往来の咽喉を押さえる場所にあり、もし商船が三仏斉に立ち寄らなければ、海軍を出して、必殺の勢いで攻撃する。恐れをなした外国船は三仏斉の港に入るが、混雑して仕方がない」と書いてある。「**経商三分一始入其国**」という言葉の解釈は定まっていないようであるが、これは積荷の3分の1をそこで売ることを強制されたということであろう。このことによって遠洋航海して来るアラブ船は財貨（乳香など）の3分の1を三仏斉に販売し、マラッカ海峡の航行の安全もおそらく保証されたものであろう。宋時代は「大食」の入貢は極めて多かったが、持ってきた財貨の3分の1を三仏斉に売り渡すという形で「円満な共存関係」が保たれたものと考えられる。どのような価格で買い取られたかは明らかではないが、関税として只で強奪されたという記事は見えない。

　インド船の多くはケダで積荷を降ろしてしまい、そこで売り切ってしまうケースが多かったものと思われる。三仏斉はアラブ船などから買い取った財貨を、朝貢やその他の交易財として利用した。王城は周囲が数10里あり、国王は船で城に出入りする。「**其人民散居城外、或作牌水居、舗板覆茅**」とあり国民は、城外にばらばらに住むか、あるいは表札の付いた筏に茅葺の屋根を張り、壁を板で覆う形で水上生活を送っている。「**不輸租賦、習水陸戦、有所征伐、随時調発**」とあるから、税は取られないが水陸の戦闘訓練を行なっていて、いざというときには兵役に徴発された。その時は自前で武器と食糧を持参するという。これはケダよりもジャンビ海域の情景であろう。

　『嶺外代答』（周去非1178年）の三仏斉国の条にも同様の記事がある。「**国無所産、而人習戦攻、服薬在身、刃不能傷。陸攻水戦、奮撃無前、以故隣国咸服焉。蕃舶過境、有不入其国者、必出師尽殺之、以故其国富犀象、珠璣、香薬**」とある。これを見ると、三仏斉は国内での生産物が少なく、好戦的であり、隣国は恐れおののいていた。また、三仏斉は国民に「麻薬」を飲ませて攻撃に当たらせていたという。一種の「海賊国家」の趣があるが、買い上げた財貨には相当

の支払いを行なったものと思われる。また「**其属有仏羅安国、国主自三仏斉選差**」と属国として仏羅安のみが特記されており、国王も三仏斉が指名するというから、特別な関係があったものと思われる。ホィートレーはアラブの商人がここに基地を置いていたと書いている。[1]

また、『諸蕃志』の三仏斉国の条には「**土地所産（国産品）：玳瑁、脳子、沈速暫香、粗熟香、降真香、丁香、檀香、荳蔲、外有（外国品）真珠、乳香、薔薇水、梔子花、腥肭臍、没薬、蘆薈、阿魏、木香、蘇合油、象牙、珊瑚樹、猫児睛、琥珀、蕃布、番劒等、皆大食諸蕃所産**」とあり、アラブ方面などの外国産品が列挙されている。これらは「経商三分一」ということで半ば強制的に三仏斉が買い上げたものであり、三仏斉はこれらを地元で集めた香木や象牙などとともに朝貢品として献上していた。外国商人との取引には「**番商與販用金、銀、磁器、錦綾、纈絹、糖、鉄、酒、米、乾良薑、大黄、樟脳等博易**」とあり、「交換手段」としては金銀だけでなく、磁器、絹織物、鉄、米、酒、乾燥ショウガ（ウコン？）、樟脳などが使われていた。

15の属国とは次の通りである。この多くが室利仏逝時代の14城市（『新唐書』）と共通していたはずである。

蓬豊（パハン）

登牙儂（トレンガヌ）

凌牙斯加（ランカスカ、この段階ではパタニか？）

吉蘭丹（ケランタン）

単馬令（タンブリランガ＝ナコーンシータムマラート）

加羅希（チャイヤー）

巴林馮（パレンバン）

新拖（スンダ）

監篦（カンペイ・北スマトラ）

藍無里（ラムリ・北スマトラ）

細蘭（セイロン）

仏羅安（トレンガヌ州の Kuala Berang）

1　Wheatley, Paul. 1961. p.70.　トレンガヌ川上流の Berang には14世紀の碑文があり、イスラムについてマレー半島では最古の記事がある。p.300 にも記述あり。

このほか日羅亭、潜邁、抜沓の地名が挙がっているが場所の特定には至っていない。

「日羅亭」に近い発音の地名で"Jerteh"という町がコタ・バルのやや南のベスット川（Besut）の数キロ上流にある。このジェルテという町は海岸に近いことから当時は港湾として機能していたものと考えられる。「抜沓」は"pa-ta"と読んだとすればパタニであろう。パタニは17世紀には御朱印船の寄港地「太泥」でもあり、この地域を代表する大きな港であった。「潜邁」は［Ts'ien Mai＝センマイ］に近い音であろうが、どこかは不明である。マレー半島東岸の当時の主要港であったことは確かである。このほか主要な港で上のリストから抜けているのはソンクラー、サイ・ブリ（Sai Buri）、サティン・プラ（Sathing Phra）などである。マレーシアとの国境にタク・バイという大きな川があり、そこから5kmのところにサラ・マイ（Sala Mai）という集落があるが、潜邁はここのことかもしれない。タク・バイ川も水量豊かな川であり、河口付近は港湾の機能を果たしていた。

また注目すべきは、このリストの中には巴林馮（パレンバン）は入っているが、ジャンビとケダが入っていない。ということはジャンビとケダが三仏斉の共同支配者であった可能性が高い。三仏斉はこの2ヵ国でマラッカ海峡の北口と南口をコントロールしていたものと推定される。いずれにせよ、パレンバンはここでは三仏斉の「属領」として認識されている。パレンバンがもともと「室利仏逝」や「三仏斉」の本家筋にあたるなどということはほとんど根拠のない話であることは今まで述べてきた通りだが、まして明時代になって三仏斉の唯一の「本家」というようなことは問題外である。

「細蘭」が三仏斉の属領に加えられており、地理的に離れているため疑問視する向きもあるが、当時はセイロンとしては三仏斉（主にケダ）に「西方の物産」を買い上げてもらうというやや弱い立場にあったためではないだろうか。三仏斉とセイロンの関係が意外に近かったことは13世紀においてタンブラリンガ（単馬令）のチャンドラバーヌ王による2度にわたる侵攻という事実を見ると改めて認識させられる。

『諸蕃志』には「単馬令」の条がある。「単馬令国、地主呼為相公。以木作柵為城・広六七尺、高二丈除、上堪征戦。…日囉亭、潜邁、抜沓、加囉希類此。本国以

所得金銀器、糾集日囉亭等国類聚献入三仏斉。」とある。日囉亭、潜邁、抜沓、加囉希と単馬令は同じマレー半島の東岸にあった「同類」と見られており、三仏斉への金銀器の貢物は単馬令が取りまとめ献上したと書いてある。単馬令が東海岸の諸国の中ではリーダー的存在であったことがうかがわれる。なお、木造りの城壁はその後レンガに取り換えられ、その遺物が現在ナコーンシータムマラートの市内に残されている。

　また、単馬令（ナコーンシータムマラート）から南に船で6日間で凌牙斯加＝ランカスカ（亦有陸程とあるからナコーンシータムマラートから陸続きで、パタニと考えられている）に行くことができ、さらに4日で仏羅安に行けるとある。このパタニと思しき国が「凌牙斯加」であったかどうかは疑問が残る。通説のように「凌牙斯加」がパタニであるとすれば「抜沓」の行き場所がなくなってしまう（「補論、ランカスカ考」で詳論）。

　「仏羅安」はトレンガヌ川の上流のベラン＝ Kuala Berang 説が有力だが、ソンクラーの北のパッタルン説（セデス）もある。ただし、それではパタニから北に戻る形になる。しかも単馬令からパッタルンまでは陸路でも5〜6日で行けたはずである。仏羅安には仏像2体がどこからか飛来してきた。1体は腕が6本、もう1体は腕が4本ある。外部から賊が船で侵入しようとすると、逆風が吹いて押し戻される。これは仏のご加護によるものだという。そういう説明から察するに、仏羅安は海から遡上できる川（トレンガヌ川のような）の上流にあるのではないかと考えられる。さらに、『諸蕃志』の「仏羅安」の条には「寺の屋根が銅で葺いてあって飾りは金でできている」とか交易品に金、銀があげられている。こういう記述を見ると、金の産地であったパハン州やトレンガヌ州の内陸部のように見えてくる。また「其隣蓬豊、登牙儂、加、吉蘭丹類此」とあり、ケランタン以南というイメージである。Kuala Berang は河口のクアラ・トレンガヌから直線距離33kmの位置にあり、マレー半島最大のケニール（Kenyir）湖の出口にある。人口は5800人（2000年調査）と比較的多く、古いサルタンの王宮もあり、14世紀末の石碑も発見されている。内容はイスラム教のがこの地に伝来したいきさつが記されているという。おそらくベラン（Berang）が正解であろう。

　それはそれとして、ホィートレーは12世紀のマレー半島（チョーラから奪還

された後）ではケダは昔に比べ重要性が薄れ、仏羅安のほうが市場としては大きな役割を果たしたと主張する。アラブ商人がよく使った港であるというのがその根拠のようであるが（ホィートレーはトレンガヌ川の Berang を想定している）、1400 年前後マラッカ王国が成立するまではケダの重要性は変わることはない。仏羅安は金の産地に近くインド人のコロニーがあったことは確かだがトレンガヌ川の 30km の上流にあり貿易中継地としては「袋小路」であり出入りが不便であった。アラブ商人は遠洋航海の不利を回避するために、ここを財貨の集積地として歴史的に使っていた可能性はある。

　三仏斉国からは 15 日でスマトラの監篦（カンペイ）にいける。監篦は三仏斉と戦争をして独立したと記されている。さらに 5 日でスマトラ北端の藍無里（ラムリ）にいけるとある。とすると、ケダとラムリは極めて近いので、やはり『諸蕃志』が想定していた三仏斉の首都はジャンビということになろう。

2.『瀛涯勝覧』と『明史』に見る三仏斉

　明時代に馬歓が書いた『瀛涯勝覧』（永楽 3 年、1416 年刊行）という地理書がある。瀛の意味は「大海」である。海の果ての異国の物語である。馬歓は鄭和の第 4 次遠征に加わり、帰国後この本を著した。この書物によって、それまで曖昧模糊としていた東南アジアの実態がかなりはっきりした。馬歓は過去の中国の東南アジア諸国の地理書が実証性に乏しく、いいかげんな書き方がしてあって、とらえどころがないと苛立ちを隠さない。まったく同感である。彼は『瀛涯勝覧』の中で「旧港国」として注目すべきことを書いている。「**旧港、即古名三仏斉是也。番名曰浡淋邦。属爪哇国所管。…**」すなわち、「旧港というのは、昔は三仏斉であり、浡淋邦（パレンバン）という名前であった。（今は）ジャワの属領である」というのである。この「旧港、即古名三仏斉是也。番名曰浡淋邦。」という文章が「三仏斉＝パレンバン」説の出発点となり、それが「室利仏逝はパレンバンである」という通説につながっていったと見ることができる。『諸蕃志』や琉球の文献にはパレンバンは三仏斉の属領であったとも書かれている。馬歓の

2　Wheatley, Paul. 1961. p.300.

書き方は正確なものではない。馬歓の認識していることは「旧港というのはパレンバンのことで、昔は三仏斉といった」ということである。しかし、「宋以前の三仏斉」というのはもっと広い存在であったことを馬歓は知らなかったらしく、このような誤解を生む書き方になってしまった。馬歓は「明の時代の三仏斉」というものを念頭において書いたに相違ないが、実際には存在しなかったのである。浡淋邦（パレンバン）は「三仏斉」を自称して、明朝に出入りしたに過ぎなかったことが後日明らかになった。馬歓は明朝に入貢してきた「浡淋邦国」の言い分をそのまま書いたに過ぎない。『明史』は後に見るように、全く別の観点から三仏斉と浡淋邦を見ている。

　南宋、淳熙3年（1178年）に三仏斉は最後の朝貢を行ない、193年のブランクを経て明の洪武4年（1371年）に再び三仏斉が朝貢に「登場した形に」なったのである。この間に三仏斉のシュリヴィジャヤ王統が浡淋邦（パレンバン）で脈々と続いたということはとうてい信じがたい。宋時代に三仏斉の実権はジャンビとケダに移り、その後ナコーンシータムマラートに移っていったことは既に見たとおりである。そのナコーンシータムマラートも13世紀末にはタイのスコータイ王朝に攻略され、その後のアユタヤ王朝の支配下に入ってしまったのである。その少し前の1275年にスマトラ島南部はシンゴサリ王朝（1222～92年）に占領され、その後は引き続きマジャパヒト王国（1293～1520年）の支配下に入っていた。14世紀後半にはマジャパヒトの支配が緩んだことも考えられる。その間隙を縫ってパレンバン王国が「三仏斉」の国号で入貢したが、それに気が付いた爪哇はすぐさま報復したのである。その間の経緯は『明史』が物語っている。明王朝も後になって浡淋邦が爪哇の属国であるという地位を隠して三仏斉の「国号」を掲げて入貢してきたという事実を認識し、「爪哇の報復を黙認した」のである。

　その経緯を簡単に振り返ると、明時代の三仏斉は1371（洪武4年）、1373、1374、1375（2回）、1377（洪武10年）の洪武帝の時代に入貢した。国王の名前がしばしば入れ替わる。1371年の時の国王は「馬哈剌札八剌卜（Maharaja Prabhu＝マハラジャ・プラブ）」であり、黄金製の造花を献上した。それは、ブンガ・ウマス（金の花）とも呼ばれ、「属領たる証」として恭順の意を表したもので、唐の貞観時代に訶陵が献上した例が記録されているが、その後も東南アジアで

はかなり広く使われていた。ちなみに、ブンガ・ウマスの模型はクアラ・ルンプールの歴史博物館に陳列してある。それ以外には黒熊、火雞（ヒクイドリ？）、孔雀, 五色鸚鵡、諸香、芯布、兜羅被諸物を貢納したと記録されている。1373年（洪武6年）の国王は怛麻沙那阿であり、そのとき国内には3人の王がいたと記されている。1374年（洪武7年）の時の国王は麻那哈寶林邦（マハラジャ・パレンバン）とあり、これはパレンバンを治めていた王という意味で固有名詞ではないであろう。1375年（洪武8年）は1月と9月に入貢した。9月の入貢時の国王は僧伽烈宇蘭といい、1376年（洪武9年）には怛麻沙那阿（1373年入貢）王が没したとして、後継者の麻那者巫里が翌年朝貢の使節を出している。1377年（洪武10年）が最後の入貢になった。その時の貢物は黒熊、火雞、白猴、紅緑鸚鵡、亀筒及丁香、米脳諸物とある。いずれも地元の産品と考えられる。

　この年に麻那者巫里の求めに応じて洪武帝はうかつにも「三仏斉国王」に封じて印章を与えてしまった。これを聞いて爪哇（マジャパヒト王国）は「三仏斉は我が属国である。それに明朝が国王印を与え三仏斉王に封じるのはけしからん」として洪武帝の使者を殺害してしまった。洪武帝はいかんともしがたく報復措置を講じられなかった。その間の経緯を『明史』は「**時爪哇強、已威服三仏斉而役属之、聞天朝封為国王與己埒、則大怒、遣人誘朝使邀殺之。天子亦不能問罪、其国益衰、貢使遂絶**」と記している。この事件で明らかになったのは「三仏斉」を自称したパレンバンは「爪哇の属国」であることを隠して明朝に入貢していたが、それが露見してしまい爪哇の報復を受けたということである。

　『明史』には次のような記述もある。「**時爪哇已破三仏斉、拠其国、改其名旧港、三仏斉遂亡。国中大乱、爪哇亦不能尽有其地、華人流寓者往往起而拠之**」。すなわち「ジャワは三仏斉を攻略し、その名を旧港に変えてしまい三仏斉は滅びた。その後、パレンバンは大いに乱れ、ジャワも統治できなくなり、やがて華人の流れ者がそこに住み着くようになった」という主旨である。ただし、「旧港」の名称は既に元の時代から存在し、『島夷誌略』（汪大淵撰、1349年序文）に「旧港の条」が既に見える。同時に「三仏斉」の条もあるが、記述は簡単である。いずれにせよ、元の時代には既に「旧港」という呼称があったことは明らかである。シンゴサリ王朝がスマトラを攻略したのは1275年といわれ、パレンバンは「爪哇の属領」となった。その後に「旧港」に改名されたのかもしれない。

しかし、その地の治安が得られず、爪哇はパレンバンを占領はしたものの統治しきれずに、事実上放置していたようである。そこに華人が入り込んで自分たちの住処にしてしまい、海賊行為の基地になったというのが真相であろう。とすれば明朝に出向いた三仏斉の素性ははなはだ怪しいものだったといえよう。

　いずれにせよ、今まで見てきたように、三仏斉の全てがパレンバンであったなどとはとうていいえない。途中からジャンビに首都が移ったという説も実ははっきりとした根拠があるわけではない。むしろシュリヴィジャヤの全体の歴史の中ではケダの役割についての再評価が必要である。シュリヴィジャヤ史の中でパレンバンを重視する議論があまりに多く、これが全体の東南アジア古代史の姿を歪めている。なぜそうなったかといえば、漢籍の解釈と推理がその歴史研究の中心であり、シュリヴィジャヤの存在理由や通商ルートの研究が不足していたためであるといわざるをえない。この『瀛涯勝覧』もその「旧港国」の冒頭の記事によりシュリヴィジャヤ＝パレンバン説の「有力な根拠」になってしまったのは、後世の「東南アジア史学」にとっては不幸としか言いようがない。しかし、それは馬歓の関知しないところであり、あくまで現代の歴史学者の責任である。

　一方、『明史』（巻324、列伝212、外国5）は「三仏斉の条」の冒頭で次のように記述している。「**古名干陀利。劉宋孝武帝時、常遣使奉貢。梁武帝時数至。宋名三仏斉、修貢不断**」とある。『明史』は間違いが多く、あまり出来の良くない史書という評価もあるようだが、このくだりに関する限りは三仏斉についての本質を簡潔に表現していると見る。「古代から干陀利（ケダ）の支配する貿易ルート（Bルート）の流れを汲んでいるのが三仏斉だ」というのである。三仏斉はパレンバンだとかジャンビであるとかいう議論がほとんどだが、実はケダのほうが本流だったというのが明史の著者の見解である。私はそれが基本的に正しいと思う。ところが、干陀利をスマトラだと主張することによって、シュリヴィジャヤ＝パレンバン説を強調するウォルターズ（O.W.Wolters）のような「パレンバン原理主義者」ともいえる学者もいる[3]。しかし、それは今まで見てきたように明らかに見当外れである。『明史』は唐時代の室利仏逝については触れていないが、この『明史』の「三仏斉の条」は宋代の三仏斉を念頭に

3　Wolters, O. W. 1970. p.22.

おいて記述していることは明らかである。

　ウォルターズに限らず干陀利をスマトラと考えている学者は少なくないようである。そうしないと、馬歓の記述と『明史』の記述が食い違ってきてしまう。ところが干陀利（干陁利）はまぎれもなくケダであった。干陀利をスマトラにあったとすると、東西貿易の形が事実からかけ離れてしまい、マレー半島横断通商路の存在を軽視もしくは無視せざるをえなくなる。これは1つの間違いが次の間違いを呼ぶという悪しき連鎖反応といえよう。いずれにせよ、明時代の三仏斉や巴林馮をもって12世紀までの「三仏斉」を論じることはあまりにも粗雑な議論である。しかし、多くの歴史学者はその違いを無視したまま三仏斉を論じているのである。明時代の三仏斉の一時的復活はまさに「アダ花」にも値しない「造花」以外の何ものでもなかった。

　永楽帝の時代になって、再び朝貢制度から「自由貿易体制」がとられるようになったが、初期にはなお入貢を受け入れていた。旧港は永楽3年と4年に入貢している。この時の入貢者は華人である。その後の旧港の入貢の記録はない。

　永楽帝は永楽3年（1405年）から宣徳8年（1433年）、鄭和を総指揮官として7回にわたり大船団をインド、アラブ、アフリカなどに遠征させた。目的は「大明帝国の威勢を誇示し、朝貢を促す」ことにあったといわれるが、「宝船」といわれた船団には多くの財貨を積載しており、かなり大規模な交易も行なったようである。

　永楽9年（1411年）には招諭に応じて古里（カリカット）、柯枝（コーチン）、蘇門答剌（スマトラ）、阿魯（アルー）、急蘭丹（ケランタン）、彭亭（パハン）、南巫里（ラムリ）、加異勒（Kayal、カヤール）、爪哇国新村（グリセ）の国々がやってきたという。しかし、朝貢の内容は唐・北宋以前のものとは異なり、「朝貢貿易」的なものではなく、多くは儀礼的なものにとどまったようである。ただし、永楽帝の「外向き政策」のおかげで中国人の海外への知見は大いに広まった。第4次の遠征隊（永楽11年、1413年に出発）と第6次の遠征隊（永楽19年、1421年に出発）、第7次遠征隊（永楽22年、1424年出発）に通訳兼書記として随行した馬歓は『瀛涯勝覧』を書き残し、同時に費信も見聞記『星槎勝覧』を書き残した。ただし、藤田豊八博士は『星槎勝覧』は間違った引用が多いとしてあまり評価

していない。[4]

　その後、14世紀の終わり頃から、マレー半島の西岸にマラッカ王国が出現する。ケダとジャンビの中間に位置するマラッカ王国は明王朝の支持を得てかなり繁栄する。マラッカは明の属領になることによってタイのアユタヤ王朝の支配から脱し、中継貿易の基地として大いに繁栄した。ところが、1511年にポルトガルのアルブケルケ率いる軍団に占領されてしまう。そのポルトガルもイスラム教徒を圧迫したため、周辺諸国のイスラム教徒が寄り付かなくなり、自然に衰退してしまう。

　ポルトガルの干渉を嫌う西方のイスラム商船はスマトラ西岸沿いに南下し、スンダ海峡からジャワ海に出ようとするものが現れる。その後、オランダやイギリスの船舶はマラッカ海峡を通過せず、いきなりベンガル湾からスンダ海峡を通って、東南アジアの海域に乗り込んでくる。そうなると今までのマラッカ海峡やマラッカ王国の機能が小さなものになる。しかし、それまではインド洋を東南に横切ってスンダ海峡に直行するルートは西方諸国の商船はほとんど使った形跡はない。海が荒れることに加え、スンダ海峡の通過も大型帆船にとっては風と潮流が不安定で容易なものではなかった。もちろんスマトラ西岸沿いの地元の小型帆船はスンダ海峡を使っていた。

4　小川博編．1998．『中国人の南方見聞録』に『瀛涯勝覧』の訳と鄭和遠征の解説などがある。

第5章
単馬令(タンブラリンガ)の役割

　ナコーンシータムマラートにはチャイヤーほどの仏教遺跡はなく、また、扶南との関係も薄く、それゆえにさほど歴史的にクローズ・アップされなかった。しかし、ナコーンシータムマラートはチャイヤーに隣接する有力な国際貿易港であり、陳以前に入貢実績のある狼牙脩（ランカスカ）はここであったと私は見たい。ナコーンシータムマラート周辺には紀元前5世紀ごろにまでさかのぼる遺跡が発見され、交易が栄えていたことが近年の発掘調査で立証されている。宗教的にはシヴァ信仰が優勢であったようで、5世紀のパッラヴァ文字（南インド系）の碑文（チョンコーイ谷碑文）も発見されている。また、5〜11世紀ごろのナコーンシータムマラートは国王をシヴァ神の化身として崇める「神権政治」が行なわれていたという。シヴァ信仰が卓越していた分だけ、チャイヤーと比べ古代の仏教遺跡がナコーンシータムマラートには少なかったのではないかと考えられる。もちろん他の地域に見られるようにナコーンシータムマラートにおいても仏教とバラモン教は混在・共存していた。しかし、ナコーンシータムマラートは扶南の交易ルートからは外れており、盤盤と異なり扶南の直接支配の外にあったのである。

　三仏斉の時代に入り、マレー半島東海岸で中国貿易の拠点として「三仏斉グループの代表格として」頭角を現したのは単馬令＝タンブラリンガ（Tambralinga）であった。ケダへの連絡道路網が完備し、周辺の水田開発が進んで人口も増え、経済的実力が卓越してきたためである。チャイヤーはタクアパとの通路が中心であり、ケダとの距離が遠かったために、ナコーンシータムマラートに遅れをとるようになった。単馬令すなわちタンブラリンガにいつごろから地名が変わったのかはわからない。しかし、マルール（Malur）寺の碑文（1024〜1025年）とタンジョール（Tanjore）碑文（1030〜1031年）ではタンブラリンガ（Madamalingam）で激しい戦闘が行なわれた」と記されているので、それ以前、遅くとも10世

紀にはタンブラリンガという国名は存在していたと考えられる。ちなみに、リゴール（Ligor）という呼称は16世紀にヨーロッパ人が使い始めたといわれ、欧米の学者は多用するが、本文ではあまり使わない。

　タンブラリンガの重要性は真臘も三仏斉も十分に認識しており、その争奪戦が行なわれ、1195年にはクメール王ジャヤヴァルマン7世（1182～1201年）が一時期占領したとも伝えられる。その前に既に真臘はチャイヤーを支配下に置いており、加羅希（Grahi、チャイヤー）の将軍が真臘王の命令により、ワット・フア・ウィングを建設（再建）したという1183年のものとされる碑文が残されている。この碑文は同寺のクメール様式の仏像の台座にクメール語で書かれているという。しかし、この1183年という年代そのものが疑問視されており、実際に製作されたのは13世紀末ではないかというドゥ・カスパリ（de Casparis）の説がある。また、1230年のチャイヤー碑文ではナコーンシータムマラートの君主はチャンドラバーヌ王であることが記されている。しかし奇妙なことに文章はサンスクリット語だが、文字はクメール語である。クメールのチャイヤーとナコーンシータムマラート地域に対する支配がかなりの期間続き、当時はクメール文字がこの地に普及していたことを物語っている。しかし、チャンドラバーヌ王によって真臘（クメール）は追い出されたことに変わりはない。

　三仏斉注輦（チョーラ）の入貢は実際にどういうルートを使って行なわれたかは記録がないので正確にはわからないが、南インドを出帆した船で直接中国に行ったとは考えられず、多くはケダを経由してマレー半島横断通商路を使い、タンブラリンガやパタニあたりに出てから中国に向かったものが多かったと推測される。マラッカ海峡南下ルートは時間がかかりすぎる上、海賊の危険もあったからである。積荷を牛車や象に乗せケダからマレー半島を斜めに横断してハジャイ⇒パッタルン⇒タンブラリンガに運び、そこから船出をするというコースを辿ったものと思われる。その間の距離はやや長いが、比較的平坦な道路が存在した。タンブラリンガにはマレー半島の各地から貢納用の財貨を集めておいて、インド方面からの香料などとあわせて出荷するという方式である。この

1　第1章（註8）参照。
2　Wales, H. G. Quaritch. 1976. pp.167-8. において、ウェールズはセデスの1183年作という説よりもde Casparisの鑑定結果である1279年または1291年作という説を支持している。
3　Munro-Hay, Stuart. 2001. p.225

方が時間もコストも節約できた。

『宋史』、巻489、列伝第248、外国5の「占城国」の条には「（占城国から）汎海南去三仏斉五日程」すなわち「占城から5日間の航海で三仏斉に行ける」と冒頭に書いてある。当時5日間の航海でチャンパからスマトラ島のジャンビまで行けたとは考えられない。とすると三仏斉はマレー半島東岸のかなり北、すなわちタンブラリンガ（単馬令）あたりが想定されていたと考えられる。

また「三仏斉国の条」には「汎海使風二十日至広州」とあり、20日で広州に行けるとも書いてある。ジャンビから広州までは通常1ヵ月といわれており、20日間で行けたかというとやや無理がある。タンブラリンガからなら問題はない。このように見てくると、中国との貿易窓口はいつの間にかタンブラリンガあたりに移っていたとも考えられる。いずれにせよ、タンブラリンガが11世紀以降中国との交易上かなり重要な位置を占めていたことは確かである。とりわけ南宋が朝貢制度を取りやめてからは、タンブラリンガが三仏斉グループの中では経済力・兵力とも最強国になりマレー半島の諸都市を支配するようになる。

タイ史の専門家ワイアット（David K. Wyatt）は『リゴール年代記（Ligor Chronicle）』なる文献の内容を紹介している。それによると、タンブラリンガが周辺国から「朝貢」を受けており、その朝貢国のリストは次の12ヵ国である。これらは十二支（エト）になぞらえており、現在のナコーンシータムマラートの紋章を中心に十二支のエトの動物が囲む形になっている。これらの12ヵ国は大仏塔の建設などに協力させられたという。その内訳は以下のとおりである。[4]

①タツ（大蛇）= Sayapuri（ケダ？）

②ウマ = Trang（トラン）

③ウシ = Pattani（パタニ）

④ヒツジ = Chumpong（チュンポン）

⑤トラ = Kelantan（ケランタン）

⑥サル = Bantai Samo（クラビ）

⑦ウサギ = Pahang（パハン）

⑧ニワトリ = Sa-ulau（ソンクラー？）

4　Wyatt, David K. 1994. p.34.

⑨ネズミ = Sai-Buri（サイ・ブリ）
⑩イヌ = Takua-Pa（タクアパ）
⑪ヘビ = Pattalung（パッタルン）
⑫イノシシ = Kraburi（クラ）

　これを見ると三仏斉のマレー半島の北の部分をほぼ全域にわたりカバーしているといってよい。①のタツ（大蛇）の Sayapuri をケダとしているが根拠がはっきりしない。⑥の申（サル）の Banthai Samo は Krabi の 12 世紀の古称であるという。⑧の鶏の Sa-ulau は全く手がかりがない。たぶんソンクラーではないかといわれている（他に適当なところが見当たらない）。この中には『諸蕃志』にある「凌牙斯加」の名前は見当たらず、その代わりにパタニは入っている。12～3 世紀ごろにはパタニという地名は実在していたものと思われる。『諸蕃志』が凌牙斯加（ランカスカ）をここ（パタニ）に持ってきたのは間違いではないかという疑念がもたれる。

　13 世紀中ごろにはタンブラリンガのチャンドラバーヌ（Chandrabāhnu）王は 1247 年セイロンを侵攻、また 1260 年ごろ再度侵攻した。この時は主にケダから海軍を送ったとされている。ということは、このころケダはチャンドラバーヌ王の支配下にあったことを示唆している。マジュムダールによれば、セイロン年代記にはジャヴァカ（Jāvaka）の王チャンドラバーヌが 2 度にわたりセイロンに侵攻してきたが、援軍を買って出たパンダヤ（Pāndya）の王に背かれシャーヴァカ（Šāvaka=Jāvaka）の王は殺されたと書かれているとある。[5] いずれにせよ 13 世紀の終わりにはナコーンシータムマラートは坂道を転げるように衰退に向かい、13 世紀末にはスコータイのラームカムヘーン王によって占領されてしまったといわれている。その後アユタヤ王朝に引き継がれ、アユタヤ王朝時代、17 世紀初めに日本人傭兵隊長として軍功を上げた山田長政が政争に巻き込まれて、タンブラリンガの太守（知事）として派遣（左遷）され、1630 年にパタニ国との戦闘で重傷を負い、その後毒殺されたと伝えられる。しかし、タンブラリンガはアユタヤ王朝にとっても、政治的・軍事的にはもちろん、交易上もマレー半島支配の要の地位にあった。

　一方、1230 年の年号のあるチャイヤー碑文では「タンブラリンガが三仏斉

5　Majumdar, R.C. 2004. p.216.

から独立し、チャンドラバーヌ王はジャヴァカの王であった」とある。ジャヴァカ（Jāvaka）というのは「マレー半島の一部である」という意味だというのがマジュムダールの見解である。この1230年のチャイヤー碑文は当然のことながらシュリー・ダルマラージャ・チャンドラバーヌ（Sri Dharmarāja Chandrabhānu）王がタンブラリンガの支配者であることを宣言している。この王の名前がなまって「シ・タムマラート」となり、現在はナコーンシータムマラートという地名になったとされる。また、ナコーンシータムマラート市のワット・プラマハタート大寺院（4世紀初めの創建という伝説がある）にはセイロン風のストーパが建っている。これは1157年にシー・タンマーソークラート王が建立したものである。尖塔の高さは76mあり、塔の頂上部分に約1トンの黄金が使用されているという。[6]このころセイロンはマハヴィハラ（Mahavihara）王朝の仏教の教えに基づくテラヴァダ（Theravada）仏教の中心地になっている。この仏教がセイロンとの交渉の多かったタンブラリンガ経由でアンコール帝国、すなわちロップリー、スコータイ、ラーンナーにもたらされた。そこからタイの上座部（小乗）仏教は盛んになったとされる。

　13世紀の中ごろにはタンブラリンガは一時期ケダをも支配し、マレー半島横断通商路を確保し続ける。ケダの支配権を失った三仏斉の本家筋（シャイレンドラ王統）はどうなったのであろうか。チャンドラバーヌ自身がシュリヴィジャヤの王統を引き継ぐ代表者となったという説もあるが不確かである。一方、ジャンビは1275年ジャワのクラタナガラ（Kratanagara）王（シンゴサリ王朝は1222年にケデリ王朝を滅ぼし成立）の侵略を受ける。おそらくこの時、三仏斉のジャンビ王国はパレンバンともども息の根を止められたものと思われる。やがて、スコータイ王朝のラームカムヘーン王が13世紀の終わりごろ（碑文では1292年）タンブラリンガを占領する。そのラームカムヘーン碑文の真偽について議論はあるが、それ以降、タンブラリンガはアユタヤ王朝の支配を受け、現在のラッタナコーシン（チャクリー）王朝に引き継がれ、タイ王国領として現在まで続いている。なお1909年にケダ、ペルリス、ケランタン、トレンガヌの4州はイギリスに割譲された。

---

[6]　ウェールズ博士はこのストーパは13世紀中ごろセイロンの影響下を受けて建設されたものであり、上座部（小乗）仏教のシンボルであるといっている。Wales, H. G. Quaritch, 1976. p.150.

まとめ——三仏斉体制の終焉

　三仏斉がチョーラの支配下にあった元豊年間にジャンビは「三仏斉詹卑」を自称して2度にわたり（1079、1082年）入貢した。これに前後して注輦も三仏斉注輦として入貢している（1077、1079、1082、1088、1090年）。これをどう解釈すべきかだが、11世紀後半（チョーラの支配後）は三仏斉というのは単なる実力国の「看板」になってしまったかの観がある。しかし、宋王朝はあくまで「三仏斉が本家」であるという原則を崩さず、朝貢に対する回賜（返礼）は三仏斉に与えるがジャンビには与えないと明言している。その後の措置がどうなったかは不明であるが、ジャンビはチョーラの権威を「軽視」あるいは明らかに無視する行動に出たことは注目に値する。

　南宋時代に三仏斉は、1128、1156（3回）、1178年の5回しか朝貢がなかった。先に述べたように、南宋時代に朝貢が激減した最大の理由は、朝貢貿易という形式そのものが王朝にとって維持が困難になり、不要になったためである。南宋政府は輸入独占貿易の利益には当然関心があったと思われるが、民間商業資本による自由な取引を行なわせ、その上前をはねるほうが、無用な形式（朝貢に伴う煩瑣な儀式など）を排除し、かつ「利益」を上げることができた。市舶司制度を発展させ、政府の許可さえ得れば、中国商人は自由に商品の貿易を行なえるようになったが、それは折しも中国の新しい主力貿易商品となった陶磁器の輸出を飛躍的に増加させた。南宋政府としては、市舶司制度の拡充によって「関税」という形で収入を得て、輸入品のめぼしいものを独占的に買い上げ「専売」すれば、それで十分な財政収入が上げられるという考えに変わっていったものと考えられる。

　南宋の萌芽的な「自由貿易体制」の確立とともに、朝貢貿易でマレー半島、スマトラ、ジャワを中心とする地域をまとめ独占的に中国との取引を行なってきた、室利仏逝、三仏斉のいわゆる「シュリヴィジャヤ帝国」なるものの歴史的役割は終了したのである。朝貢体制が崩壊すれば、属国といわれた港湾諸都市も自由に中国との交易に従事できる。おそらく、タンブラリンガは地理的な優位性を生かして、大いに繁栄し、周辺諸国の盟主的な存在になった。スマトラではマラユ諸島を支配下に置いたジャンビは大いに発展し、その下流のムアロ・ジャンビ（Muaro Jambi＝ジャンビ河口）にはかなり大規模な大乗仏教の遺跡

が残されている。

　中国商人は政府公認のもとに自ら船を仕立てて、冬季に北東風に乗って南シナ海を南下し、東南アジアの貿易中継点であった南スマトラ方面（ジャンビなど）に向かった。さらにはインド、アラブ方面にも進出するようになった。

　それにしても、扶南の王統は誠に数奇の運命をたどった。最初は真臘に追い出されて盤盤に亡命するという、いわば「敗者」の立場にあった。しかし、そこからマレー半島を統一し「室利仏逝」を建国し、ケダを基地としてマラッカ海峡の経営に乗り出した。ジャンビとパレンバンを制圧し、ついでに訶陵（ジャワ島中部）をも手に入れ、シャイレンドラ王朝を開く。7世紀末から8世紀前半が室利仏逝の版図は最大になる。750年前後に「室利仏逝」の首都チャイヤーが真臘に占領されるや、中部ジャワのシャイレンドラ王朝が中心になって20数年後にはそれを奪還する。ついでに真臘の一部やチャンパも制圧して、東南アジア全域の朝貢権を一手に握り、唐王朝には「訶陵」の名前で朝貢する。蓄えた富で中部ジャワにボロブドゥール寺院を建設する。やがて、ジャワ島から追い出されるが、マラッカ海峡を北と南からコントロールする三仏斉を形成する。折しも宋の繁栄とあいまって三仏斉は大いに繁栄する。ここでも「敗者」から「勝者」への転換を行なう。ところが不幸が突然襲ってきた。11世紀の初めに南インドのチョーラ朝の侵略を受けて、その支配下に置かれてしまうが、12世紀はじめには再び実権を奪い返す。しかし、三仏斉の繁栄は意外な終焉を迎える。南宋が「市舶司制度」の強化によって、朝貢制度によらない「自由貿易」体制に移行し、「関税制度」と「政府の輸入品の独占買い付けと専売制度」に貿易政策を切り替えてしまったからである。朝貢体制を前提に組み立てられていた三仏斉は歴史的役割をここに終えることになる。明初（洪武帝時代）に登場した三仏斉は「本来の三仏斉」ではなかった。意外な形で「明の三仏斉」は爪哇の属領であるという正体が暴露されてしまい、それは宋時代の三仏斉とは無関係なものであることが明らかになった。「明の三仏斉」を出発点とする「三仏斉論」と「室利仏逝論」は出発点から方向が間違っていたのである。

補論1
ランカスカ考

　現代の通説は狼牙脩（ランカスカ）はパタニだということになっている。そうすると、『隋書』に出てくる赤土国の位置が室利仏逝同様はるか南のパレンバンなどということになりかねない（桑田六郎説）。なぜなら煬帝の使者常駿一行は「狼牙須国の山」を見てさらに南下して「赤土」の領域に入ったからである。ところが「狼牙須国の山」とはどの山かという議論をした歴史家はいなかったようである。パタニ周辺は平地で山は海から見えないということにも誰も気がつかなかったようである。私の結論は「明時代のランカスカはパタニであったにせよ、梁時代のランカスカ（狼牙脩）は今のナコーンシータムマラートを首都とし、南はパタニあたりをカバーする大国であった。隋の常駿はランカスカ（狼牙須）をナコーンシータムマラートのあたりだと認識していた」ということである。また「赤土国もケダからソンクラー・パタニにかけてマレー半島横断通商路のBルートをカバーしていた」と考える。

　隋の煬帝によって赤土国に派遣された常駿は、「狼牙須国の山」を見て、そこから南下して赤土国の領海に入ると記している。もし狼牙須がパタニならそこから先はどこかさっぱりわからない。ということで、山本達郎博士は「赤土国」をシンガポールにまで持って行き、桑田博士は一気にスマトラ島まで行ってしまい、スマトラといえばジャンビかパレンバンだということになってしまう。室利仏逝はパレンバンだという説にこだわれば、赤土国はパレンバンに違いないという見方が出てきたのであろう。「赤土国」はいわば歴史学者の作った迷路に迷い込み、本当の所在地は不明である。赤土国の位置が決まれば隋時代の狼牙須（ランカスカ）の場所も自ずと明らかになってくる。

　藤田豊八博士は通説（パタニ説）を批判する形で、『狼牙脩国考』という論文でランカスカとはいかなる国であったかについて論考している。ここでは藤田博士の『狼牙脩国考』を念頭に置きながら、私なりの「ランカスカ」を論じて

みたい。私の問題意識はランカスカはパタニであるという通説に対する異論である。少なくとも隋の常駿が7世紀に記録した「狼牙須」と『武備志』（茅元儀、1621年）に書かれている「狼西加」あるいは『諸蕃志』の「凌牙斯加」とは内容が違うはずだという疑問である。

ところで狼牙脩、狼牙須、狼西加、郎迦戍といった地名がなぜランカスカと読まれるのであろうか？ それは『諸蕃志』（趙汝适撰、1225年）に「凌牙斯加」という地名が出てくるからである。これは確かにランカスカと読むのが適当であろう。藤田博士はこの凌牙斯加は「ケダの後方のKuboh Balaiの近くにあるLengkasupaというところだとペリオという学者の説に同意している。それはケダ・ピーク（ジェライ山…筆者註）の45マイル東方にある。したがって凌牙斯加というのはケダ地方のことである」とされる。藤田博士の引用された地名は現在の地図では確認できないが、いずれにせよ内陸部にあるとすれば『諸蕃志』の記述とはそもそも合致しない。

ランカスカ（狼牙脩）は『梁書』に初めて登場する。梁は502〜557年に中国南部に起こった政権である。503年、初代の武帝の時に扶南と中天竺から使者が訪れている。仏教を国教としていた。『梁書』では狼牙須は「**在南海中。其界東西三十日行、南北二十日行、去広州二万四千里。土気物産、與扶南略同**」とある。東西にマレー半島を横断する形で領土を持っていたものと推定される。衣類は綿織物（古貝）を着、国王は金の帯をし、金の耳輪をしていたと書いてある。既にこの時400年余の歴史を持つ国であったという。古来綿織物はインドから輸入されていたと考えられる。ランカスカはその後、隋時代以降、唐時代にも朝貢していない。何らかの理由で朝貢国としてのステイタスを失ったものと思われる。

『梁書』における狼牙脩と盤盤の存在

「狼牙脩」は「其界東西三十日」というからマレー半島の東岸から西岸にかけて横断する形で領土を持っていたことはほぼ間違いない。また、「南北二十日行」というからランカスカは東岸でいえば、盤盤国の隣のナコーンシータムマラートから南はソンクラー、パタニあたりまでを幅広く領有する大国であったと思われる。

また、ランカスカと同時期に朝貢をしていた国として盤盤が『梁書』に出てくる。盤盤というのは今のスラートタニー市があるバンドン湾に面する国で首都はチャイヤーであった。スラートタニーから約60km北に行ったところに、当時の国際貿易港のチャイヤーがある。私はここが唐時代に義浄が訪れた室利仏逝であると考える。当時の貿易港としての重要性や仏教寺院の遺跡から考えても、「通説」になっているスマトラ島のパレンバンなどとは比べものにならない。パレンバンに相当するような国名、地名は明史までは正史に登場しない。室利仏逝をパレンバンと見做せば『新唐書』に登場することになるが、今まで述べてきたように室利仏逝はパレンバンではない。盤盤は西海岸のタクアパとつながる陸路の通商路を有し（これをAルートと仮称して論じてきた）、扶南とも近く、扶南と盤盤の両国は密接な関係を保っていたものと考えられる。藤田博士はプラオ（Pulao）とチャイヤー（Chaiya）が陸路でつながっていたと論じる。プラオとはマレー半島西岸のタクアパ（Takua Pa）に近い港である。すなわち、梁の時代以前にマレー半島横断通商路のルートの1つがタクアパ地区とチャイヤー地区に存在していたのである。そこは同時に扶南の強い影響下にあった。むしろ扶南の属領と考えてもいいほどの関係にあったと考えられる。また藤田博士は『梁書』でいう郎迦戌、狼牙須はPhunphin（盤盤の領内でスラートタニーの近く）の南のはずだといっておられる。おそらく10世紀ごろから「単馬令、タンブラリンガ」と呼ばれるようになるまでナコーンシータムマラートは開闢以来「ランカスカ＝狼牙須」国の中心地であったと考えられる。単馬令やタンブラリンガなどという呼称の登場によって、ランカスカ「狼牙須」という国名（もしくは地名）はタンブラリンガからは消えてしまい、周辺地域にのみその呼称が残ったのではないだろうか。ただし、パタニが最初から「ランカスカ国」の中心であったとはとうてい考えられない。何しろ肝心の「山」がないのである。

ナコーンシータムマラートに古代から通商路として通じていたのはマレー半島の西岸の港はクラビ（Krabi）、クロン・トム（Khlong Thom）、トラン（Trang）あたりではないかと思われる。タクアパもさほど遠くはないのでナコーンシータムマラートへの通路は持っていたが、盤盤と扶南に独占されていたものと考えられる。狼牙脩の支配領域は盤盤の南ということになろう。トランを真東に60kmほど進むとパッタルンに出る。そこから北に100kmほど行くとナコーン

シータムマラートである。このルートはケダが南インドからの寄港地として確立する以前の劉氏・南宋や梁時代には多用されたルートだと考えられる（先に「Cルート」と定義）。隋時代にケダを本拠とする「赤土国」の台頭により、「狼牙脩国」は実際に「朝貢」することはできなくなり、歴史の表舞台から姿を消していったことは先に見たとおりである。また、ランカスカの名前の由来は必ずしもはっきりしない。藤田博士はケダの45マイルほど内陸部の地点に類似の名前があるからそこではないかという説である。セデスもケダのジェライ山の近くであろうと述べている。ところがナコーンシータムラートの郊外の20kmほど離れたところにラン・サカ（Lan Saka）という小高い峠の町がある。ランカスカというのはそこからきた可能性がある。ラン・サカには古い集落の遺跡もあり、16世紀にはリゴール王の離宮もあったという。また、ラン・サカはクラビやトラン方面に通じる古代からの道のナコーンシータムラート側の入り口にあたる峠の交通の要衝でもある。北側にはカオ・ルアン山（標高1835m）があり、南側にはカオワン・ヒップ山（標高1235m）という高い山がある。この周辺は昔からの稲作地帯であり、人口も多い。また、「Lan」というのは谷という意味で、古くは「Langka」といわれていたという。谷とはいえかなり広い平原があり、よく耕された田畑となっている。[1]

『梁書』には「**国人説、立国以来四百余年、後嗣衰弱、王族有賢者、国人帰之**」とあり、国としての始まりは2世紀初頭ということになる。古代からの通商路があり、東海岸の出入り口を押さえていたとしたらラン・サカがランカスカの起源であった可能性はありうる話である。しかし、この説はさらに考古学などの実証的研究を要することはいうまでもない。ラン・サカという地名がランカスカにあまりに似ており、また地理的にも港に近く、タンブラリンガの前

---

1 私はラン・サカ説を私だけが「ラン・サカ」の地名から思いついた「想像の産物」であると考えてきたが、R.C. Majumdar の Suvarṇadvīpa の pp. 72-3. で同じような説があることを発見した。"(Gabriel) Ferrand has traced the name in an Arabic work, in the form Lang-Saka, and has identified it with Marco Polo's Lochac. On the strength of these and fresh Chinese evidences, he has located Lang-kia-su on the eastern coast of the Malay Peninsula, in the Isthmus of Ligor."ついで" In any case we are fully justified in regarding Lang-kia-su as an old Indian colony in Malay Peninsula, dating probably from the second century A. D. Some intersting accounts of this colony are preserved in Chinese annals."ということで Ferrand は Lang-Saka のことをマルコ・ポーロのいう"Lochac"はタイのロッブリー（羅斛）のことだと考えていたが、その後中国資料から Lang-Saka をリゴール地峡にあると見解を改めたというのである。

身として存在した可能性があると考えられる。ちなみに、インドネシア史家のクロムも狼牙須＝タンブラリンガ説を支持している。また、『旧唐書』の盤盤の条に「盤盤国、在林邑西南海曲中、北與林邑隔小海、自交州船行四十日乃至。其国與狼牙修国為隣国、人皆学婆羅門書、甚敬仏法」とはっきり書いてある。狼牙須がナコーンシータムマラートでは面白くないと考える学者がほとんどで、「隣国」といっても完全に国境を接していたということにはならないという主張もあるが、盤盤の隣国を狼牙脩（今のナコーンシータムマラート）と考えて特に不都合はないであろう。『諸蕃志』の記事を最優先させると「赤土国」の場所が行方不明になってしまうことは今まで論じてきたとおりである。

『隋書』で常駿の見た「狼牙須国の山」

　隋の常駿の赤土国訪問の記録に「狼牙須国の山」という表現があり、「海から目印」になるような高い山はマレー半島の東沿岸ではナコーンシータムマラートの背後のカオ・ルアン山（1835m）」とカオワン・ヒップ山（1235m）ぐらいしか見当たらない。藤田博士はこの「高い山」をわざわざ西海岸のケダ州まで持っていって「ジュライ山」だと主張するが、根拠はない。常駿がマレー半島を迂回してそこまで行くはずもないし、そこから南下したらもと来た海を逆戻りすることになってしまう。

　ウェールズ博士はナコーンシータムマラートの考古学的調査の結果、そこが表舞台に立つのは12～3世紀以降だとされている。要するに比較的新しい港湾都市であり、バンドン湾（チャイヤー）に比べ、港湾としては風向き、潮流などでやや劣るという説である。しかし、このウェールズ説はとうてい信じがたい。ナコーンシータムマラートの港湾が梁の狼牙脩時代に利用されていたことは確実だからである。また、近年、ナコーンシータムマラート周辺からは紀元前5世紀にまでさかのぼるとされる交易遺跡が発見されている。ナコーンシータムマラート港の南側の「ター・ルア（タイ語で船着場という意味）」という場所から、ここで国際的な交易が行なわれていたという遺物（外国産品や仏像など）・遺跡が発見されている。また、港の北側には「モークラーン」という遺

2　クロム, N. J. 1985. p.28.

跡もあり、ここでも同様な発見がなされているという³。

　ラン・サカはこれらの遺跡の後背地に当たるが、古代においては本拠地が海岸線からやや離れた内陸部に置かれていること別に珍しいことではない。海岸に近いと海からの外敵に襲撃されるため、本拠地は海岸線から10kmあるいはそれ以上離れているケースが多いのである。チャイヤーもそうだし、タイのラーチャブリーやペッチャブリーも同様である。いずれにせよ、ウェールズ博士のナコーンシータムマラートに対する評価は低すぎるように思われる。チャイヤーは事実上扶南の属領であったがゆえにインドとの交流も頻繁で歴史的に重要視されてきたが、ナコーンシータムマラートの歴史も紀元2世紀あるいは紀元前にまでさかのぼることができるといわれている。

　『梁書』で詳しく記述された狼牙脩の名前はその後長らく漢籍で取り上げられなくなった。朝貢国として名前が残されているのは515年、523年、531年、568年の4回のみであり、いずれも隋の前の梁と陳の時代であった。わずかに、隋の時代に赤土国を訪ねた煬帝の使者である常駿が「狼牙須国の（高い）山を海上から遠望し、そこからマレー半島東岸沿いに南下し赤土国の領海にはいった」と述べている。隋の時代までは狼牙須という国名が中国人の記憶に残っていたことが常駿の記録から窺い知ることができる。隋の時代に入り、赤土国の登場によって、狼牙須の領土は隋時代にはナコーンシータムマラートを中心とする地域に狭められた可能性がある。少なくとも、ランカスカの朝貢国としてのステイタスは隋時代には「赤土国」に奪われたたことは間違いない。その赤土国の名前も隋王朝への最大の朝貢国として現れたが、隋末には消えてしまい、次の唐時代のマレー半島の主役は「室利仏逝」に移る。そうなると、ますます狼牙須の影は薄くなる。しかし、史書には出てこなくても地域の名前としてはその後も数百年残っていたのかもしれない。それがどのような形で残っていたかが問題であるが、ナコーンシータムマラートからパタニまでの広がりを持っていたランカスカ（狼牙脩）の地名がパタニにのみ残っていたというのも不可解ではある。『諸蕃志』の記述以外に前後に何の証拠もない。

3　プリーチャー・ヌンスック（加納寛訳). 2009. p.15. ター・ルア遺跡はウェールズも試掘したが宋時代の陶磁片しか出てこない（Wales, H.G. 1976. p.153.）とされてきたが、その後の調査で古代からの交易港であることが判明した。ラン・サカからまっすぐ海に向かっていくとこのター・ルアにつながる。

『諸蕃志』の凌牙斯加と『武備志』の狼西加

　600年にもおよぶ長い眠りについていたランカスカは宋の時代に『諸蕃志』（1225年）に「凌牙斯加」として突如再び現れる。隋の常駿以来、ほぼ600年ぶりの登場である。『諸蕃志』における凌牙斯加は「単馬令（ナコーンシータムマラート）から帆船で6昼夜を要する。また陸路でも行ける」と書いてある。産品としては象牙、犀の角、生香、脳子、酒、米などがあげられている。また、「凌牙斯加」の条には「三仏斉に服属し、毎年貢物を納めている（歳貢三仏斉国）」と書かれている。これは三仏斉支配下の東海岸の港として存在し続けたことを意味する。その場所は6日間の船旅で行けるとしたらパタニであろうということになってしまう。趙汝适は自分で「凌牙斯加」を見たわけではないが、三仏斉の属領に加えている。

　ところが『諸蕃志』の「凌牙斯加」は趙汝适の想像をはるかに超えて、「東南アジア史学」に重要な影響を与える。「狼牙須」がパタニであることを認めて議論を展開した山本達郎博士は『赤土国と室利仏逝』（『和田博士還暦記念東洋史論叢』1951年）において大変な苦心をされる。赤土国を『隋書』の記述「赤土国扶南之別種也」から「モン・クメール系民族が建てた国」でマレー半島にあったとされ、赤土国の都城の「僧祇城」をマレー半島の南端のシンガポールにあったという結論に導かれていくのである。しかし、前の「赤土国」の項でも述べたが、孤島に等しい当時のシンガポールで「王宮」を営むようなことはありえない。赤土国の王宮には「左右兵衛百余人」とか「婆羅門等数百人」を含め百官相並ぶ大宮殿があったという。当時のシンガポールでは考えられないような多くの住民がいたことにもなる。シンガポールにモン・クメール族（マレー系ではなく）が居住していたというのも納得できない。また、山本博士は「赤土国の界」のどこかの港に上陸して、本拠にいたる30日を、「常駿等が南海郡を出発してから赤土に到着するまでの時間を述べたもの」と解釈することができるとされる。それは成り立ちうる議論かもしれないが、文脈の流れからして不自然な解釈である。そもそも「赤土国」をシンガポールに持っていくはめになったのは狼牙須をパタニだと考えたからである。繰り返し述べてきたが、パタニ周辺はほとんど平地で海から目印にすべき山など見当たらない。

　こんなことになったのも、もとはと言えば『諸蕃志』の「凌牙斯加」の記述

からである。この記述が「東南アジア」の古代史の実態を歪める出発点の1つとなったのことは間違いない。歴史学者に誰かパタニに高い山があるのかという疑問を持った人がいれば、「狼牙須」は別の位置に比定されたはずである。その上で「狼牙須」と「凌牙斯加」との相違が議論の対象になったはずである。これはわざわざ現地調査に行かなくとも、マレー半島の地形図をみれば一目瞭然のことなのである。また、「僧祇城」をシンガポールに比定することによって『隋書』の赤土国の「**東婆羅剌国、西婆羅娑国、南訶羅旦国、来北拒大海、地方数千里**」という記述の解釈が極めて不自然かつ窮屈なものになってしまう。「東婆羅剌国」は「婆利」と同じボルネオ島（桑田説ではバリ島）でよいとしても、山本博士は「（桑田博士が）西婆羅娑国はスマトラ島西部方面の婆魯師と中部ジャワの呵羅単に比定されたのに従いたいと思う」ということである。

シンガポールから西方に眼をやれば「スマトラ東部」しか見えない。また、「訶羅旦」はジャワ島が現在の通説のようだが、訶羅旦はマレー半島東岸にあったと思われる。この「訶羅旦」問題については先に詳論したが、ジャワ島が5世紀前半（430～52年）の段階でしばしば朝貢できるような発展段階にはなかった。これはインドネシア史家クロムもそのように述べている[4]。『隋書』の記述からしても、むしろマレー半島中部の婆皇、婆達と同類の港湾都市であったと見るべきであろう。もし「赤土国」を北方のケダとソンクラーあたりの緯度（北緯6～7度線）まで引き上げれば、「地方数千里」ということも含め、『隋書』の記述はなんらの問題もなくなる。

パタニは1600年ころには既に日本から御朱印船が寄港する立派な国際港であり、「太泥」として知られていた。また、『宋書』の婆達や『諸蕃志』の抜沓もパタニかもしれない。直接朝貢しない限りは正史に「国号」はなかなか書いてもらえない。「凌牙斯加」は武備志（茅元儀）の「狼西加」に受け継がれるが、あとは行方不明である[5]。

4　クロム, N. J.（有吉巌編訳）.1985. p.71.
5　明時代の軍事書『武備志』（茅元儀撰、1621年、天啓元年刊）の巻末に鄭和の『航海図』が載っている。そこでは孫姑那（ソンクラー）の南に「狼西加」が書かれている。これは音読すれば「ラン・サカ」に近いが「ランカスカ」のことである。地図上では次に昆下池港⇒西港⇒吉蘭母（ケランタン）とくる。昆下池港というのはパタニ川の河口の港のようであるがはっきりしない。藤田博士はサイ・ブリ（Saiburi）ではないかとされている。ところが、サイ・ブリという名前の港は地図上の「西港」がそれに当たる。実際のサイ・ブリはパタニ市の50kmほど南に位置し、現在はパタニ県に含まれている。

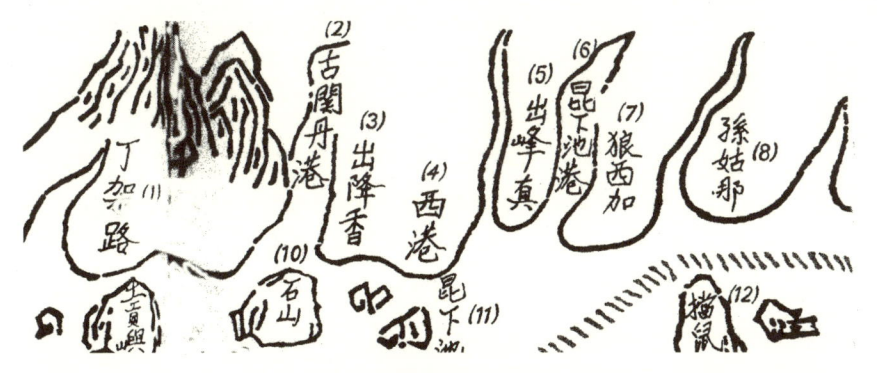

図7　武備志に見る狼西加

右から、(8) 孫姑那＝ソンクラー、(7) 狼西加＝ランカスカ、(4) 西港＝サイ・ブリ（現在はパタニ県の南部）(2) 古関丹港＝ケランタン、(1) 丁架路＝トレンガヌ

『島夷誌略』の「龍牙犀角」と「ラン・サカ」

　ところが、『諸蕃志』に遅れること124年の元の時代に『島夷誌略』（汪大淵、1349年）が出版され、その中に「龍牙犀角」という条がある。これは藤田博士もP.Wheatley[6]もランカスカの別の表記であると見ている。それには「**峯頂内平而外聳、民環居之、如蟻附坡。厥田下等。気候半熱。俗厚**」とある。これはまさに実在するラン・サカとそっくりな地勢である。ナコーンシータムマラートから20kmほどの内陸部の峠の平坦地（峯頂内平）の様子が正しく表現されている。「外聳」とは周囲には更に高い山（カオ・ルアン山など）があるという意味であろう。「坂に蟻のように取り付いて人々は暮らしている。峠の平原の田畑はやせている。高地にあるので気候もさほど暑くはなく、人情は厚い」とある。『島夷誌略』は「島や沿海部」の記述であるが、単馬令（ナコーンシータムマラート）に近いというようなことは書かれていない。しかし、「民煮海為塩」とあるから海水を煮沸して塩を作っていることと、「貿易之貸（貨?）、用土印布、八都刺布、青白花椀之属」とあり、交易の財貨として地元の模様入りや刺繍入りの綿布と染付けの茶碗が用いられたと書かれている。染付けの椀は中国（当

狼西加はパタニ（Pattani）とすると、その間にある (6) 昆下池港と (5) 出峰真とは何かということになる。(5) 出峰真は地名ではなく、パタニ周辺で取れる香木（Laka Wood）の名前であるという。(6) 昆下池港は何を指すかは不明である。藤田博士によるとパタニの名前は漢籍には明以前には出てこない。
6　Wheatley, Paul. 1961. p.80.

時は元）からの輸入品であったものと思われる。これらの文言からは「海に近く、交易も行なわれていた」という状況が語られていると見てよいであろう。

　パタニのあたりには「峯頂内平而外聳」といったイメージの場所は全く存在しない。内陸部に入ってもジャングルはあるが「峰」などない。同じランカスカでも『諸蕃志』のそれと『島夷誌略』のそれはイメージが一致しない。『島夷誌略校註』の著者である藤田博士も、この「龍牙犀角」はどこかわからないとあっさり兜を脱いでおられる。汪大淵は数年にわたり航海し、多くの現場を見てきたといわれ、この種の文献の中では最も信頼性が高いというのが藤田博士の評価である。藤田博士は『狼牙脩国考』の締めくくりで、ポール・ペリオ（Paul Pelliot）氏の所説を紹介する。[7] ペリオ氏はランカスカの所在地をナガラクレタガマ（Nagarakretagama）のランカスパ（Lengkasupa）というところだという。藤田博士はこの見方を「卓見」であるとしている。さらに敷衍して、ケダ（Kedah）の記録である"Marong Mahavamsani"によれば、このランカスパは最古の王城にして首都の名であるという。これを訳したロー（Low）氏によれば、その遺跡はケダ・ピーク（Kedah Peak＝ジェライ山）の東方約45マイルのクボ・バライ（Kuboh Balai）の近傍にあるという。そこで藤田博士の結論は『諸蕃志』の凌牙斯加はパタニ（Pattani）の後山、今のケダ（Kedah）地方をいうということになる。しかし、これらの議論は常駿の記録とは全く一致点が見られない。

　『梁書』の狼牙脩は『諸蕃志』の凌牙斯加と名前はランカスカで同じだが実は別ものであるという藤田博士の説には賛成である。こういう説明であれば、ランカスカというものが梁時代と宋時代と異なる内容（当てられている漢字も異なる）であると考えることができる。しかし、残念ながら「常駿の狼牙須国」とケダは無関係である。さらに、藤田博士は『梁書』の狼牙脩に「其界東西三十日、南北二十日行」と書かれている点に注目する。この国が東西に長く南北に短いと書かれている意味について、この国の境界がマレー半島東岸のパタニから西岸のケダにまで及んでいたのではないかというのである。私もランカスカ（後の赤土国も）東岸から西岸までつながっていた国であるという視点には全面的に賛成である。しかし、私はここで藤田説に異論をさし挟まなければならない。それはジェライ山（標高1217m）についての藤田博士の議論である。

7　藤田豊八．1932B．

ジェライ山というのは確かに海から見える。しかし、それはケダに近いブジャン渓谷に連なる山で、マレー半島の西海岸からしか見えない。となるとそこは「狼牙須国の山」として常駿が見たものではないことは明らかである。更にいうならば、狼牙脩と干陀利は梁、陳の時代に朝貢している。両国とも同時期に入貢しているということは「首都は別」だったと考えざるを得ない。干陀利はケダでありBルートを使い、狼牙脩は「中間ルート（Cルート）」を使っていたものと見なければならない。狼牙須国の中心地は今のナコーンシータムマラートであり、マレー半島東岸のトラン、クロン・トム、クラビ辺りまで領土が拡大していたと考えたい。また、Aルートを支配していた盤盤は梁、陳の時代に入貢している。このCルートの支配者であった狼牙脩はBルートの支配者千陀利（ケダ）とは競合相手であった。隋時代に赤土国（前身は千陀利）が台頭し、狼牙脩が押さえ込まれてしまい、「赤土国」のみが隋王朝に入貢したと考えられる。

なお、梁の中大通3年（531年）から丹丹国が入貢している。これをジャワの国と考える説もあるが、私はこれを呵羅単の後継国と見たい。呵羅単はジャワではないかとする説が多いが、これはマレーシアのケランタン（現在のコタ・バル市周辺）であると私は考える。ケダとつながるBルートの東海岸の貿易港の1つである。丹丹は干陀利の出先機関的（対中国の）な役割を果たしていたと考えられる。干陀利が梁時代に朝貢を中断した（普通元年（520年）以降中断、陳の天嘉4年（563年）に1度だけ入貢）際に、後を丹丹が引き受けていたと見られる。ただし、赤土国の本拠の王城がジェライ山の麓（ケダ州）にあったかもしれないという説には特に異論はない。赤土国については、ケダのブジャン渓谷付近のメルボク川河口付近（現在のスンゲイ・ペタニ市の近く）は赤土という地名を持っていたという確かな証拠がある。それは現在ブジャン渓谷博物館に陳列されている一片の石碑に明らかに刻まれている。

その石碑はブッダグプタ（Budhagupta）という船長が安全祈願のために奉納したものと推測されている。おそらく5世紀ごろ作られたものであろうとされている。そこに地名が記されているのである。その地名とはサンスクリット語で "Rakta-mṛttikā" すなわち「赤土国」なのである。ということはケダのブジャン渓谷あたりはかつて「赤土国」といわれていたことを意味する。ここに赤土

国の「本拠」があったとすれば「常駿」一行がマレー半島の東海岸のどこかの港（ソンクラーかパタニか？）に上陸してから30日も旅をして連れてこられたのがこの場所だったという推定も成り立ちうる。

その後、元を経て明の時代になって再び鄭和の航海図として『武備志』の地図の上に狼西加という地名で復活する。それがパタニ（Pattani）と考えられるというのが現代の通説である。パタニの内陸部ヤラン（Yarang）でかなり規模が大きい城壁の跡が発見されているのである。建築史家の千原大五郎氏は次のように述べている。[8]

「パタニを24kmほど遡航した右岸に、小村ヤランがある。それから5kmほど離れた地点で、1962年、古代のこの国の首都であったと思われる遺蹟が発見された。そこには城壁の痕跡が認められ…、この遺構が極めて古いものであることを示唆している。」

これはおそらく「パタニ国（港湾国家）」の本拠地であったろうと推測される。ところが、このヤラン遺跡はその後の発掘調査で7～8世紀ころの遺物は何も見つかっていないことが確認されているという。[9]この遺構の下にもっと古いものがないとはいえないが、千原博士のいう「古代遺跡」とは必ずしもいえないようである。ともあれ、現代の通説は梁時代からランカスカはパタニであったということに一本化されてしまっている。これは藤田説からの明らかな後退である。学問が時代とともに進歩するものとは限らない。特に歴史学や経済学にその傾向が時たま見られる。

しかし、ランカスカは梁の時代から宋の時代まで約600年、表舞台には登場していない。さらに15世紀の明の時代まで200年以上もランカスカはいわば消息不明だったのである。私は藤田博士の「隋の常駿が認識していた狼牙須と『武備志』の狼西加とは内容が異なると考える」という考え方には同意できるが、具体的内容には不賛成である。それは上に述べたような地理学的根拠からである。『武備志』の狼西加をパタニとするにしても、何度もいうように、そこには常駿がいうような海から目印になるような高い山は存在しないという致命的欠点がある。どこかが根本的に違うのである。梁時代の大国狼牙須は隋時代に

8　千原大五郎. 1982. p.100.
9　Jacq-Hergoualc'h, Michel. 2002. pp.166-8.

は赤土国に押さえ込まれ、赤土は唐時代にはさらに室利仏逝に取って代わられたというのが私の見方である。赤土国の前身は干陀利であり、その首都的な中心地はケダである。その後、室利仏逝の時代も三仏斉の時代も、ケダを起点とするBルートそのものは通商路として変わらず機能し発展し続けたのである。

　赤土国に隋との交易権を奪われた狼牙須は、鳴かず飛ばずの状態で、赤土国の「属領」としてナコーンシータムマラートの付近を中心に辛くもその名をとどめていたものであろう。次の室利仏逝以降になるとランカスカはますます出番がなくなってしまったが、住民の間には古い国名としてのランカスカは記憶に残され語り継がれたものと考えられる。しかし、現地の住民はパタニという立派な地名があるのに、あえてランカスカと称したであろうか？　唐時代は盤盤の後継国の室利仏逝がケダを含めてマレー半島を統一し、対外交易の実権（特に朝貢権）を握っていた時代であり、チャイヤーとともにナコーンシータムマラートも実際には港湾として利用されたが、旧国名の「狼牙須」は漢籍に残されるような場面は与えられなかったに相違ない。

　宋や元や明の時代にランカスカという地名が果たして実在したのだろうか？

　というのは、現在のマレー半島にランカスカという地名は残っていないからである。「孫姑那」と書かれていたソンクラーは現在も立派に都会として残っている。「古関丹」のケランタンも「丁架路」のトレンガヌも残っている。しかし、いつの間に狼牙西はパタニと変名したのだろうか？　パタニは江戸時代初期の御朱印船の寄港先として「太泥（タニ）」の名で記録されている。茅元儀が『武備志』を刊行した1621年にはパタニは「太泥」という地名がつけられて国際的にも知られていたのである。もしかすると『諸蕃志』が凌牙斯加の位置を間違って、それが『武備志』に伝染したのではないかという疑念すら出てくる。現在のパタニ周辺にはランカスカという地名が全く存在しないのは不可解としかいいようがない。『諸蕃志』の47年前に刊行された『嶺外代答』周去非（1178年）には「ランカスカ」についての記述はない。124年後の『島夷誌略』の「龍牙犀角」は全く別の場所のようである。

　こう考えてくると、東南アジアの古代史は不可解なことがあまりに多い。また論理的一貫性に欠ける「通説」の受容を一般読者は余儀なくされるケースがしばしば見られる。その出発点は「室利仏逝」の歴史かもしれない。私は及ば

ずながら東南アジアの古代の交易史を「室利仏逝・三仏斉」に焦点を当てて論じてきた。図らずもかなり多くの新しい仮説を提起した形になった。しかしながら、なお多くの謎が残されたままである。後世の研究者にとっては、やることが「綽綽として」今なお残されている。

補論2
セデスのシュリヴィジャヤ認識について

　既に本論の中でセデスの仮説について主な問題点を指摘した。セデスが室利仏逝をパレンバンであるという主張は Les États Hindouisés D'Indochine et D'Indonésie に述べられている。この本は日本語訳(『東南アジア文化史』山本智教訳、大蔵出版、1989 年)があるが、難解であり、詳細な注も省略されている。英訳としては Susan Brown Cowing 訳. The Indianized States of Southeast Asia.1968. Hawaii University. がある。フランス語のテキストに近く、ほとんど間違いなくセデスの真意が伝わっていると思うので、ここでは読者の便宜のために主に英訳本を使いながら、セデス論文の問題点を考察していきたい。

　第 6 章 "THE RISE OF ŚRIVIJAYA THE DIVISION OF CAMBODIA, AND THE APPEARANCE OF THE ŚAILENDRAS IN JAVA" From the End of the Seventh Century to the Beginning of the Ninth Century ⟨pp.81 - 96⟩
　(シュリヴィジャヤの興隆、カンボジアの分裂、ジャワにおけるシャイレンドラの出現——7 世紀末から 9 世紀の始めまで)

　最初の要約のところでセデスは、スマトラ島の東南部を東西交易の要衝として位置づけている。その理由は、その場所がマラッカ海峡とスンダ海峡の中間地点にあるからだという。また、それまで中国との朝貢貿易を取り仕切ってきた扶南王国の崩壊(真臘による政権奪取)により、いわば権力の真空地帯が生じ、インドと中国の間の貿易にスマトラ周辺国が自由に参入できたという。これによってシュリヴィジャヤ王国がスマトラのパレンバンに誕生し、この一帯(末羅遊＝ムラユを含め)を支配したという筋書きである。セデスはシュリヴィジャヤは「パレンバンを基点にして北東部方向に勢力を拡大した」という。

　"Since this coast was situated at equal distance from the Sunda Strait and the Strait of Malacca, the two great breaks in the natural barrier formed by the Malay Peninsula and Indonesia, it was the normal point of landfall for boats coming from China on the northeast monsoon."（p.81）

　セデスが力説しているパレンバンがマラッカ海峡とスンダ海峡の中間地点にあること自体、何の意味もない。なぜならばスンダ海峡は唐宋時代から16世紀初頭まで、東西貿易上はほとんど使われたことがないからである。インド方面から中国に向かってくるペルシャ、アラブ、南インドの大型船は全てマラッカ海峡を目指してやってきた。スンダ海峡を目指してやってきた例はほとんどなかったと思われる。ポルトガルのマラッカ占領（1511年）以降、アラブ船はポルトガルのイスラム教徒迫害を避けて、スマトラ島の西岸海域を通り、スンダ海峡を通過するというルートをとり始めたのである。オランダやイギリスの商船もスンダ海峡を通過した。マラッカ海峡の南出口に近いムラユ（その付近はジャンビが支配していた）が中国、広州への方向転換地点であり、パレンバンは距離的に無駄があり、あまり使われなかったはずである。セデスは用心深く、中国発の北東風に乗ってくる船の話だけをしている。しかし、スンダ海峡を抜けて南インド方面に向かった大型帆船はほとんどなかったはずである。ムラユという絶好の補給地と風待ちの港を避けてインド方面に向かう理由はない。ほとんど全ての商船はマラッカ海峡を北上してから西に航路をとりインド方面に向かったのである。『諸蕃志』にはスンダ（新拖）は三仏斉の15の属領の1つとして数えられてはいるが、さほどの重要性があったという記述はない。ベンガル湾のスマトラ西岸部は海が荒れることと重要な産物が少ないからである（ベンクーレンは後に胡椒の積出港としては知られようになる）。また、中国からジャワ島に向かう船はパレンバンに寄らずにジャワに直行したはずである。

"Moreover, the fall in the early seventh century of Funan, a state that had been the dominant power in the southern seas for five centuries, left the field open for the inhabitants around Sumatran estuaries and harbors to develop control of commerce between India and China. It was thanks to these circumstances that the rapid rise of the kingdom of Śrīvijaya took place in the eighth century."（p.81）

5世紀にわたり扶南は「南海」の貿易を支配したとセデスはいうが、明らかに誇張である。扶南の東隣には林邑（チャンパ）があり、マレー半島には「Bルート」（本論参照）を支配していたケダを基点とする、呵羅単、干陀利、丹丹、赤土などの諸国があり、扶南が支配していたのはマレー半島の「Aルート」と友邦の盤盤だけであった。また、ジャワ島の「訶陵（前期）」には全く手を出せなかった。扶南はマラッカ海峡をどの程度支配していたかはわからないが、少なくとも「属領」として支配していたとはいえない。

　7世紀のはじめの扶南の崩壊によって、権力の真空地帯が生じて、スマトラの河口の港がインドと中国の通商の制御を始めた。それが室利仏逝の誕生につながったとセデスはいう。セデスはこの段階で室利仏逝がパレンバンにあったと考えている。また、扶南政権の崩壊が6世紀末だとして、「真空地帯」をどのスマトラ島の王国が埋めたのであろうか？　隋時代は「赤土国」が3度入貢した。唐時代に入り、ジャワ島の訶陵が640年、647年、648年、666年に入貢した。7世紀中ごろ唐時代には、訶陵と室利仏逝とはお互いにライバル関係にある貿易大国であると見られていた。扶南滅亡後はタイ領（現在の）からはモン族国家のドヴァラヴァティ（堕和羅）が640年と643年に入貢した。扶南を追い出した真臘は616年（隋大業12年）、唐に入り、623年、625年、628年、635年、651年と比較的頻繁に入貢している。しかし、これらは「スマトラ島の河口」とは何の関係もない。

　西ジャワと考えられる堕婆登国が640年と647年に入貢している。スマトラ海域から入貢したのは摩羅游国の644年があるのみである。パレンバンに相当する国の入貢は明の「旧港」以外には記録されてない。

　室利仏逝は『新唐書』に「**咸亨至開元間、数遣使者朝**」とあり、咸亨年間670〜674年から朝貢している。扶南が6世紀の末に滅亡して、扶南の支配から逃れて朝貢を開始した国というのはドヴァラヴァティ（堕和羅鉢底）と真臘である。スマトラの沿岸部の国からは特に中国への朝貢を開始した国というのは見当たらない。スマトラ沿岸部にシュリヴィジャヤ（室利仏逝）が登場したというのがセデスの仮説であり、それは扶南の王統であったという。しかも朝貢を開始したのは695年であるとしている。扶南の王族はその空白の100年間をどうしていたのであろうか？しかもそのスマトラのシュリヴィジャヤがパレ

ンンバンやジャンビといったところで戦争をし、その地を平定してからマレー半島に、時を移さず攻め上り、またたくまにマレー半島全体を制圧するなどというのはありえない話である。マレー半島には既に国際商業都市として実績のある強国がケダにもチャイヤーにも存在していたのである。

　私の仮説は本論で述べてとおり、扶南の属領であった盤盤に亡命し、そこから新しい構想で「室利仏逝」を建国して再出発したというものである。

　そのセデスの議論の出発点は、事実認識においてかなりのずれを含んでいるといわざるを得ない。義浄や『新唐書』が述べる「室利仏逝」とはいかなる国でどこにあったかという点がまず問題である。

The beginning of the kingdom of ŚRIVIJAYA (end of the seventh century)
　"When the pilgrim I-ching（義浄）made his first voyage from China to India in 671, his first port of call, less than twenty days after his departure from Canton , was Fo-shih（仏逝）,where he stopped six months to study Sanskrit grammar. (p.81)

　この部分は既に本論で述べたが、義浄が『高僧伝』で記録しているとおり、671年に広州を出発して20日足らずの船旅で室利仏逝に到着し、そこで彼は6ヵ月滞在して、まずサンスクリット語の文法を勉強する。そこには1000人を超える仏僧がいてインドのナーランダに匹敵する規模であり、本場インド並みの修行や学習や善行が行なわれていたという。義浄は「これからの仏教修行者はインドに行く前にここに1～2年滞在して、予習してから現地に行くべきだ」というアドバイスをしている。室利仏逝においては当時のナーランダ寺院にかなり近いレベルの仏教研究と修行が行なわれていたというのである。こういうインフラが当時のパレンバンに存在したという痕跡は皆無であるといってよい。

　次に、セデスは室利仏逝がパレンバンにあったという根拠を示すためにパレンバンとその周辺のジャンビとバンカ島で発見された5つの碑文の解読とその解釈を述べることになる。

　"A group of inscriptions in Old Malay, four of which were found in Sumatra（three near Palembang, another at Karang Brahi on upper course of the Batang Hari) and fifth at Kota Kapur on the island of Bangka,show the existence in 683~86 in Palembang of a Buddhist kingdom that just conquered the hinterland of Jambi and island of Bangka and preparing to launch a military expedition against Java. This kingdom bore the name of Śrivijaya, which corresponds exactly to I-Ching's Shih-li-fo-shih." (p.82)

　セデスはパレンバンで発見された3個の石碑と隣国のジャンビの近郊で発見された1個の石碑と残りの1個はバンカ島で発見された1個の石碑について説明をしている。その中に「シュリヴィジャヤ」という単語を見出した、それが「室利仏逝」の本当の発音だというのである。そこまでの話はまさにセデスの読解力のすばらしさを物語るもので大いなる功績である。しかし、そこがシュリヴィジャヤの首都であるとはどこにも書いていない。(パレンバン周辺の石碑については本文参照)

"The oldest of the three inscriptions from Palembang, the one that is engraved on a large stone at Kedukan Bukit, at the foot of the hill of Setuntang, tells us that on April 23, 682, a king began an expedition (siddhayâtrā) by boat, that on May 19 he left an estuary with an army moving simultaneously by land and sea, and that, a month later, be brought victory, power, and wealth to Śrivijaya .

　The king who in 682 set up this votive offering in some sacred place near Seguntang did so on returning from a victorious expedition that earned Śrivijaya new power and prestige. (p.82)

　This anonymous king is almost certainly the Jayanāśa who founded a public park two years later, on March 23, 684, at Talag Tuwo, west of Palembang and five kilometers northwest of Seguntang, and on this occasion had a text engraved expressing the desire that merit gained by this deed and all his other good works should redound on all creatures and bring them closer to enlightenment" (p.83)

　そのうちの一番古い石碑がクドカン・ブキット (Kedukan Bukit) で発見されたものであり、「682年4月23日に王は船で軍隊を移動し始め、5月19日に河

口を出て水陸から同時に敵地に攻め入った。その1ヵ月後に勝利と権力（魔力というのがセデスの見方…筆者註）と富をシュリヴィジャヤにもたらしたと記されている。」

　ここにはどこからどこに攻め入ったというような具体的な記述はない。また、どこから軍勢を集めてきたかということも書いてない。いえることは国王が戦勝記念にクドカン丘にこの石碑を建てたということである。この時にこの地が既にシュリヴィジャヤの本拠地であったのかあるいは、新たな占領地であったのか、あるいは他の地域に軍隊を進めるための前進基地だったのかは判明しない。セデスは「権力と富を獲得した」と書いているが、シュリヴィジャヤの目的は沿岸地域の支配権の獲得である。「強盗」を目的とした軍事行動をシュリヴィジャヤがやったという痕跡は見られない。強盗を目的とするなら、次のタラン・トゥオ碑文に見られるごとく、わざわざ住民のために植物園など造営しないであろう。

　もう1つの碑文はパレンバンの西方でセグンタン（Seguntang）の北西5kmのタラン・トゥオ（Talng Tuwo）で発見された684年3月23日の日付のある碑文である。たぶんこの王と同一人物と思われるジャヤナーシャ王（King Jayanāśa）は石碑を「植物公園」の開園を記念して建てている。この碑文には大乗仏教の信仰に関連する語句が刻まれている。また、セデスのこの著書には軍勢の数については触れられていないが、セデスが行なったクドカン・ブキット碑文のフランス語訳は次のようになっている。

"Il conduitsit une armée de vingt mille; des suivants……au nombre de deux cents se déplaçant en bateau, des suivants à pied an nombre de mille trios cent douze arriveèrent en présence（du rois?）, ensemble, le cour joyeux.

　「彼（王）は2万に軍勢を率いていた。200人は船に乗り1312人は王の面前で士気高く徒歩で従った。」というのが直訳であるが、2万人の軍勢にしては実戦で使われた兵力は1500人程度であり、あまりにもアンバランスである。詳細は本文を参照されたい。最近では軍勢は2万人ではなく2000人だったと

いう解釈がなされている。当時、2万の海軍を率いて戦争をするなどということは到底ありえない。鄭和の大遠征隊といえども総勢2万8000人であった。

　残りの3つの石碑の1つは686年2月28日付けのものである。3つの石碑は共通して不服従者、王に抵抗する者への脅迫と呪いが記されている。1つはジャンビの川のバタン・ハリ（Batang Hari）川の上流のカラン・ブラヒ（Karang Brahi）で1904年に発見された石碑である。これは1892年にバンカ（Bangka）島のコタ・カブール（Kota Kapur）で発見された碑文とかなりに似通った内容が記されているという。民衆に対するものであり、もう1つはバンカ島の住民に対し国王とその島の首長となった家臣への謀反の禁止、服従を命じたものであり、逆らうものには処罰と災いが降りかかると脅迫し、686年に抵抗するジャワへの遠征軍出発について述べている。

"The land referred to may have been the ancint kingdom of Tārumā, on the other side of the Sunda Straits, which we do not hear spoken of again after its embassy to China in 666-69.　Tārumā may have become the nucleus of the expansion of Sumatran influence on the island of Java which is evidenced in the following century by the inscription of Gandasuli in the province of Kedu", (p.83)

　しかし、セデスによればシュリヴィジャヤ軍の向かった先は訶陵の本拠中部ジャワではなくて西ジャワのタルマ国であったという。当時、室利仏逝のライバルであったジャワの貿易大国「訶陵」はセデスの眼中に全くないかのようである。
　セデスは、タルマは666〜669年に唐に入貢した後消息を聞かないという。シュリヴィジャヤ遠征軍によって滅ぼされたことを示唆しているらしい。しかし、この時期は『冊府元亀』にも『唐会要』にもタルマらしき国の朝貢記録は見当たらない。貞観21年647年に「堕婆登国」が入貢している。これは西ジャワにあった国であると見られている。
　シュリヴィジャヤ軍は西ジャワの堕婆登国を攻撃したかもしれないが、主目的は中部ジャワの訶陵の支配地だったと思われる。訶陵を抑えることによって

室利仏逝は東南アジア諸国の「朝貢」を独占的に行なうことができると考えたはずである。訶陵の征服こそは、それまでシュリヴィジャヤが進めてきたジャンビ、パレンバンの制圧によるマラッカ海峡の交易ルートの独占に次ぐ、ジャワ島への侵攻であり、一連の覇権主義的な侵略戦争の最後の締めくくりであったはずである。

　西ジャワは火山灰が酸性のため当時は稲作には適さず、人口も少なかったと考えられる。一方、中部ジャワから東部ジャワにかけては火山灰が塩基性であり、火山の裾野を利用しての水田稲作が盛んで、人口も多かったと考えられる。そこはサンジャヤ王朝が支配しており、唐王朝には「訶陵国」として入貢していた。

　セデスは西ジャワ（タルマ王国）やスンダ海峡を重視しているが、ジャワ島の南海岸は波が荒く、港湾適地がほとんどなかった。その自然的事情は今日でも変わりはない。

　また、碑文について重要な意味を持つと思われるのは、7つのナーガ（コブラの大蛇）の頭をいただくトゥラガ・バトゥ（Telaga Batu）碑文「＝サボキンキン碑文」であろう。それは「誓忠飲水儀式」に使われた。セデスはこのトゥラガ・バトゥ碑文についてなぜか明確な説明をしていない。シュリヴィジャヤ王国がこの地に6世紀末から存在するのであれば、住民に改めて忠誠を誓わせる儀式用の碑文は必要としなかったに相違ない。これは、この地域（パレンバン地方）の住民が外来のシュリヴィジャヤ軍によって新たに制圧されたことを意味していると解すべきであろう。

　また、これまでのセデスの議論で気になるのはシュリヴィジャヤ軍が2万人の大軍だということである。これだけの軍隊がパレンバンに常備されていたとすれば、家族や一般市民（商工業者）や農民も含め、さらには1000人を超える仏僧を含めると優に5万〜6万人を超える人口がいたことを想定せざるをえないであろう。しかし、それはパレンバンという稲作不適地では到底ありえないことである。膨大な食料をジャワやケダから常時輸入しなければやっておけない。そんなことをシュリヴィジャヤ王国が何百年にわたってやれたはずがない。

　次にセデスは室利仏逝＝シュリヴィジャヤの唐王朝への朝貢について次のように語っている。

Although King Jayanaśa is named in only one of the five inscriptions, they probably all emanate from him: the military expedition in 682, the foundation of a public park in 684, the affirmation of authority in the northwest and southeast of the kingdom, and sending of an expedition against Java — all these mark the various stages in the career of a king whom we are tempered to recognize as the conqueror of Malayu.

Perhaps it was also he who sent the embassy of 695 to China, the first one from Śrīvijaya for which we have a definite date. Before this embassy we have only a vague mention of embassies beginning with the period 670~73; after it, we know of embassies of 702, 716, and 724 in the name of the king Shih-li-t'o-lo-pa-mo (Śrī Indravarman) and of 728 and 724 in the name of the king Liu-t'eng-wei-kung. (pp.83-84)

彼は室利仏逝の朝貢は 695 年が最初だという。それ以前は 670 ～ 673 年に入貢したというあやふやな記録があるだけだという。これはセデスの誤解である。『新唐書』に入貢の事実は明記してある。『新唐書』によると、室利仏逝は「咸亨至開元間、数遣使者朝」とある。咸亨年間とは 670 ～ 674 年であり、開元年間とは 713 ～ 741 年の間である。事実、671 年には義浄は室利仏逝を目指して波斯船に便乗して旅立ったのである。室利仏逝は当時訶陵に並ぶ 2 大貿易国として認識されており、それ以前（670 年頃）に唐王朝は室利仏逝を朝貢国として認識していたことは間違いない。セデスはそういう事実を知らなかったのであろうか？

逆に、695 年には室利仏逝が入貢したという記録は残っていない。ただあるのは 695 年に唐王朝は朝貢に来た国々に、帰途の食料をどれくらい持たせるかを決めた規定を発表しているだけである。『唐会要』巻 100 に證聖元年 695 年 9 月 5 日に「**南天竺、北天竺、波斯、大食等国使宣給六箇月糧、尸利佛誓、真臘、訶陵等国使給五箇月糧、林邑国使給三箇月糧**」とあり、訶陵（中部ジャワ）や室利仏逝は 5 ヵ月分支給ということになっている。これから自明なことは 695 年以前において室利仏逝はいわば公認された朝貢国としての実績が十分にあったということである。

もともとパレンバンに本拠を置き、2 万人もの軍隊を養って侵略の準備をしたなどということは経済地理学的におよそ考えられない。そのように考えると、

次のセデスの仮説すなわち、首都パレンバンを基点として北東の方向（ジャンビやケダの方向）や東南（西ジャワ）の方向に勢力を伸ばしたというのは間違いであるということになる。

Śrīvijaya's extension northwest toward the Strait of Malacca and southeast toward the Sunda Strait is a very clear indication of the designs on the two great passages between the Indian Ocean and the China Sea, the possession of which was to assure Śrīvijaya of commercial hegemony in Indonesia for several centuries." (p.84)

セデスの仮説すなわちパレンバン説には高楠順次郎博士が 1896 年に出版した "A Record of Buddhist Religion as practised in India and the Malay Archipelago, by I-Tsing"（義浄の『南海寄帰内法伝』の英訳と解説）に添付された 1 枚の付録の地図（室利仏逝を Sribhoga としパレンバンに当てた）が大きな影響を与えたことは想像に難くない。この高楠本はいまだに欧米の学者に広く読まれている。彼らはこの本の内容について漢籍を読みこなせない限り、疑義を挟むことは事実上不可能である。

事実は本書で再三指摘したとおり、シュリヴィジャヤはチャイヤーをベースにしてケダを手中に収めマレー半島統一国家「室利仏逝国」を作り、ついでマラッカ海峡を南下し、ジャンビとパレンバンを制圧し、マラッカ海峡をコントロール下に置いた。さらにバンカ島を前進基地として、ジャワ島の訶陵に攻め入り、そこも制圧した。この時がシュリヴィジャヤの版図が最大になった時であり、北はマレー半島のチャイヤーから南は中部ジャワにまで拡大した。

また、セデスは「リゴール碑文（775 年）に関連して次のように述べている。

For some time it was thought that Śailendras reigned in Śrīvijaya from the beginning and that during the second half of the eighth century and a large part of the nineth, central Java became subject to the Sumatran kingdom. But although the Śailendras were, as we will see, the kings of Śrīvijaya in the eleventh century and undoubtedly also in the tenth, we have no proof that such was already the case in the eighth. (p.91)

この部分はわかりにくいかもしれないが、セデスは「シャイレンドラが8世紀後半から9世紀にかけてシュリヴィジャヤ全体の支配者になった証拠はない」といっているのである。ところが証拠は「大有り」で、シャイレンドラは「訶陵」という国号を使ってシュリヴィジャヤ・グループを代表して、「朝貢」を行なったのである。その期間は大暦3年（768年）～咸通年中（860～874年）に及ぶのである。セデスのいいたいことは10世紀以前のシュリヴィジャヤの歴史の全期間を通じてパレンバンこそがその本拠だということに尽きる。しかし、今まで見てきたようにパレンバンは終始一貫してシュリヴィジャヤの14～5の城市（属領的国家）に過ぎず、シュリヴィジャヤ・グループのトップに立ったことは1日もないはずである。あるとすれば、ジャワ島から逃げ出したバラプトラ王が一時的に身を寄せたかどうかである。

　In any case, there is no reason to doubt that in the preceeding century Śrīvijaya had its center at Palembang, (p.92)

　セデスはこう断言して、この見方はO.W.Wolters（コーネル大学教授）も同じ意見だと脚註で述べている。Woltersは「我輩の見方はかのセデス大先生と同じである」というであろう。私はセデスの見解に多くの「疑問」を抱いたのでこの書を著したのである。

主要国朝貢年表（西洋、南海、日本および朝鮮）

後漢：25〜220年
建武8年：32年：12月：高句麗王：遣使奉貢
建武25年：49年：扶余王：遣使貢献
中元2年：57年：東夷倭奴国王：遣使奉献：使人自称大夫、倭国之極南界也
安帝永初元年：107年：10月：倭国王、師升等、遣使奉献口160、願請見
永初3年：109年正月：高句麗、遣使貢献
永寧元年：120年：12月：燀国王、雍繇調復遣使者詣闕朝賀、献楽及幻人
　　　　　　　　　　：扶余王遣子、詣闕奉献
延光元年：122年：扶余王、遣使貢献
桓帝延熹2年：159年：天竺国、来献
桓帝延熹4年：161年　：10月：天竺国
　　　　　　　　　　：12月：扶余国、並遣使来献
桓帝延熹9年：166年　：9月：大秦王安敦遣使、漢世唯一通焉
熹平3年：正月：174年：扶余国：遣使貢献

魏：220〜265年
延康元年：220年：扶余単于：遣使貢献
景初2年：238年：6月　：倭女王遣大夫難升米等詣郡求詣天子朝献男生口4人女生口
　　　　　　　　　　6人班布2疋2丈、親魏倭王
齊王正始元年：240年春　：東倭重訳納貢
齊王正始4年：243年：12月：倭国女王俾弥呼：遣使太夫伊声耆、掖邪狗等8人献生口、
　　　　　　　　　　倭錦、絳青縑、綿衣、帛布、丹木附、短弓矢
齊王正始8年：247年　：倭国女王一與遣大夫掖邪狗等詣臺、献一男女生口30人、
　　　　　　　　　　貢白珠5000枚、青大句珠2枚、異文雑錦20匹

呉：222〜280年
黄武4年：225年：扶南諸外国来献瑠璃：（太平御覧、巻808『呉暦』）
黄武5年〜黄龍3年：226〜231年：扶南等国：遣使来貢（三国史）呂岱伝
赤烏6年：243年12月：扶南王范旃：遣使、献楽人及方物

西晋：265〜316年
武帝泰始元年：265年　：倭人国女王：遣使重訳朝献
　　　　　　　　　　：扶南国：遣使朝貢
泰始2年：266年：倭人：来献方物
泰始4年：268年：扶南国：遣使来献
　　　　　　　　　　：林邑国王：胡達上疏、貢金椀及金鉦等物
太康元年：280年：辰韓王遣使献方物
太康5年：284年：12月：林邑：遣使来献
　　　　　　　　　　：大秦：遣使来献
太康6年：285年：4月　：扶南等10国来献

太康 7 年：286 年：扶南等 21 国遣使来献
太康 8 年：287 年：扶南等遣使来献
（梁書では扶南の朝貢は晋武帝太康中に始まったとある）

東晉：317 〜 420 年
咸康 2 年：336 年：高句麗国：遣使貢方物
咸康 6 年：340 年：10 月：林邑：献馴象：范文（第 2 范王朝）
康帝建元元年：343 年：高句麗、遣使朝献
穆帝升平元年：357 年：扶南：王竺檀遣使朝献（本紀）
簡文帝咸安 2 年：372 年：正月：百済：遣使朝献（本紀）
　　　　　　　　　　　　　：林邑：遣使朝献（本紀）
孝武帝寧康年間：373 〜 375 年：林邑：遣使朝献（列伝）
太元 2 年：377 年：6 月：林邑：貢方物（本紀）
太元 7 年：382 年：3 月：林邑：遣使献方物（本紀）
太元 14 年：389 年：扶南：遣使方物（本紀）
義熙年間：405 〜 418 年：林邑：遣使（列伝）
義熙初：師子国　：始遣献玉像、経十載之至、像高四尺二寸玉色潔潤形製殊特、
　　　　　　　　　殆非于人工・（梁書）
義熙 10 年：414 年：林邑：遣使（列伝）
義熙 13 年：417 年：林邑：遣使（列伝）

劉氏：宋：420 〜 479 年
高祖永初 2 年：421 年：林邑：王范陽邁：遣使貢献
少帝景平元年：423 年：高麗国：遣使貢献
景平 2 年：424 年：高麗国：遣使朝貢
文帝元嘉 2 年：425 年：倭国：王讃遣使奉表献方物、表曰「封国扁遠足作藩于外」
　　　　　　　　　　　安東大将軍倭王
元嘉 5 年：428 年　：天竺、迦毘梨（迦毘黎）国王：遣使奉表献金剛指環摩勒金環諸宝
　　　　　　　　　　物赤白鸚鵡各 1
　　　　　　　　　：師子国：王利利摩訶南奉表曰「謹白大宋明主…」（宋書）
元嘉 6 年：429 年　：7 月：百済王：遣使献方物
　　　　　　　　　：師子国：王利利摩訶遣使貢献（梁書）
元嘉 7 年：430 年　：倭国王：遣使献方物
　　　　　　　　　：訶羅陀国：遣使奉表献方物王名堅鎧所遣 2 人 1 名「毘紉」1 名婆田
　　　　　　　　　：林邑国：遣使献方物、交州との紛争。元嘉 8 年に扶南に援軍を求
　　　　　　　　　　むも拒否
　　　　　　　　　：獅子国：遣使献方物
　　　　　　　　　：訶羅単国：遣使献、金剛指環、赤鸚鵡鳥、天竺国白氈、古貝、
　　　　　　　　　　葉婆国古貝等物、其表語略同佛経、（宋書）
元嘉 10 年：433 年　：林邑王：范陽邁遣使上表献方物、求領交州、詔答以道遠、不許
　　　　　　　　　　：呵羅単国：王毘沙跋摩奉表曰「常勝天下陛下・」（宋書）
元嘉 11 年：434 年：扶南国：王持黎跋摩（Śrīndravarman）：遣使献方物（宋書）

主要国朝貢年表(西洋、南海、日本および朝鮮) 205

　　　　　　　　　：訶羅単国：遣使献方物
元嘉12年：435年　：林邑国：遣使献方物
　　　　　　　　　：師子国：王刹利摩訶遣使貢献（梁書）
　　　　　　　　　：扶南国：遣使献方物
　　　　　　　　　：訶羅単国：遣使献方物
　　　　　　　　　：闍婆婆達国：国王師黎婆達陁阿跋摩遣使奉表曰「宋国大守天子足
　　　　　　　　　　下」（宋書）
元嘉13年：436年　：高麗国、武都王、遣使献方物
　　　　　　　　　：呵羅単国、又上表曰「大吉天子足下：離淫怒癡、…」（宋書）
　　　　　　　　　　この使節も「毘紖」
元嘉14年：437年　：訶羅単国：遣使献方物→宋書にはない
元嘉15年：438年　：高麗国、武都王、遣使献方物
　　　　　　　　　：倭国：遣使献方物
　　　　　　　　　：扶南国：遣使献方物
　　　　　　　　　：林邑国：遣使献方物
元嘉16年：439年　：高麗国、武都王、遣使献方物
　　　　　　　　　：林邑国：遣使献方物
元嘉17年：440年　：高麗国、武都王、遣使献方物
　　　　　　　　　：百済国、遣使献方物
元嘉18年：441年　：高麗国、遣使献方物
　　　　　　　　　：林邑国、遣使献方物、所貢亦陋薄（宋書→林邑への不信）
　　　　　　　　　：斤陀利国王：釈婆羅那：遣長史竺留陀及多献金銀宝器
元嘉19年：442年　：婆皇国：遣使献方物
元嘉20年：443年　：高麗国：遣使献方物
　　　　　　　　　：百済国：遣使献方物
　　　　　　　　　：倭国：王済遣使奉献方物、以為安東将軍、倭国王
元嘉23年：446年　：宋、林邑を攻略。王范陽邁遣使上表、求還所略日南民戸、奉献
　　　　　　　　　　国珍（宋書）
元嘉26年：449年　：婆皇国：遣使献方物：国王舎利磐羅跋摩遣使方物41種、
　　　　　　　　　：婆達国：遣使献方物：国王舎利不陵伽跋摩（宋書）
　　　　　　　　　：呵羅単と上記2カ国に対し太祖詔日「三国、頻越・」（宋書）
元嘉27年：450年　：百済国：遣使献方物
元嘉28年：451年　：7月：安東将軍、倭王済進号安東大将軍。
　　　　　　　　　：婆皇国：遣使献方物
　　　　　　　　　：婆達国：遣使献方物
　　　　　　　　　：高麗国：遣使献方物
元嘉29年：452年　：訶羅単国：遣使献方物：遣長史磐和沙弥献方物（宋書）
　　　　　　　　　（梁書に「盤盤国、宋文帝元嘉・孝武孝建・大明中・並遣使貢献」
　　　　　　　　　　とある）
孝武帝孝建2年：455年：盤盤国：遣使献方物：7月：遣長史竺伽藍婆奉献金銀琉璃諸
　　　　　　　　　　香薬等物（太平御覧）
　　　　　　　　　：斤陀利国：遣使献方物：国王釈婆羅那鄰陁（Śrīvaranarendra）

　　　　　　　　　　　遣長史竺留陁（Rudra, the Indian）及多献金銀宝器（宋書）
　　　　　　　　　　：婆皇国：遣使献方物
　　　　　　　　　　：高麗国：遣使献方物
　　　　　　　　　　：林邑：遣使長史范龍跋奉使貢献、除龍跋楊武将軍（宋書）
孝武帝孝建 3 年：456 年：婆皇国（宋書→遣長史竺那嬰智奉表献方物）
大明 2 年：458 年　：林邑国：遣使献方物：（宋書→王范神成又遣長史范流奉表献金銀器
　　　　　　　　　　及香布諸物）
　　　　　　　　　　：高麗国：遣使献方物
大明 3 年：459 年　：高麗国：遣使献方物
　　　　　　　　　　：婆皇国：遣使献方物：献赤白鸚鵡（宋書）
大明 4 年：460 年　：倭国：遣使献方物
大明 6 年：462 年：3 月：以倭国世子興為安東将軍倭国王
　　　　　　　　　　：高麗国：遣使献方物
大明 7 年：463 年　：百済国：遣使献方物
大明 8 年：464 年　：婆皇国：遣使貢献
明帝泰始 2 年：466 年　　：天竺迦毘黎国：遣使貢献
　　　　　　　　　　：婆皇国：遣使貢献、長史竺須羅達、（宋書）
　　　　　　　　　　：5 月：倭国：王武遣使献方物、以武為安東大将軍
泰予元年：472 年　：林邑国：遣使献方物
元徽元年：473 年　：婆黎国：遣使献方物
元徽 3 年：475 年　：高麗国：遣使献方物
昇明元年：477 年　：倭国：遣使献方物
昇明 2 年：478 年　：倭国：遣使献方物
　　　　　　　　　　：高麗国：遣使献方物

南齊：479 〜 502 年
太祖建元元年：479 年　：安東大将軍、倭王武、進号為鎮東大将軍
　　　　　　　　　　　：扶南：仍以叔献為交州刺史、就安慰之、叔献受命（南齊書）
　　　　　　：5 月　：迦羅国王：荷知：遣使貢献
建元 2 年：480 年：3 月：百済王：牟都：遣使貢献
建元 3 年：481 年：12 月：高麗王：楽浪公：遣使貢献
永明 2 年：484 年：8 月　：扶南王：僑陳如闍邪跋摩：奉啓曰「天竺道人釈那迦仙從中国」
　　　　　　　　　　　献金鏤龍王坐像 1 躯体牙像 1 躯、牙塔 2 躯、古貝 2 双、琉璃
　　　　　　　　　　　蘇鉝 2 口、礒珺檳榔秤 1 枚献頌章
永明 9 年：491 年：5 月　：林邑国：遣使献金箪
永泰元年：498 年　：林邑：（南齊書→諸農入朝、海中遭風溺死、以其子文款為仮節、
　　　　　　　　　　　安南将軍、林邑王）

梁：502 〜 557 年
高祖武帝天藍元年：502 年：8 月　：林邑国：遣使献方物
　　　　　　　　　　　　：干陀利国：其王瞿曇脩跋陀羅（Gautama Subhadra）
　　　　　　　　　　　　以四月八日夢見…遣使并画工奉表献玉盤等物

主要国朝貢年表(西洋、南海、日本および朝鮮)　　　　　　　　　　　　　207

　　　　　　　　　（梁書）
天藍初：中天竺：王屈多遣長史竺羅達奉表曰：「伏聞彼国拠海傍海、山川周固、」（梁書）
天藍 2 年：503 年：7 月：扶南王：送珊瑚仏并諸方物：詔授安南将軍、扶南王（梁書）
　　　　　　　　　　　：天竺国王、屈多遣長史竺羅達奉表曰「伏聞…」奉献琉璃唾壷、
　　　　　　　　　　　　雑香、古貝等物
天藍 3 年：504 年：9 月：北天竺国：遣使奉献方物
天藍 9 年：510 年：4 月：林邑国：遣使献白猴 1
天藍 10 年：511 年：扶南王：遣使貢献（梁書）
天藍 11 年：512 年：3 月：高句麗：遣使献方物
　　　　　　　　　　4 月：百済：遣使献方物
　　　　　　　　　　4 月：扶南：遣使献方物
　　　　　　　　　　4 月：林邑国：遣使献方物
天藍 13 年：514 年：4 月：林邑国：遣使献方物
　　　　　　　　　：8 月：扶南国：跋摩類遣使貢献、其年死。庶子留陁跋摩
　　　　　　　　　　　　（Rudravarman）殺其嫡子弟自立
天藍 14 年：515 年：9 月：狼牙脩国（梁書→王婆迦達多：遣使阿撒多奉曰「立国以来
　　　　　　　　　　　　400 余年」
天藍 15 年：516 年：4 月：高麗国：遣使献方物
天藍 16 年：517 年：8 月：扶南王：遣使竺当抱老奉表貢献
　　　　　　　　　　8 月：婆利国：遣使奉表曰「伏承聖王信重三宝、興立塔寺」（梁書）
天藍 17 年：518 年：5 月：干陀利：鉢邪跋摩遣長史毘員跋摩奉表「奉献金芙蓉・雑香」
天藍 18 年：519 年：扶南：復遣使送天竺旃檀瑞像婆樹葉：献火齊珠鬱金蘇合等香
普通元年：520 年：正月：扶南：遣使朝貢
　　　　　　　　　　　：高麗国：遣使朝貢
　　　　　　　　　　　：干陀利国：復遣使献方物
普通 2 年：521 年：11 月：百済国：遣使朝貢
普通 3 年：522 年：8 月：婆利国：王頻迦遣使珠具智貢白鸚鵡青虫兜鍪琉璃器古貝螺
　　　　　　　　　　　　杯雑香薬
普通 4 年：523 年：12 月：狼牙脩国：遣使献方物
普通 7 年：526 年 ：3 月：高麗国：遣使献方物
　　　　　　　　　　6 月：林邑：遣使献方物
大通元年：527 年 ：3 月：林邑国：遣使献方物
　　　　　　　　　　　：獅子国：後王伽葉伽羅訶梨邪使奉表曰：「謹白大梁明主」
　　　　　　　　　　　　献方物
　　　　　　　　　　　：高麗国王：遣使献方物
　　　　　　　　　　　：盤盤国王、遣使奉表曰「揚州閻浮提震旦天使…」
中大通元年：529年：12月：盤盤：遣使献牙像及塔、并献沉檀等香数十種（梁書に
　　　　　　　　　　　　は 5 月）
中大通 2 年：530 年：6 月：林邑国：献方物
　　　　　　　　　　　：扶南国：献方物
中大通 3 年：531 年：6 月：丹丹国：遣使奉表奉送像及塔各2躯并献火齊珠古貝雑香薬等
　　　　　　　　　：9 月：狼牙脩国：奉表献方物

中大通 4 年：532 年：4 月 ：盤盤国：遣使献方物：（南史→使奉表類送佛牙及画塔）
　　　　　　　　　　：11 月：高麗国：遣使献方物
中大通 5 年：533 年：7 月 ：波斯国：遣使献方物
　　　　　　　　　　：9 月 ：盤盤国：遣使献方物
中大通 6 年：534 年：3 月 ：百済国：遣使献方物
　　　　　　　　　　：7 月 ：林邑国：遣使献方物
　　　　　　　　　　：8 月 ：盤盤国：復使送菩提国真舎利及画塔、并献菩提樹葉詹糖等香
大同元年：535 年　　：3 月 ：高麗国：遣使献方物
　　　　　　　　　　：丹丹国：遣使献金銀、琉璃、雑宝香薬等物（梁書）謹奉送牙像及塔各二躯等
　　　　　　　　　　：4 月 ：波斯国：遣使献方物
　　　　　　　　　　：7 月 ：扶南国：遣使献方物
大同 5 年：539 年　　：8 月 ：扶南国：遣使献生犀及方物：言其国有佛髪長 1 丈 2 尺詔遣沙門釈雲宝往迎
大同 7 年：541 年　　：3 月 ：高麗国：百済国：遣使献方物
大同 8 年：542 年　　：8 月 ：盤盤国：遣使献方物
　　　　　　　　　　：林邑国：遣使献方物
大同 9 年：543 年　　：扶南国：遣献方物（通志）
簡文太清 3 年：549 年：10 月：百済国：遣使朝貢
大寶 2 年：8 月：551 年：8 月：盤盤国：献馴象

陳：557～589 年
高祖永定 3 年：559 年：5 月 ：扶南国：遣使献方物
文帝天嘉 2 年：561 年：11 月：高麗国：遣使献方物
天嘉 4 年：563 年：正月：干陀利国：遣使献方物
廃帝天康元年：566 年：12 月：高麗国：献方物
光大元年：567 年：10 月：百済国：遣使献方物
光大 2 年：568 年 ：6 月 ：新羅国：遣使献方物
　　　　　　　　　：9 月：林邑国：遣使献方物
　　　　　　　　　：狼牙脩国：遣使献方物
宣帝太建 2 年：570 年：6 月　：新羅国：遣使献方物
　　　　　　　　　　：11 月 ：高麗国：遣使献方物
太建 3 年：571 年 ：5 月：丹丹国：遣使献方物
　　　　　　　　　：遼東新羅国：遣使献方物
　　　　　　　　　：天竺国：遣使献方物
　　　　　　　　　：盤盤国：遣使献方物
　　　　　　　　　：10月：丹丹国：遣使献方物
太建 4 年：572 年 ：3 月：扶南国：遣使献方物
　　　　　　　　　：林邑国：遣使献方物
太建 6 年：574 年：正月：高麗国：遣使献方物
太建 9 年：577 年：7 月 ：百済国：遣使献方物

太建10年：578年：7月　：新羅国：遣使献方物
太建13年：581年：10月：丹丹国：遣使献方物
後主至徳元年：583年：12月：頭和国：遣使献方物
至徳2年：584年　：11月：盤盤国：遣使献方物
　　　　　　　　　　　　：百済国：遣使献方物
至徳3年：585年　：10月：丹丹国：遣使献方物
　　　　　　　　　　　：12月：高麗国：遣使献方物
至徳4年：586年　：9月　：百済国：遣使献方物
禎明2年：588年　：6月　：扶南国：遣使献方物
（注）扶南入貢はこれが最後なるも新唐書に「武徳・貞観時・再入貢」とある。また、『通志』には「其国王姓古龍遣使至長安、唐武徳後亦頻入貢、貞観中又献、白頭国二人於洛陽云白頭国在扶南西参平之西南…」の記事あり。

隋：581～618年
高祖開皇2年：582年：正月　：高麗（11月も）：遣使献方物
　　　　　　　　　　　　　：百済：遣使献方物
高祖開皇3年：583年：4月：5月　：高麗：貢方物
高祖開皇11年：591年：正月：5月　：高麗：遣使貢方物
高祖開皇12年：592年：正月　：高麗：遣使献方物
高祖開皇15年：595年：5月　：林邑：遣使貢方物
高祖開皇17年：597年：6月　：高麗：遣使貢方物
煬帝大業4年：608年　：3月　：百済：遣使貢方物
　　　　　　　　　　　　　　：倭：遣使貢方物
　　　　　　　　　　　　　　：赤土：国王利富多塞：遣使貢方物
　　　　　　　　　　　　　　：伽羅舎国：遣使貢方物
煬帝大業5年：609年　：2月　：赤土国：遣使貢方物
　　　　　　　　　　　　　　：高麗：遣使来朝
煬帝大業6年：610年　：3月　：倭国：遣使貢方物
　　　　　　　　　　　：6月　：赤土：遣使貢方物
煬帝大業7年：611年　：2月　：百済：遣使朝貢
煬帝大業10年：614年　：7月　：百済：遣使貢方物
煬帝大業11年：615年　：正月：新羅：遣使朝貢
煬帝大業12年：616年　：2月　：真臘国：遣使朝貢、帝礼之甚厚、其後亦絶（隋書）
　　　　　　　　　　　　　　：婆利国：遣使朝貢、後遂絶（隋書）
　　　　　　　　　　　　　　：盤盤：来貢方物、其風俗物産、大抵相類云（隋書）。
　　　　　　　　　　　　　　：丹丹：来貢方物、其風俗物産、大抵相類云（隋書）
　　　　　　　　　　　　　　：波斯：遣使朝貢

唐：618～907年
武徳2年：619年：高麗王、高建武：遣使来朝
武徳4年：621年：10月：百済：遣使献果下馬
　　　　　　　　　　：新羅：遣使朝貢

　　　　　　　　　　　　：句麗：遣使朝貢（高麗？）
武德6年：623年　：2月　：林邑：遣使朝貢王范梵志遣使来朝（旧唐書）（唐会要）
　　　　　　　　　：10月：新羅：遣使朝貢：真臘：遣使貢方物
　　　　　　　　　　　　：真臘：遣使貢方物（唐会要）
　　　　　　　　　：12月：高麗：遣使朝貢
武德7年：624年　：5月：7月：9月：百済：遣使献光明甲
　　　　　　　　　：12月：高麗国：遣使来貢方物
武德8年：625年　：4月　：林邑：遣使朝貢
　　　　　　　　　：9月　：真臘：遣使朝貢
　　　　　　　　　：11月：新羅、百済：並遣使朝貢
武德9年：626年　：7月　：新羅：遣使朝貢：
　　　　　　　　　：12月：高麗、百済：遣使朝貢
武德年中：618－26年　：環王：再遣使献方物、高祖為設九部楽饗之。（新唐書）
太宗貞観元年：627年：11月：新羅：遣使朝貢
貞観2年：628年　：9月　：高麗王、建武、遣使奉賀
　　　　　　　　　：10月：林邑：遣使貢馴犀（旧唐書）
　　　　　　　　　　　　：真臘：(旧唐書→林邑と俱来朝献吉蔑国との呼称も）
貞観3年：629年　：9月　：高麗、百済、新羅：並遣使朝貢
貞観4年：630年　　　　：林邑王：范頭黎遣使献火珠大如鶏卵円白皎潔光照数尺、状如水精、
　　　　　　　　　：4月　：婆利：遣使朝貢（唐会要）
貞観5年：631年　　　　：林邑：献火珠、状如水精、日正午時、以珠承景、取艾衣之即火見
　　　　　　　　　　　　是年林邑：献5色鸚鵡、情識弁慧、善之応答。自此朝貢不絶
　　　　　　　　　　　　：婆利国遣使随林邑使献方物
　　　　　　　　　：9月　：百済：遣使朝貢
　　　　　　　　　：11月：倭：遣使朝貢
貞観6年：632年　：12月：百済、新羅：並遣使朝貢
貞観7年：633年　：9月　：盤盤国：遣使朝貢
貞観9年：635年　：4月　：真臘：遣使来朝貢方物
　　　　　　　　　：9月　：盤盤国：遣使来朝貢方物（旧唐書）
　　　　　　　　　：11月：百済：遣使来朝貢方物
貞観10年：636年　：2月　：百済：遣使来朝
貞観11年：637年　：12月：百済王扶余遣太子隆来朝、并献鉄甲雕斧、帝優労之。
貞観12年：638年　：正月：僧高、武令、迦乍、鳩蜜等四国遣使朝貢、並南荒之小国也、朝中国自是始通、衣服言音與林邑同俗。
　　　　　　　　　：6月　：独（堕）和羅国：遣使貢方物、南方荒外崑崙之類也
貞観13年：639年　：2月　：波斯：遣使朝貢
　　　　　　　　　：10月：百済：遣使貢金甲雕斧。
貞観14年：640年　：5月　：訶陵：遣使貢方物（旧唐書）
　　　　　　　　　　　　：独和羅：遣使貢方物
　　　　　　　　　　　　：林邑：献通天犀10枚諸宝（唐会要）

主要国朝貢年表(西洋、南海、日本および朝鮮)

	：貞観中、興墮和羅、墮婆登皆遣使者入貢：(新唐書)
貞観15年：641年：2月	：盤盤国：
	：天竺：国王尸羅逸多：遣使朝貢、帝復遣李義報使其王復遣使献大珠及鬱金香菩提樹
貞観16年：642年：正月	：百済、高麗、新羅：遣使献方物
	：婆羅国：遣使献方物
：5月	：林邑国：遣使献方物
貞観17年：643年：正月	：百済、高麗、新羅：遣使献方物
：閏6月	：墮和羅国：遣使献方物
：11月	：新羅：遣使献方物
貞観18年：644年：正月	：百済、高麗、新羅：遣使献方物
：12月	：摩羅游国：遣使献方物
	：陀洹国：遣使来朝（旧唐書）
貞観19年：645年：正月	：百済太子、扶余康信：貢方物
	：新羅：貢方物
	：(旧唐書記事→林邑：范氏滅ぶ。国人黎の女婿の婆羅門を王となす)
貞観20年：646年：正月	：高麗：遣使貢献
：5月	：天竺：遣使貢方物
貞観21年：647年：正月	：波斯：王伊嗣候遣使朝貢（唐会要）
：2月	：陀洹国：献白鸚鵡、毛羽皓素、頭上有紅毛数十茎、垂興翅齊、并五色鸚鵡等
：3月	：波斯国：献活褥蛇、形如鼠色青、身長八九寸、能入穴取鼠。
	：墮婆登国：遣使朝貢（旧唐書→其王遣使献古貝象牙白檀太宗璽書報之
	：訶陵国：遣使献金花等物（寰宇記、巻177、『桑田』p.217）
貞観22年：648年：正月	：新羅、高麗：遣使朝貢
	：波斯国：遣使朝貢
：6月	：盤盤朝貢
	：訶陵国：朝貢使至。（唐会要）
貞観23年：649年：2月	：墮和羅国：遣使献象牙、火珠
貞観時：627－49年	：環王：王頭黎献馴象鏐鎖五色帯朝霞布火珠、與婆利、羅利二国使者偕来。
永徽2年：651年：8月	：大食：始遣使朝貢
：10月	：真臘国：遣使献馴象、
	：陀洹国：遣使来献
永徽3年：652年：春正月朔	：新羅、百済、高麗：並遣使朝貢
永徽4年：653年：4月	：林邑国人諸葛地自立為王、遣使貢方物、馴象：（クーデター）
：11月	：新羅：遣使献金総布
永徽5年：654年：5月	：林邑国：献馴象
：12月	：倭国：遣使献琥珀、瑪瑙、琥珀大如斗、瑪瑙大如五升器
顕慶元年：656年：10月	：新羅王：遣其子右武衛将軍文王来朝。

	:12月	:高麗王:高蔵遣使奉表賀冊皇太子。
顕慶2年:657年	:2月	:林邑国:遣使朝貢
顕慶4年:659年	:10月	:蝦夷国随倭国使入朝
	:2月	:多摩萇国:朝貢使至。(唐会要)
龍朔元年:661年	:波斯	:国王卑路斯使奏…(唐会要)
龍朔2年:662年	:5月	:哥羅舎分国:在南海之南、東接堕和羅国、其王名蒲越伽摩、精兵二万人、其使以顕慶5年(660年)発本国至是到京。
乾封元年:666年	:7月	:単単国:遣使献方物:(丹丹国と同じ)
		:訶陵国:遣使献方物
乾封2年:667年	:10月	:波斯国:献方物
総章2年:669年	:8月	:林邑王:鉢伽舎跋摩:遣使献方物
	:11月	:倭国:遣使献方物
		:婆羅、其王旂達鉢遣使者與環王使者偕朝。(新唐書)
総章3年:670年		:林邑、獅子、訶羅(訶陵の誤り?桑田説)、単単等:遣使朝献
咸亨元年:670年	:3月	:倭国王:遣使賀平高麗。
咸亨2年:671年	:5月	:波斯:遣使来朝、貢其方物
咸亨3年:672年	:3月	:南天竺国:各献方物(小国の連合で朝貢?)
咸亨4年:673年		:波斯卑路斯自来入朝
咸亨年間:670〜674年		:室利仏逝:咸亨至開元間、数遣使者朝、表為辺吏侵掠、有詔広州慰撫。(新唐書)
上元2年:675年	:9月	:新羅王:金法敏:遣使献方物
永隆2年:681年	:5月	:大食国:遣使献馬及方物
永淳元年:682年	:5月	:大食国:遣使献方物
		:波斯:遣使献方物
		:真臘国:遣使献方物
	:7月	:南天竺遣:遣使献方物
則天垂拱2年:686年		:林邑国:遣使献馴象
則天天綬2年:691年	:10月	:林邑国:遣使献馴象(献上物の質低下)
則天天綬3年:692年	:3月	:東西南北中天竺:来朝献
則天證聖元年:695年	:春1月	:林邑:貢戦象
	:4月	:林邑国:遣使朝貢
(9月5日勅:「蕃国使入朝、其糧料各分等給:南天竺北天竺波斯大食等国使宣給6箇月糧、尸利佛誓真臘訶陵等国使給5箇月糧、林邑国使給3箇月糧」)(唐会要)
則天聖暦元年:698年	:正月	:真臘国:遣使貢方物
則天聖暦2年:699年	:2月	:新羅王:金理供:遣使貢方物
	:6月	:林邑国:遣使献馴象
則天長安元年:701年	:12月	:佛誓国:遣使貢方物
則天長安2年:702年	:3月	:大食国:遣使献良馬
	:10月	:日本国:遣其大臣朝臣真人貢方物
	:12月	:林邑国:遣使朝貢
則天長安3年:703年	:正月	:林邑:遣使朝貢
		:新羅:遣使朝貢

	:10月	:林邑：遣使朝献
中宗神龍元年：705年	:3月	:新羅王：金志誠、遣使来朝、9月又遣使献方物
中宗神龍2年：706年	:2月	:日本国：遣使来朝
	:4月	:新羅王：金隆基、遣使献方物
	:7月	:波斯国：遣使貢献
		:林邑国：遣使貢献
	:8月：10月	:新羅国：遣使貢献
中宗神龍3年：707年	:5月	:真臘国：遣使献方物、この後、陸・水真臘に2分
	:8月	:林邑国：遣使献馴象
景龍元年：707年	:12月	:新羅：遣使貢献
景龍2年：708年	:3月	:波斯：遣使来朝
景龍3年：709年	:3月	:崑崙国：遣使貢方物
	:6月	:新羅：遣使貢方物
	:11月	:林邑国：遣使献白象及方物
景龍4年：710年	:正月	:新羅：遣使来朝
	:波斯：遣使来朝	
	:真臘：遣使来朝	
	:南天竺：遣使来朝	
	:4月	:高麗：遣使来朝
	:7月	:大食国：黒密牟尼蘇於漫遣使献金線織就宝装玉灑地瓶各1
睿宗景雲元年：710年	:9月	:南天竺国：遣使貢方物
睿宗景雲2年：711年	:12月	:林邑：遣使献方物
		:大食：遣使献方物
		:獅子国：遣使献方物
		:新羅：遣使献方物
太極元年：712年	:2月	:新羅：遣使朝貢
	:4月	:林邑国：遣使献方物
玄宗先天元年：712年	:12月	:新羅：遣使来朝
先天2年：713年 :2月	:6月	:新羅：遣使朝貢
	:6月	:南天竺：遣使朝貢
開元元年：713年	:12月	:林邑国王：建多達摩：遣使献象5頭
開元2年：714年	:2月	:新羅：遣使級食朴裕来賀正。
	:8月	:西天竺国：遣使献方物
開元3年：715年	:2月	:天竺国：使瞿曇恵感献方物
	:6月	:林邑国：遣使来朝
開元4年：716年	:3月	:佛誓国：遣使朝貢
		:新羅：遣其臣金楓厚来賀正
	:7月	:大食国黒蜜牟尼蘇利漫遣使上奏献金線織袍宝装玉灑地瓶各一
開元5年：717年	:3月：5月	:新羅：遣使献方物
	:5月	:真臘、文単（陸真臘）：遣使献方物
		:中天竺国：遣使献方物
	:10月	:日本国：遣使朝貢、命通事舎人就鴻臚宣撫

開元 6 年：718 年　：2 月　：新羅：遣使来朝
開元 7 年：719 年　：正月　：新羅国：遣使来賀正
　　　　　　　　　：2 月　：波斯国：遣使献方物
　　　　　　　　　：6 月　：大食国：遣使献方物
　　　　　　　　　：南天竺：遣使献方物
　　　　　　　　　：7 月　：波斯国：遣使朝貢
開元 8 年：720 年　：正月　：中天竺：遣使来朝
　　　　　　　　　：5 月　：南天竺：遣使献豹及 5 色鸚鵡、問日鳥
　　　　　　　　　：11 月：南天竺：遣使来朝
開元 10 年：722 年：10 月：新羅：遣大奈麻金仁壱来賀正、并献方物
　　　　　　　　　：波斯国：遣使献獅子
開元 11 年：723 年：4 月　：新羅王：金興光遣使献、果下馬 1 匹、及牛黄、人参、頭髪、朝霞油、魚牙紬、鏤鷹鈴、海豹皮、金銀等。
開元 12 年：724 年：2 月　：新羅：遣其臣金武勲來賀正
　　　　　　　　　：3 月　：大食：遣使献馬及龍脳香
　　　　　　　　　：7 月　：尸利佛誓：国王遣使倶摩羅献侏儒 2 人賀（僧）奢女 1 人雑楽 1 部及 5 色鸚鵡
　　　　　　　　　：8 月　：尸利佛誓国王尸利施羅跋摩遠修職貢載勤忠款・可遥授左威衛大将軍賜紫袍金鈿帯
　　　　　　　　　：12 月：新羅王：金興光遣使献方物
開元 13 年：725 年：正月　：大食遣其将蘇黎等 13 人並来賀正、且献方物
　　　　　　　　　：3 月　：大食国：遣其将蘇黎満等 13 人献方物
　　　　　　　　　：7 月　：中天竺国：遣使来朝
開元 14 年：726 年：4 月　：新羅：遣使金忠臣来賀正：5 月：新羅：遣使其弟金欽質来朝
開元 15 年：727 年：正月　：新羅：遣使来賀正
　　　　　　　　　：11 月：佛誓国：王遣使献 5 色鸚鵡
開元 17 年：729 年：6 月　：北天竺国：三蔵沙門僧密多献質汗等薬
　　　　　　　　　：9 月　：大食国：遣使来朝、且献方物
開元 18 年：730 年：正月　：波斯王子継忽婆来朝、献香薬、犀、玉等。
　　　　　　　　　：波斯国：王遣使来朝賀正
　　　　　　　　　：新羅国：王遣使来朝賀正
　　　　　　　　　：9 月　：新羅国：遣使朝貢
　　　　　　　　　：11 月：波斯首領穆沙諾来朝献方物、授折衝、留宿衛。
開元 19 年：731 年：2 月　：新羅：遣使来朝賀正
　　　　　　　　　：10 月：中天竺国：王伊沙伏磨遣其臣大徳僧勃達信来朝、且献方物
　　　　　　　　　：林邑国：献象 4
開元 20 年：732 年：正月　：新羅：遣使賀正
　　　　　　　　　：9 月　：波斯：王遣首領潘那密興大徳僧及烈朝貢
開元 21 年：733 年：8 月　：日本国：朝賀使真人広成興儻従 590 舟行遇風、瓢至蘇州、刺史銭惟正以聞、詔通書舎人韋先往蘇州宣慰焉
　　　　　　　　　：12 月：大食国：王遣首領摩思冕達干等来朝
開元 22 年：734 年：4 月　：日本国：遣使来朝、献美濃絁 200 匹、水織絁 200 匹。

主要国朝貢年表(西洋、南海、日本および朝鮮) 215

|　　　　　　　　　　:　　　　:新羅：王興光遣其臣大臣来賀正
|　　　　　　　　　　:6月　　:林邑国：遣使献沈香
開元23年:735年　　　:正月　　:新羅：王遣使金義忠等来賀正
|　　　　　　　　　　:3月　　:日本国：遣使献方物
|　　　　　　　　　　:8月　　:林邑国：遣使献馴象
|　　　　　　　　　　:12月　 :新羅：遣使来献方物
|　　　　　　　　　　:　　　　:林邑国：遣使献白象
開元24年:736年:6月　:新羅：王金興光遣使賀正、献表曰「朝鮮半島の主権国家と
　　　　　　　　　　　　　　　して認知を請願」
開元25年:737年　　　:正月　　:波斯王子継忽婆来朝
|　　　　　　　　　　:2月　　:新羅、遣使沙食金抱質、来朝賀正、且献方物
|　　　　　　　　　　:4月　　:東天竺国：三蔵大徳僧達魔戦来献胡薬
|　　　　　　　　　　:12月　 :新羅国：王金承慶遣使献方物
開元26年:738年:3月　:新羅：使其大臣金元玄来賀正
開元28年:740年:12月　:大食首領：和薩来朝：授左金吾衛将軍、賜紫袍、金細帯、
開元29年:741年:12月　:佛誓国：王遣其子来朝、献方物（旧唐書巻9、本紀）
天寶元年:742年　　　　　　　:佛逝国：王劉滕未恭未為賓義王、授右金吾衛大将軍
天寶2年:743年:12月　:黒衣大食遣大酋望25人来朝、
天寶3年:744年:閏2月:4月:新羅：遣使、来賀正、并献方物
|　　　　　　　　　　:12月　　　:新羅：王遣弟来賀正
|　　　　　　　　　　　　　　　 :林邑：入貢（文献通考）
天寶4年:745年　　　 :3月　　:波斯：遣使献方物
|　　　　　　　　　　:4月　　:新羅：遣使来朝貢
|　　　　　　　　　　:5月　　:大食：遣使来朝貢
天寶5年:746年　　　 :正月　　:師子国：王尸羅迷伽遣婆羅門僧灌頂三蔵阿目伽跋折羅来朝、
　　　　　　　　　　　　　　　 献鈿金宝瓔珞及貝葉梵写＜大般若経＞1部、細白氎40張
|　　　　　　　　　　:2月　　:新羅王：金憲英遣使来賀正、兼献方物
|　　　　　　　　　　:7月　　:波斯：遣呼慈国大城主李波達僕献犀牛及象各1.
天寶6年:747年　　　 :正月　　:新羅：遣使来賀正、献方物
|　　　　　　　　　　:4月　　:波斯：遣使献瑪瑙床
|　　　　　　　　　　:5月　　:大食国：王遣使献豹6、
|　　　　　　　　　　　　　　 :波斯国：王遣使献豹4
|　　　　　　　　　　:11月　 :宴文単国王婆弥唐5人于三殿
天寶7年:748年　　　 :6月　　:林邑：遣使来朝、并献象牙、花氎
天寶8年:749年　　　 :9月　　:林邑：城主盧陀遣使来朝、献珍味100條、黒沉香30斤、
　　　　　　　　　　　　　　　鮮白氎20雙
天寶9年:750年　　　 :4月　　:波斯：献大毛繡舞延、長毛繡舞延、無孔真珠
|　　　　　　　　　　　　　　:真臘：遣使朝貢（唐会要）
天寶10年:751年　　　:9月　　:波斯：遣使来朝
天寶11年:752年　　　:12月　 :黒衣大食：謝多訶蜜遣使来朝
天寶12年:753年　　　:3月:6月:日本国：遣使賀正
|　　　　　　　　　　:3月:4月:黒衣大食：遣使献方物

| | | :9月 | :文単（真臘）国:王子率其属26人来朝（新唐書）|
| | | :12月 | :黒衣大食:遣使献馬30匹。|

天寶13年:754年 :4月   :黒衣大食:遣使来朝
天寶14年:755年 :正月 :以文単国朝貢使李頭為中郎将、放還蕃
              :4月   :新羅:遣使賀正
              :6月   :日本国:遣使貢献
              :7月   :黒衣大食:遣使貢献
天寶15年:756年 :7月   :黒衣大食:遣大酋望25人来朝
粛宗至徳元年:756年   :大食国:遣使朝貢
乾元元年:758年 :5月 :黒衣大食:酋長閙文等6人:朝見
乾元2年:759年   :8月 :波斯:進物使李摩日夜等:来朝
乾元3年:760年   :12月 :白衣大食:使婆謁等18人:於延英殿会
代宗宝応元年:762年 :5月:12月:黒衣大食国:遣使朝貢
              :6月   :獅子:遣使朝貢
              :6月:9月:波斯:遣使朝貢
              :9月   :新羅:遣使朝貢
永泰2年:766年   :2月 :新羅:王金献英:遣使朝貢
大暦2年:767年   :新羅:王金乾運遣其臣金隠居奉表入朝、貢方物
                     :文単国:王来朝。詔曰「周有越裳重訳、·試殿中監」（新唐書）
大暦3年:768年   :9月 :新羅:遣使朝貢
              :11月 :訶陵国:遣使朝貢（旧唐書）
大暦4年:769年   :正月:12月:訶陵:遣使朝貢（旧唐書）
              :正月 :黒衣大食:（新唐書→訶陵大暦中三至とある）、
大暦6年:771年   :9月 :波斯国:遣使献真珠、琥珀等
              :11月 :文単国:王婆弥来朝献馴象11（旧唐書、代宗本紀）
大暦7年:772年   :5月 :新羅:遣使朝貢
              :12月 :大食:遣使朝貢
大暦8年:773年   :4月 :新羅:遣使賀正献金銀牛黄魚牙紬朝霞紬等方物、
大暦9年:774年   :7月 :黒衣大食:遣使来朝
              :10月 :新羅:遣使賀正
大暦10年:775年 :正月:6月:新羅:遣使朝貢
大暦11年:776年 :7月:10月:新羅:遣使朝貢
大暦13年:778年 :正月 :日本国:遣使朝貢
徳宗建中元年:780年:2月:日本国:遣使朝貢
                     :真臘:入貢:珍禽奇獣悉縦之（新唐書）
建中3年:782年   :閏正月:新羅:遣使朝貢
貞元7年:791年   :正月 :黒衣大食:遣使来朝
貞元9年:793年   :10月 :環王国:献犀牛:帝令見於太廟
貞元14年:798年   :文単国:朝貢、李頭及為中郎将
貞元18年:802年 :正月 :驃国:王始遣其弟悉利夷来朝、献其国楽、興楽工35人来朝楽曲、楽曲皆演繹氏軽論之詞意（旧唐書）（白楽天の詩）
貞元20年:804年 :11月 :新羅:遣使来朝

主要国朝貢年表(西洋、南海、日本および朝鮮)

　　　　　　　　　　：12月　：日本：遣使来朝貢、最澄、空海留学
元和元年：806年　：12月　：驃国：遣使来貢
元和3年：808年　：新羅：王金重興遣使金力奇来朝
元和5年：810年　：10月　：新羅：王遣其子来献金銀仏像及佛経幡等、
元和7年：812年　：4月　：新羅：賀正兼告哀使金昌男等54人朝見
元和8年：813年　：12月　：真臘国：遣使李摩那等来朝：水真臘（旧唐書）
　　　　　　　　　　　　　：訶陵国：遣僧祇4、五色鸚鵡、頻伽鳥并異香（新唐書）
元和9年：814年　：9月　：真臘国：遣使朝貢（水真臘？）
元和10年：815年　：8月　：訶陵：遣使献僧祇憧5色鸚鵡、頻伽鳥并異香名宝
元和13年：818年　　　　　：訶陵国：遣使進僧祇女2人、鸚鵡、玳瑁及生犀等
　　　　　　　　　　：4月　：高麗国：進楽器及楽工両部
元和15年：820年　：10月、：闍婆：遣使朝貢
　　　　　　　　　　：11月　：新羅：遣使朝貢
穆宗長慶2年：822年：12月：新羅：遣使朝貢
文宗太和3年：829年：12月：新羅：遣使朝貢
文宗太和4年：830年：12月：新羅：遣使朝貢
文宗太和5年：831年：2月　：新羅：王子金能儒並僧9人、入朝
　　　　　　　　　　　　　：闍婆国：朝貢使李南呼禄等17人入朝
　　　　　　　　　　：11月　：新羅：遣使朝貢
　　　　　　　　　　　　　：訶陵国：（新唐書→太和年間に再朝貢とある）
開成元年：836年　：12月　：新羅：遣使朝貢
開成3年：838年　：12月　：日本国：遣使朝貢、進真珠絹
開成4年：839年　：正月　：闍婆国：遣使李南呼禄来朝貢（次回入貢は淳化3年992年）
　　　　　　　　　　：閏正月：日本：遣使朝貢
宣宗大中6年：852年：12月：占卑国佛邪葛等6人来朝：献象宰相魏暮以性不安中土、
　　　　　　　　　　　　　　　　請還其使、従之（唐会要）
宣宗大中7年：853年：4月：日本国：王子来朝、献宝器、音楽、帝謂宰執日
　　　　　　　　　　　　　　　「近者黄河清、今又日本国来朝、朕愧徳薄、何以堪之」
咸通12年：871年：2月　：占卑国：復遣使朝貢（唐会要）
咸通年間：860～874年　：訶陵：遣使献女楽：（新唐書）
天祐元年：904年：6月　：授福建道仏斉国入朝進奉使都番長蒲訶粟寧遠将軍（唐会要）
　　　　　　　　　　　：三仏斉：其国自唐天祐始通中国（諸蕃志）

後唐：略

後晋：略

後周
太祖広順2年：952年：正月：高麗：権知国事王詔遣広平侍郎徐逢等97人来朝貢質来
　　　　　　　　　　　　　　　貢方物
世宗顕徳2年：955年：11月：高麗：復遣本国広評侍郎筍…
顕徳5年　　：958年：9月　：占城国：王釈利因徳漫遣其臣莆訶散貢方物、中有灑衣

　　　　　　　　　　　薔薇水15琉璃瓶
顕徳6年：959年　：正月　：高麗国王：王昭遣使臣王子丞王兢佐尹、皇甫魏光等来進名
　　　　　　　　　　　馬及織成衣襖、弓剣、器甲等
　　　　　　　　：6月　：占城国：進奉使莆訶散以雲龍形通犀帯1條菩薩夷志一片上進
　　　　　　　　：8月、11月　：高麗国王：遣使朝貢

北宋：960～1126年
建隆元年：960年　：9月　：三仏斉：王釈利胡大霞里檀遣利遮帝來朝貢
　　　　　　　　　　　:占城：（宋史）では建隆2年：其王釈利因陀盤遣使莆訶散来朝
建隆2年：961年　：　　　：三仏斉：夏：遣使蒲蔑貢方物：（宋史）
　　　　　　　　　　　　　　　　：冬：其王室利烏耶遣使茶野伽、副使嘉末吨朝貢。
　　　　　　　　　　　　　　　　　其国号生留、王李林男迷日来亦遣使同至貢方物
　　　　　　　　　　　　　　　　　（宋史）（11月宋会要→献：象牙孔雀）
　　　　　　　　：　　　：占城：釈利因陁盤遣使莆訶散来朝表章書于貝多葉。貢犀角
　　　　　　　　　　　　　　　象牙香薬孔雀4大食瓶20。使迴錫賚有差以器幣優賜其王
建隆3年：962年　：3月5日：三仏斉：室利烏耶又遣使李麗林等来貢、回賜以白氂牛
　　　　　　　　　　　尾、白甆（磁）器、銀器、錦綵按轡2副
　　　　　　　　：9月17日：占城：貢象牙22株、乳香1,000斤
　　　　　　　　:11月　：三仏斉：貢方物
　　　　　　　　:12月23日：三仏斉国王釈利烏耶又遣使李麗林等来貢
乾徳4年：966年　：3月　：占城：其王悉利因陁盤遣使因陁玢李婆羅貢馴象牯犀象牙白
　　　　　　　　　　　氎哥緩越諾、王妻波良僕珺男占謀律秀瓊等各貢香薬
乾徳5年：967年　：　　　：占城：遣使李咩、李被瑳相継来貢献
開寶元年：968年　：4月　：占城：貢物
　　　　　　　　:2月22日：大食：遣使貢方物、自是貢奉商船往来不已
開寶3年：970年　：4月　：三仏斉：遣使来貢方物
　　　　　　　　:9月　　：占城：遣使貢方物雌象1
開寶4年：971年　：4月2日：三仏斉：遣使李何末以水晶火油来貢
　　　　　　　　:6月、7月：大食：遣使来貢
　　　　　　　　　　　　：占城：悉利多盤副国王李耨、王妻郭氏子蒲路鶏波羅等
　　　　　　　　　　　並遣使来貢
開寶5年：972年　：3月12日：占城：国王波美税褐印茶遣使蒲訶散来貢：方物
　　　　　　　　:4月1日　：三仏斉王釋利烏耶：遣使、方物
　　　　　　　　:8月3日　：高麗国王王昭遣使貢方物
開寶6年：973年　：3月　　：大食国入貢
　　　　　　　　:4月21日　：占城：国王悉利盤陁印茶：遣使貢献物。同月交趾来貢
　　　　　　　　:6月　　　：占城：遣使貢物
開寶7年：974年　：正月11日：占城：国王波利税羯茶遣使貢、孔雀傘2、西天烽鉄40
　　　　　　　　　　　斤方物
　　　　　　　　:3月15日　：三仏斉国王、釋利烏耶遣使方物（宋史→貢象牙、乳香、
　　　　　　　　　　　薔薇水万歳棗褊桃白沙糖水晶指環琉璃瓶珊瑚樹）
　　　　　　　　:11月29日：大食：遣使貢方物

主要国朝貢年表(西洋、南海、日本および朝鮮)　　　　　　　　　　　　　　　219

開寶 8 年：975 年　　：3 月　：大食：遣使貢方物
　　　　　　　　　　：9 月　：三仏斉：遣使蒲陁漢等貢方物、賜以冠帯、器幣
開寶 9 年：976 年　　　：占城：遣使朱陀利、陳陀野等来貢
　　　　　　　　　4 月 30 日：大食：遣使貢方物
太平興国元年：976 年　：2 月　：占城：来貢方物
　　　　　　　　　　：4 月　：大食：来貢
　　　　　　　　　　：9 月 20 日：勃泥、国王向打：遣使：龍脳、玳瑁、白檀、象牙
　　　　　　　　　　：12 月 25 日：高麗国王王伷遣子元輔以良馬方物兵器来貢
太平興国 2 年：977 年　：占城：其王波美税陽布印茶遣使李牌来貢
　　　　　　　　　　：勃泥：(宋史→其王向打遣使施弩、副使蒲亜里等、齎表貢大
　　　　　　　　　　　　片龍脳 1 家底、第 2 等 8 家底、第 3 等 11 家底、米龍脳 20
　　　　　　　　　　　　家底、蒼龍 20 家底、龍脳版 5 家底、玳瑁殻 100 吨、檀香 3 概、
　　　　　　　　　　　　象牙 6 株)
太平興国 3 年：978 年　：5 月：占城：其王及男達智遣使来貢
　　　　　　　　　　：10 月 2 日：高麗国王王伷遣使貢方物兵器
太平興国 4 年：979 年　：12 月　　：占城：遣使李木哆来貢方物
太平興国 5 年：980 年　：三仏斉：其王夏池遣使茶龍眉来。是年潮州言三仏斉国蕃商
　　　　　　　　　　　　李甫誨乗舶載香薬、犀角、象牙至海口、会風勢不便、飄船
　　　　　　　　　　　　60 日至潮州、其香薬悉送広州
太平興国 7 年：982 年　：12 月：占城：遣使乗象貢：詔留象広州畜養之
太平興国 8 年：983 年　：9 月 22 日：占城：献馴象、能拝伏、詔畜於京畿寧陵県
　　　　　　　　　　：11 月 21 日：三仏斉：其王遣使浦押陁羅来貢水晶佛錦布犀牙
　　　　　　　　　　　　香薬
太平興国 9 年：984 年　：波斯：外道来朝貢
　　　　　　　　　　：10 月：高麗国：貢馬遣国人入学
雍熙元年：984 年　：11 月 1 日：高麗国王王治遣使貢献方物
　　　　　　　　　　　　：大食国入貢
雍熙 2 年：985 年　：2 月 22 日：占城：国王施利陁般呉日歓：遣婆羅門金歌麻貢龍脳玳
　　　　　　　　　　　　瑁象牙
　　　　　　　　　　：三仏斉：舶主、金花茶以方物来貢
雍熙 3 年：986 年　：3 月 19 日　：占城国王、劉継宗：遣使李朝仙来貢通犀象龍脳丁香箋
　　　　　　　　　　　　香沉香
端拱元年：988 年　　　：三仏斉：遣使蒲押黎貢水晶仏、錦布、犀牙、香薬（宋史）
　　　　　　　　　　：佛経納青木函琥珀青紅白水晶紅黒木槵子念珠各一連並納
　　　　　　　　　　　　螺鈿花形平函毛籠 1 納法螺 2 口葛籠 1 納螺杯 2 口染皮 20
　　　　　　　　　　　　枚金銀蒔絵筥 1 合納髻鬘 2 頭、又 1 合納。参議正四位上…
　　　　　　　　　　：11 月　：高麗　　貢馬
端拱 2 年：989 年　：12 月 29 日　：三仏斉国王：遣使蒲押陀黎、以方物来貢
淳化元年：990 年　：正月　：三仏斉：貢方物（前年末の遣使と同じか？）
　　　　　　　　　　：10 月：占城　馴犀、
　　　　　　　　　　：12 月 4 日　：占城：新国王楊陁排自称新坐佛逝国：遣使李臻：副
　　　　　　　　　　　　使蒲河散：馴犀螺犀、象牙、蠟、沉香、龍脳、山得難、

		没薬、胡盧巴、白豆蔲、薔薇水。
	:12月14日	:高麗国王、王治遣使貢方物
淳化3年:992年	:8月18日	:闍婆国:遣使婆羅欽、乗大舶以方物来貢
	:12月	:闍婆:(宋史→王穆羅茶(Maha Raja)遣使陀湛、副使蒲亜理、判官李陁那仮澄等来朝貢。陶湛云中国有真主、本国乃修朝貢之礼。国王貢象牙、真珠、綉花銷金及綉糸絞、雑色糸絞、吉貝繊維雑色絞布、檀香、玳瑁檳榔盤、犀装剱、金銀装剣、藤繊花箪、白鸚鵡、七宝飾檀香亭子、其使別貢玳瑁、龍脳、丁字、藤繊維箪)
	:12月21日	:占城:遣使李良莆副使亜麻羅婆伍:来貢螺屋薬犀象牙煎香龍脳絞布檳榔山得鶏椰子。本国僧浄戒:献龍脳、金鈴、銅香炉如意等、各優賜之
		(冬)(宋史→広州上言「(三仏斉朝貢使)蒲抑陀(押陁陀黎前年自京回聞本国為闍婆所侵、住南海凡一年、今春乗舶至占城、偶風信不利復還、乞降詔諭本国(闍婆)、従之(闍婆の三仏斉侵攻事件)
淳化5年:994年	:3月10日	:大食国:舶主蒲希密:以方物来貢
	:4月	:大食:入貢
至道元年:995年	:正月	:占城:王揚波占:遣使来貢
	:正月	:占城:特遣専使李波殊、副使訶散等進奉、犀角10株、象牙30株、玳瑁10斤、龍脳2斤、夾箋黄熱香90斤、檀香160斤、山得鶏24,300双、胡椒200斤等
	:2月1日	:大食:舶主:蒲押陁黎(三仏斉の使節に蒲押陀黎あり)以方物来貢
至道3年:997年	:3月20日	:大食、賓同矓国:各遣使朝貢
	:3月	:占城:入貢
咸平2年:999年	:2月28日	:占城:国王楊(普)甫俱毘茶逸施離遣太使朱陳堯等:来貢犀牙玳瑁香薬
	:6月27日	:大食国蕃客:蒲押提黎遣其判官文戌来貢
咸平4年:1001年	:7月3日	:丹流眉:国主多須機遣使打吉馬、副使打臘等9人来貢、木香1000斤、鍮鑞各100斤、胡黄連35斤、紫草100斤、紅氈1合、花布4段、蘇本1万斤、象牙61株
咸平6年:1003年	:8月29日	:高麗:国王王誦遣使李宣古:来貢
	:9月3日	:三仏斉:(宋史→其王思離咮囉無尼佛麻調華"Śri Cūlāmaṇivarman"遣使李加排等来貢、且言本国建仏寺以祝聖寿願賜名及鐘上嘉其意詔以「承天萬壽」寺額并鋳鐘以賜
	:9月5日	:大食国:貢方物
景徳元年:1004年	:9月28日	:占城:国王、楊甫(俱)毘茶逸施離:遣使来貢
	:12月	:高麗:国王王詢:遣使奉貢
景徳2年:1005年	:4月	:占城 :入貢
景徳3年:1006年		:大食 :入貢

主要国朝貢年表(西洋、南海、日本および朝鮮)　　　　　　　　　　　　　　　221

景徳4年：1007年：5月8日：占城：国王楊普俱毘茶室離：遣使布禄爹地加等来貢
　　　　　　　　　：5月8日　：大食：遣使来貢
大中祥符元年：1008年　：7月19日：三仏斉：国王思離麻囉皮
　　　　　　　　　　　　　　　　　　"Śri-Māravijayottuṅgavaeman"
　　　　　　　　　　　　　　　　：遣使李眉地使副蒲婆藍判官麻訶来貢、許赴泰山
　　　　　　　　　　　　　　　　　陪位於朝観壇遺賜甚厚
　　　　　　　　　：10月19日：大食占城国：遣使貢方物：大食国蕃客李麻勿献玉
　　　　　　　　　　　　　　　　　圭長尺二寸麻勿自言
大中祥符2年：1009年　：4月　：占城：遣使来貢
大中祥符3年：1010年　：4月5日　：占城：国主毘茶室離遣使来貢（宋史→国主施離
　　　　　　　　　　　　　　　　　霞離鼻麻底遣使）
大中祥符4年：1011年　：2月：大食国使、施婆離：貢、象歯、錦綉、琉璃、
　　　　　　　　　：11月5日　：占城：国主楊善俱毘茶室離：遣使貢獅子象牙螺犀玳瑁沉
　　　　　　　　　　　　　　　　　香煎香香帯枚丁香荳蔻没薬紫礦
大中祥符7年：1014年　：正月：占城：入貢
大中祥符8年：1015年　：2月15日　：占城：遣使波輪訶羅帝来貢
　　　　　　　　　：5月6日　：占城国王：遣使劉公佐：貢犀牙玳瑁乳沉煎香荳
　　　　　　　　　　　　　　　　　蔻檳榔
　　　　　　　　　：9月2日　：注輦：(宋史→其国主羅茶羅乍"Rājarāja I"、遣
　　　　　　　　　　　　　　　　　進奉使娑理三文、副使蒲等来貢、盤捧真珠、碧
　　　　　　　　　　　　　　　　　玻璃升殿…真珠衫帽角、真珠2万1100両、象牙
　　　　　　　　　　　　　　　　　60株、乳香60斤、使者三文が別に珠6600両、
　　　　　　　　　　　　　　　　　香薬3300斤)
大中祥符9年：1016年　：4月2日　：注輦国：遣使来貢
天禧元年：1017年　：4月2日　：三仏斉：国王霞遅蘇勿吒蒲迷(ハジ・スヴァルナブーミ)
　　　　　　　　　　　　　　　　　遣使蒲謀西等奉金字表、貢真珠、象牙、梵夾経、崑崙奴、賜
　　　　　　　　　　　　　　　　　禮物以慰奨之
　　　　　　　　　：12月　：高麗国遣使
天禧2年：1018年　：正月　：三仏斉：貢龍涎1塊36斤、真珠113両、珊瑚1株240両、
　　　　　　　　　　　　　　　　　犀角8株、花脳版3片、梅花脳200両、瑠璃39事、金剛鑽39個、
　　　　　　　　　　　　　　　　　猫児眼指環、青瑪瑙指環共13事、臙肭臍28両、番布26丈、
　　　　　　　　　　　　　　　　　大食糖4瑠璃瓶、大食棗16瑠璃瓶、薔薇水168斤、賓鉄長剣
　　　　　　　　　　　　　　　　　9張、乳香8万6680斤、象牙87株共4650斤、蘇合油278斤、木
　　　　　　　　　　　　　　　　　香117斤、丁香30斤、血竭158斤、阿魏117斤、肉荳蔻2674斤、
　　　　　　　　　　　　　　　　　胡椒1万750斤、檀香1万9935斤、箋香364斤。
　　　　　　　　　：9月　：占城：其王尸嘿排摩㦿遣使羅皮帝加以象牙72株、犀角86
　　　　　　　　　　　　　　　　　株、玳瑁千斤、乳香50斤、丁香花80斤、荳蔻65斤、沉香100
　　　　　　　　　　　　　　　　　斤、箋香200斤、別箋一剤68斤、茴香100斤、檳榔1500斤来貢
天禧3年：1019年　：4月　：三仏斉：国王、霞遅蘇勿吁蒲迷：遣使来貢
　　　　　　　　　：5月2日　：大食国：遣使、蒲麻勿施婆離、副使、蒲加心：来貢
　　　　　　　　　：11月　：高麗国：遣使
天禧4年：1020年　：2月3日　：注輦国：遣使、琶欄得麻烈呧来貢真珠、象牙

	：9月22日	：高麗国事王詢：遣使韓祥等来貢
天聖元年：1023年	：9月10日	：沙州大食国遣使翟来著等貢方物
天聖6年：1028年	：8月	：三仏斉：国王室離畳華（Śri Deva）遣使蒲押陀羅歇及亜加盧等来貢方物。旧制遠国使之入貢賜以閒金塗銀帯時特以渾金帯賜之
天聖7年：1029年	：5月	：占城：奉表
天聖8年：1030年	：10月17日	：占城：国王陽補孤施離皮蘭徳加抜麻畳：遣使李蒲薩麻瑕馳琶来貢木香犀角玳瑁乳香象牙
	：12月13日	：高麗国王詢遣使奉表貢金器、刀剣、人参等
明道2年：1033年	：注輦国	：王尸離囉茶印陁囉注囉（Śri Rāja Rājendra Choladeva）遣使蒲押陁離囉、以泥金表進真珠衫帽及真珠105両象牙100株、
慶暦2年：1042年	：11月17日	：占城：国王邢卜施離値星霞弗奉表貢馴象、象牙犀角煎香象兜錦褥
皇祐2年：1050年	：正月18日	：占城国：倶舎利波微収羅婆麻提榻盈卜遣使献象牙201、犀角79
皇祐5年：1053年	：4月4日	：占城：使蒲思馬応来貢方物
	：11月21日	：貢到、沉香956斤、附子沉香150斤、箋香4258斤、速香4890金、象牙168株3526斤、澳香300斤、犀角20株、玳瑁60斤、暫香120斤細割香180斤、翠毛160隻、番油10埕、烏里香5万5020斤、
至和2年：1054年	：10月26日	：大食国：首領来貢方物
	：11月4日	：占城：遣使、満息沙陁琶、来貢：生象、犀牛
嘉祐元年：1056年	：閏3月17日	：占城：遣使蒲息（沙）陁琶貢方物（宋史）
	：4月	：大食国：首領来貢、方物
嘉祐2年：1057年	：正月8日	：占城国進奉使の蒲息陁琶に銀1000両を賜う。
嘉祐5年：1060年	：正月28日	：大食国：首領、蒲沙乙：来貢方物
嘉祐6年：1061年	：9月21日	：占城：遣使貢、馴象
嘉祐7年：1062年	：5月22日	：占城国：遣使、頓琶尼来貢方物
熙寧元年：1068年	：6月4日	：占城：楊卜尸利律陀般摩提婆：遣使、蒲摩勿等：貢方物。蒲摩勿を騾馬を市場で買う許可を得た。王朝は銀の鞍を付けた白馬を賜った。
熙寧3年：1070年	：12月	：大食：遣使奉表来貢、珊瑚、金装山子筆格、龍脳、真乳香、象牙、水晶、瑠璃器、錦罽（きんけい）、薬物
熙寧5年：1072年	：4月5日	：大食勿巡国：遣使、辛毘陁羅：奉表貢、真珠、通犀、龍脳、乳香、珊瑚筆格、瑠璃水、精器、龍涎香、薔薇水、五味子、千年棗、猛火油、白鸚鵡、越諾布、花蘂布、兜羅綿、毯錦禩、蕃花箪
	：4月6日	：占城：遣使奉表貢、琉璃珊瑚酒器、龍脳乳香丁香紫曠華澄茄胡椒回香
熙寧6年：1073年	：7月3日	：大食国陁婆離国：遣使蒲麻勿等、来貢、真珠、玻璃、金飾、壽帯、連鐶、嚮臂鉤、念珠、龍脳、乳香、千年棗、

主要国朝貢年表(西洋、南海、日本および朝鮮)　　　　　　　　　　　　　　223

|熙寧7年：1074年：正月27日|：琉璃器、薬物。
|熙寧7年：1074年：正月27日|：高麗国：遣使金良艦旦奉表貢御衣腰帯金器紅罽裯鞍馬紙墨弓刀人参等
|熙寧9年：1076年：8月12日|：占城：遣使来貢方物
|　　　　　　　：11月21日|：高麗国：遣使奉表来貢
|熙寧10年：1077年：6月7日|：注輦：国王地華加羅 (Rājendra-Deva-Kulotuṅga: 在位1070～1119年) 遣使奇囉囉、副使南卑琶打、判官麻図華羅等27人来献、豌豆珠、麻珠、瑠璃大洗盤、白梅花脳、錦花、犀牙、乳香、瓶香、薔薇水、金蓮花、木香、阿魏、鵬砂、丁香
|　　　　　　　　　　　　　　|：(宋史→三仏斉：使大首領地華伽羅来、以為保順慕化大将軍、賜詔寵之)
|元豊2年：1079年：7月3日|：三仏斉詹卑国：使来貢方物：(宋史→賜銭64,000緡、銀10,500両、官其使群陀畢羅為寧遠将軍。畢羅乞買金帯白金器物及僧紫衣、師号、牒皆如所請給之)
|　　　　　　　　　　　　　　|：(続資治通鑑長編→賜三仏斉物不及詹卑)
|元豊4年：1081年：12月17日|：高麗国：遣奉使135人来貢
|元豊5年：1082年：2月24日|：勃泥国：遣使入貢（宋史→其王錫理麻喏復遣使貢方物、其使乞従泉州乗海舶帰国)
|　　　　　　　：8月|：(龐元英、文昌雑録の記事)、：三仏斉注輦国朝貢見延和殿引至柱跪撒金蓮花　真珠龍脳於御坐前謂之撒殿初至闕先具陳請詔方許之、(桑田六郎．1993. p.244.)
|　　　　　　　：10月17日|：三仏斉詹卑：遣使入貢、熟龍脳327両、布13疋
|元豊7年：1084年：4月2日|：大食国、貢方物
|　　　　　　　：9月8日|：三仏斉国：貢方物
|元豊8年：1085年：12月21日|：大食国：遣人、入貢元豊中、三仏斉使至者再、率以白金、真珠、婆律薫陸香備方物
|元祐元年：1086年：10月15日|：占城国：進貢大使布麗息馳琴蒲麻勿等乞続進物従之
|元祐3年：1088年：12月12日|：三仏斉：(宋史→遣使皮襪、副使胡仙、判官地華伽羅来、入見、以金蓮花貯真珠、龍脳撒殿)。(宋史では'五年'とあるが間違い)(宋会要→貢奉人、請以金蓮花15両、真珠5両、龍脳10両)
|　　　　　　　　　　　　　　|：閏12月5日：三仏斉：入貢
|元祐4年：1089年：11月25日|：大食麻囉抜国：進貢方物
|元祐5年：1090年：12月5日|：三仏斉：遣人入貢
|元祐6年：1091年|：三仏斉：又以其使薩打華満為将軍、副使羅悉沙文、判官悉理沙文為郎将 (宋史、前年の使者？)
|元祐7年：1092年：5月24日|：広州貢：大食国：進奉、火浣布
|紹聖元年：1094年：10月28日|：三仏斉：遣使入貢
|紹聖2年：1095年：3月23日|：三仏斉：遣使入貢
|元符2年：1099年：2月21日|：大食国：遣使入貢
|崇寧5年：1106年|：蒲甘：遣使入貢（宋史）「注輦役属三仏斉…」

大観 3 年：1109 年　　　　　　：闍婆：遣使入貢、詔礼之如交趾
政和 6 年：1116 年：12 月 21 日：真臘国：遣使貢、方物
宣和 2 年：1120 年：真臘：遣郎将摩臘、摩禿防来、朝廷官封其王與占城等

南宋：1127 〜 1279 年
建炎元年：1127 年：占城 ：入貢 ：（文献通考）
建炎 2 年：1128 年：8 月 ：三仏斉入貢（繋年要録、巻 17）
建炎 3 年：1129 年：正月：占城 ：楊卜麻畳遣使入貢
紹興 2 年：1132 年：宋史：占城 ：遣使貢、沉香、犀、象、玳瑁等：回賜、綾錦銀絹
紹興 6 年：1136 年：7 月 27 日：蒲甘国：所進元物除更不収受外余令広西経略司差入
　　　　　　　　　：8 月 23 日：大食：蕃客、蒲囉辛
紹興 7 年：1137 年：三仏斉（文献通考）有司議三仏斉国王軟告綾紙並欲用黄色余依処
　　　　　　　　　　賜大食国例従之
紹興 16 年：1146 年：三仏斉：国王寄市舶官書（乳香の品質劣化）
紹興 25 年：1155年：11 月 29 日：真臘国、羅斛（ロップリー）国：貢、馴象
　　　　　　　　　：占城：子鄒時蘭巴（時巴蘭）嗣立：遣使進方物
紹興 26 年：1156年：2 月：三仏斉入貢（桑田六郎．1993. p.263. 繋年要録巻 171）
　　　　　　　　　：7 月：三仏斉入貢（同上）
　　　　　　　　　：12 月 25 日：三仏斉：(宋史→其王悉利霞囉陀 (Śrī Mahārāja): 遣使
　　　　　　　　　　入貢）。進奉使、司馬傑・、副使馬傑囉・朝見表貢。（繋年要録
　　　　　　　　　　→以三仏斉首領悉利霞囉陀為保順慕化大将軍三仏斉国王）
　　　　　　　　　　（宋会要の貢献品のリストは天禧 2 年 1018 年の貢献物と同じ、但
　　　　　　　　　　短剣 6 張がない）
乾道 3 年：1167 年：10 月 1 日：占城：子鄒亜娜嗣：掠大食国方物遣人来貢。（宋会要→
　　　　　　　　　　奉物、白乳香 2 万 435 斤、混雑乳香 8 万 295 斤、象牙 1795 斤、
　　　　　　　　　　附子沉香 990 斤、沉香頭 92 斤 8 両、箋香頭 255 斤、加南木箋香
　　　　　　　　　　301 斤、黄熟香 1,780 斤、）
乾道 4 年：1168 年：2 月 8 日：占城国：進貢一分、作抽買
淳熙 5 年：1178 年：正月 6 日：三仏斉：進表貢、真珠 81 両 7 銭、梅花脳板 4 片共 14
　　　　　　　　　　　　斤龍涎 23 両珊瑚 1 匣 40 両琉璃 189 事観音瓶 10 青琉
　　　　　　　　　　　　璃瓶 4 青口瓶 6
慶元 6 年：1200 年：真臘国主立 20 年矣、遣使奉表貢方物及馴象 2
　　　　　　　　　　宋史記事：慶元（1195 〜 1200 年）以来、真臘大挙伐占城以復讐、
　　　　　　　　　　殺戮殆尽、俘其主以帰。国遂亡、其地悉帰真臘。淳熙 3 年 1176
　　　　　　　　　　年以降占城は朝貢を拒否されていた。

（注）資料出所：『冊府元亀』、『宋会要』、『唐会要』、各『正史』など。桑田六郎．1993.『南海東西交通史論考』汲古書院。

三国時代から明初までの主な朝貢国一覧

呉：222～280年

黄武4年	225			扶南		
黄武・黄龍	226-31	林邑		扶南		
赤烏6年	243			扶南		

西晋：265～316年

泰始元年	265			扶南		
4年	268	林邑		扶南		
太康5年	284	林邑				大秦
6年	285			扶南		
7年	286			扶南		
8年	287			扶南		

東晋：317～420年

咸康6年	340	林邑				
升平元年	357			扶南		
咸安2年	372	林邑				
寧康年中	373-75	林邑				
太元2年	377	林邑				
7年	382	林邑				
14年	389			扶南		
義熙初	405頃					師子
10年	414	林邑				
13年	417	林邑				

劉氏・宋；420〜479年

永初2年	421	林邑			
元嘉年中	424-53			盤盤	
5年	428				師子・天竺
6年	429				師子
7年	430	林邑		訶羅(陀)單	師子
10年	433	林邑		呵羅單	
11年	434		扶南	訶羅單	
12年	435	林邑	扶南	訶羅單	師子
				闍婆婆達	
13年	436			訶羅單	
14年	437			訶羅單	
15年	438	林邑	扶南		
16年	439	林邑			
18年	441	林邑		斤(干)陁利	
19年	442			婆皇	
26年	449			婆皇・婆達	
28年	451			婆皇・婆達	
29年	452			訶羅單	
孝建2年	455	林邑		盤盤	斤陁利・婆皇
3年	456				婆皇
大明年中	457-64			盤盤	
2年	458	林邑			
3年	459			婆皇	

三国時代から明初までの主な朝貢国一覧

8年	464				婆皇		
泰始2年	466				婆皇	天竺	
泰予元年	472	林邑					
元徽元年	473				婆黎(利)		

南齊；479〜502年

建元元年	479			扶南	迦羅		
永明2年	484			扶南			
9年	491	林邑					
永泰元年	498	林邑					

梁；502〜557年

天監元年	502	林邑			千陁利	中天竺	
2年	503			扶南		天竺	
3年	504					北天竺	
9年	510	林邑					
10年	511			扶南			
11年	512	林邑		扶南			
13年	514	林邑		扶南			
14年	515				狼牙脩		
16年	517			扶南	婆利		
17年	518				千陁利		
18年	519			扶南			
普通元年	520			扶南	千陁利		
3年	522				婆利		

4年	523				狼牙脩		
7年	526	林邑					
大通元年	527	林邑		盤盤		獅子	
中大通元年	529			盤盤			
2年	530	林邑		扶南			
3年	531				狼牙脩・丹丹		
4年	532			盤盤			
5年	533			盤盤			波斯
6年	534	林邑		盤盤			
大同元年	535			扶南	丹丹		波斯
5年	539			扶南			
8年	542	林邑		盤盤			
9年	543			扶南			
大宝2年	551			盤盤			

陳：557～589年

永定3年	559			扶南			
天嘉4年	563				千陁利		
光大2年	568	林邑			狼牙脩		
太建3年	571			盤盤	丹丹2	天竺	
4年	572	林邑		扶南			
13年	581				丹丹		
至徳元年	583		頭(投)和				
2年	584			盤盤			
3年	585				丹丹		

三国時代から明初までの主な朝貢国一覧　　　229

| 禎明2年 | 588 | | | 扶南 | | | |

隋：581〜618年

開皇15年	595	林邑					
大業4年	608		加羅舎分		赤土		
5年	609				赤土		
6年	610				赤土		
12年	616		真臘	盤盤	丹丹・婆利		波斯

唐：618〜907年

武徳年中	618-26	環王		扶南			
武徳6年	623	林邑	真臘				
8年	625	林邑	真臘				
貞観年中	627-49	環王	堕和羅	扶南	堕婆登		
貞観2年	628	林邑	真臘				
4年	630	林邑			婆利		
5年	631	林邑			婆利		
7年	633			盤盤			
9年	635		真臘	盤盤			
12年	638		独和羅				
13年	639						波斯
14年	640	林邑	独和羅		訶陵		
15年	641			盤盤		天竺	
16年	642	林邑			婆羅		

年号	西暦							
17年	643			堕和羅				
18年	644					摩羅遊		
20年	646						天竺	
21年	647					訶陵·堕婆登		波斯2
22年	648				盤盤	訶陵		波斯
23年	649			堕和羅				
永徽2年	651			真臘				大食
4年	653	林邑						
5年	654	林邑						
顕慶2年	657	林邑						
龍朔元年	661							波斯
2年	662			哥羅舍分				
乾封元年	666					訶陵·単単		
2年	667							波斯
総章2年	669	林邑				波羅		
3年	670	林邑				訶羅·単単	獅子	
咸亨年中	670-73			室利仏逝				
2年	671							波斯
3年	672						南天竺	
4年	673							波斯
永隆2年	681							大食
永淳元年	682			真臘			南天竺	波斯·大食
垂拱2年	686	林邑						
天授2年	691	林邑						

3年	692					5天竺	
證聖元年	695	林邑2					
聖暦元年	698		真臘				
2年	699	林邑					
長安元年	701			室利仏逝			
2年	702	林邑					大食
3年	703	林邑2					
神龍2年	706	林邑					波斯
3年	707	林邑	陸真臘				
景龍2年	708						波斯
3年	709	林邑			崑崙		
4年	710		真臘			南天竺2	波斯・大食
景雲2年	711	林邑				獅子	大食
太極元年	712	林邑					
開元元年	713	林邑				南天竺	
2年	714					西天竺	
3年	715	林邑				天竺	
4年	716			室利仏逝			大食
5年	717		真臘			中天竺	
7年	719					南天竺	波斯2・大食
8年	720					中・南天竺2	
10年	722						波斯
12年	724			室利仏逝			大食
13年	725					中天竺	大食2

15年	727			室利仏逝			
17年	729					北天竺	大食
18年	730						波斯2
19年	731	林邑				中天竺	
20年	732						波斯
21年	733						大食
22年	734	林邑					
23年	735	林邑2					
25年	737					東天竺	波斯
28年	740						大食
29年	741			室利仏逝			
天宝2年	743						黒衣大食
3年	744	林邑					
4年	745						波斯・大食
5年	746					師子	波斯
6年	747						波斯・大食
7年	748	林邑					
8年	749	林邑					
9年	750		文単(真臘)				波斯・獅子
10年	751						波斯
11年	752						黒大食
12年	753		文単(真臘)				黒大食3
13年	754						黒大食
14年	755		文単(真臘)				黒大食

三国時代から明初までの主な朝貢国一覧

15年	756						黒大食
至徳元年	756						大食
乾元元年	758						黒大食
2年	759						波斯
3年	760						白衣大食
宝応元年	762					師子	波斯2・黒大食2
大暦2年	767		文単(真臘)				
3年	768			訶陵(後期)			
4年	769			訶陵(後期)			黒大食
6年	771		文単(真臘)				波斯
7年	772						大食
9年	774						黒大食
建中元年	780		真臘				
貞元7年	791						黒大食
9年	793	環王					
14年	798		文単(真臘)				
18年	802		驃				
元和元年	806		驃				
8年	813		水真臘	訶陵(後期)			
9年	814		水真臘				
10年	815			訶陵(後期)			
13年	818			訶陵(後期)			
15年	820				闍婆		
太和年中	827-35			訶陵(後期)			

5年	831				闍婆		
開成4年	839				闍婆		
大中6年	852			占卑			
咸通年中	860-74			訶陵(後期)			
12年	871			占卑			
天祐元年	904			三仏斉			
後周・顕徳5年	958	占城					

北宋：960 ～ 1126 年

建隆元年	960	占城		三仏斉			
2年	961	占城		三仏斉2			
3年	962	占城		三仏斉3			
乾徳4年	966	占城					
5年	967	占城					
開寶元年	968	占城					大食
3年	970	占城		三仏斉			
4年	971	占城		三仏斉			大食
5年	972	占城		三仏斉			
6年	973	占城					大食
7年	974	占城		三仏斉			大食
8年	975			三仏斉			大食
太平興国元年	976	占城2			勃泥		大食2
2年	977	占城			勃泥		
3年	978	占城					
4年	979	占城					

三国時代から明初までの主な朝貢国一覧　　　　235

5年	980			三仏斉				
7年	982	占城						
8年	983	占城		三仏斉				
雍熙元年	984							大食
2年	985	占城		三仏斉				
3年	986	占城						
端拱元年	988			三仏斉				
2年	989			三仏斉				
淳化元年	990	占城2		三仏斉				
3年	992	占城			闍婆2			
5年	994							大食2
至道元年	995	占城						大食
3年	997	占城						大食
咸平2年	999	占城						大食
4年	1001				丹流眉			
6年	1003			三仏斉				大食
景徳元年	1004	占城						
2年	1005	占城						
3年	1006							大食
4年	1007	占城						大食
大中祥符元年	1008	占城		三仏斉				大食
2年	1009	占城						
3年	1010	占城						
4年	1011	占城						大食

7年	1014	占城					
8年	1015	占城2				注輦	
9年	1016	占城				注輦	
天禧元年	1017		三仏斉				
2年	1018	占城	三仏斉				
3年	1019		三仏斉				大食
4年	1020					注輦	
天聖元年	1023						大食(沙州)
6年	1028		三仏斉(注輦？)				
7年	1029	占城					
8年	1030	占城					
明道2年	1033					注輦	
慶暦2年	1042	占城					
皇祐2年	1050	占城					
5年	1053	占城					
至和2年	1054	占城					大食
嘉祐元年	1056	占城					大食
5年	1060						大食
6年	1061	占城					
7年	1062	占城					
熙寧元年	1068	占城					
3年	1070						大食
5年	1072	占城					大食
6年	1073						大食

9年	1076	占城					
10年	1077			三仏斉 注輦		注輦	
元豊2年	1079			三仏斉 注輦			
同年7月				三仏斉 詹卑			
5年8月	1082			三仏斉 注輦	勃泥		
同年10月				三仏斉 詹卑			
7年	1084			三仏斉			大食
8年	1085						大食
元豊中				三仏斉 再来			
元祐元年	1086	占城					
元祐3年	1088			三仏斉 注輦			
同年閏12月				三仏斉			
4年	1089						大食
5年	1090			三仏斉 注輦			
紹聖元年	1094			三仏斉			
2年	1095			三仏斉			
元符2年	1099						大食
崇寧5年	1106		蒲甘				
大観3年	1109				闍婆		
政和6年	1116		真臘				
宣和2年	1120		真臘				

南宋：1127～1279年

建炎元年	1127	占城					
2年	1128			三仏斉			

3年	1129	占城					
紹興2年	1132	占城					
6年	1136		蒲甘				大食
25年	1155	占城	真臘・羅斛				
26年	1156			三仏斉3			
乾道3年	1167	占城					
4年	1168	占城					
淳熙5年	1178			三仏斉			
慶元6年	1200		真臘				

資料出所:『冊府元亀』、『唐会要』、『宋会要』、各『正史』、桑田六郎著『南海東西交通史論考』、『岩波講座・東南アジア史』1および2の深見純生氏論文などを参考に筆者作成。

明の初期の朝貢

洪武2年	1369	安南	占城2				
3年	1370	安南	占城				
4年	1371	安南		三仏斉	注輦	暹羅2	真臘
5年	1372	安南	占城			暹羅	真臘
6年	1373	安南	占城	三仏斉	注輦	暹羅6	真臘
7年	1374	安南2	占城	三仏斉		暹羅2	
8年	1375		占城2	三仏斉2		暹羅3	
9年	1376	安南					
10年	1377		占城	三仏斉		暹羅	
11年	1378		占城2		闍婆	暹羅2	
12年	1379	安南	占城			暹羅	真臘
13年	1380	安南	占城			暹羅	真臘
14年	1381	安南				暹羅	
15年	1382	安南	占城			暹羅	
16年	1383	安南	占城		須文達那	暹羅	真臘
17年	1384	安南3	占城			暹羅2	
18年	1385					暹羅	
19年	1386	安南	占城			暹羅2	真臘
20年	1387	安南3	占城2			暹羅	真臘
21年	1388	安南2	占城			暹羅	
22年	1389	安南	占城2			暹羅3	真臘
23年	1390	安南	占城			暹羅	真臘

24年	1391		占城			暹羅	
25年	1392						
26年	1393	安南				暹羅2	
27年	1394	安南					
28年	1395	安南				暹羅	
29年	1396	安南					
30年	1397		占城			暹羅2	
31年	1398		占城			暹羅2	
永楽元年	1403						
2年	1404						真臘
3年	1405			旧港			
4年	1406			旧港			
5年	1407						
6年	1408						真臘
12年	1414						真臘
15年	1417						真臘
17年	1419						真臘

資料出所；藤原利一郎著『東南アジア史の研究』より筆者作成。

参考文献

【和漢文】

足立喜六訳註. 1942.『義浄原著.大唐西域求法高僧傳』岩波書店.
石澤良昭. 1982.『古代カンボジア史研究』国書刊行会.
伊東照司. 1975.「唐代の室利仏逝と仏像」『東南アジア史学会報』No.26. 山川出版社.
―――. 1995.『インド東南アジア古寺巡礼』雄山閣.
岩生成一. 1966.『南洋日本街の研究』岩波書店.
岩本裕. 1973.『総論―歴史的背景』『アジア仏教史インド編Ⅵ東南アジアの仏教』佼成会出版社.
小川博編. 1998.『中国人の南方見聞録―瀛涯勝覧』吉川弘文館.
辛島昇. 1992.「シュリーヴィジャヤ王朝とチョーラ朝」『東南アジア世界の歴史的位相』東京大学出版会.
河上光一. 1966.『宋代の経済生活』吉川弘文館.
桑田六郎. 1993.『南海東西交通史論考』汲古書院.
桑原隲蔵. 1989.『蒲寿庚の事蹟』東洋文庫509. 平凡社.
駒井義明. 1941.『南部アジア上代史論』彙文堂書店.
桜井由躬雄. 2001.「南海交易ネットワークの成立」『岩波講座 東南アジア史1』岩波書店.
佐藤圭四郎. 1998.『東西アジア交易史の研究』同朋舎.
佐藤雅彦. 1978.『中国陶磁史』平凡社.
杉本直治郎. 1968.『東南アジア史研究Ⅰ』改訂版.巖南堂.
千原大五郎. 1982.『東南アジアのヒンドゥー・仏教建築』鹿島出版会.
―――. 1986.『東南アジアの古寺巡礼』NHKブックス.
草野祐子. 1961.「北宋末の市舶制度」『史卯』創刊号.山川出版社.
土肥祐子. 2002.「南宋期の占城の朝貢―『中興礼書』に見る朝貢品と回賜」『史卯』44号.
冨尾武弘. 1974.「7世紀スリウィジャヤの仏教について―タラン・トゥオ碑文を中心に」『谷史檀』68・69号.
―――. 1976.「クドゥカン・ブキット碑文の研究」『龍谷史檀』71号.
長沢和俊訳注. 1971.『法顕伝・宋雲行紀』東洋文庫194. 平凡社.
長沢和俊. 1989.『海のシルクロード史』中公新書915. 中央公論社.
中村元. 1963.『インド古代史上』中村元選集. 5巻. 春秋社.
深見純生. 1987.「三仏斉の再検討」『東南アジア研究』25巻2号. 山川出版社.
―――. 2001.「マラッカ海峡交易世界の変遷」『岩波講座 東南アジア史1』岩波書店.
―――. 2001.「海峡の覇者」『岩波講座 東南アジア史2』岩波書店.
藤田豊八. 1932A.「前漢における西南海上交通の記録」『東西交渉史の研究』岡書院.

————. 1932B.「狼牙脩国考」『東西交渉史の研究』岡書院.
————. 1932C.「宋代の市舶司及び市舶條例」『東西交渉史の研究』岡書院.
————. 1932D.「室利佛逝三佛齊舊港は何處か」『東西交渉史の研究』岡書院.
藤本勝次訳注. 1976.『シナ・インド物語第2巻』吹田.関西大学出版・広報部.
藤原貞朗. 2008.『オリエンタリストの憂鬱』めこん.
藤原利一郎. 1986.『東南アジア史の研究』法蔵館.
宮林昭彦・加藤栄司訳. 2004.『現代語訳・義浄撰.南海寄帰内法伝』法蔵館.
村川堅太郎訳註. 1993.『エリュトラー海案内紀』中央公論社.
森克己. 1948.『日宋貿易の研究』国立書院.
薮内清. 1979.「周髀算経」『中国の科学』(世界の名著). 中央公論社.
山本達郎. 1951.「赤土と室利仏逝」『和田博士還暦記念東洋史論叢』講談社.
横倉雅幸. 2006.「タイ南部におけるシュリーヴィジャヤ期の塼仏」『仏教藝術』287号.毎日新聞社.
王邦維校注. 1995.『義浄原著.南海寄帰内法伝校注』中華書局.

【翻訳】
クロム, N. J.(有吉巌編訳). 1985.『インドネシア古代史』天理教道友会.
トメ・ピレス(生田滋他訳注). 1966.『東方諸国記』大航海時代叢書V. 岩波書店.
レジナルド・ル・メイ(駒井洋監訳.山田満里子訳). 1999.『東南アジアの仏教美術』明石書店.
ロミラ・ターパル(辛島昇他訳). 1970.『インド史1』みすず書房.
プリーチャー・ヌンスック(加納寛訳). 2009.『タイを揺るがした護符信仰』第一書房.

【欧文】
Bronson, Bennet. 1979. "The Archaeology of Sumatra and the problem of Srivijaya" *Early South East Asia.* Oxford University Press.
Coedès, G. 1966, *The Making of Southeast Asia.* Translated by H.M.Wright. Routledge & Kegan Paul.
————. 1968, *The Indianized States of Southeast Asia.* Translated by Sue Brown Cowing. Hawaii University.
————. 1989. *Les États Hindouisés D'Indochine et D'Indonésie.* De Boccard.
Jacq-Hergoualc'h, Michel. 2002. *The Malay Peninsula Crossroads of the Maritime Silk Road.* BRILL.
Kulke, Hermann. 1970. *A Hisory of India.* Routledge.
Majumdar, R.C. 2004. *Suvarnadvipa.* Cosmo Publications.
Munro-Hay, Stuart. 2001. *Nakhon Sri Tammarat.* White Lotus Press.

Takakusu, Junjiro. 1896. *A Record of Buddhist Religion as practised in India and the Malay Archipelago, by I-Tsing.* Oxford University Press.

Wheatley, Paul. 1961. *The Golden Khersonese.* University of Malaysia Press.

———. 1964. *Impression of the Malay Peninsula in Ancient Times.* Eastern University Press,

Wales, H.G. Quaritch. 1937. *Towards Angkor in the footsteps of the Indian invaders.* George G. Harrap.

———. 1953. *The Mountain of God: a study in early religion and kingship.* Bernard Quaritch, Ltd.

———. 1957. *Prehistory and religion in South-east Asia.* Bernard Quaritch, Ltd.

———. 1961. *The Making of Greater India.* Quaritch. Ltd.

———. 1969. *DVĀRAVATĪ* : the earliest kingdom of Siam. Quaritch. Ltd.

———. 1976. *The Malay Peninsula in Hindu Times.* Bernard Quaritch, Ltd.

Wyatt, David K. 1994. *Studies in Thai History.* Silkworm Books.

Wolters, O.W. 1967. *Early Indonesian Commerce.* Cornell University Press.

———. 1970. *The fall of Śrīvijaya in Malay history.* Oxford University Press.

Bambang Budi Utomo. 2006. "The Homeland of Śailendra Family." Ministry of Culture and Tourism, Republic of Indonesia.

索引

A ルート ―― 25, 39, 41, 42, 44-46, 51, 65, 67, 70, 78, 98-99, 179, 187, 193
B ルート ―― 29, 37, 40, 44-47, 51-53, 71, 77-79, 82-83, 93, 120-121, 165, 177, 187, 189, 193
C ルート ―― 44-45, 51-52, 78, 82, 180, 187
Bambang Budhi Utomo ―― 86, 122, 243
Berang ―― 68, 159, 161-162
Bennet Bronson ―― 97, 242
Boechari ―― 88
Coedès, George ―― 7, 32, 40, 43, 45, 51, 55, 75, 81, 85, 87, 102, 242
Dapunta Hiyang ―― 86, 128
Dapunta Selendra ―― 83, 86, 128
de Casparis ―― 85, 170
Ferrand, G ―― 82, 180
Golden Khersonese ―― 7, 243
Kandari ―― 48, 80
Kalaha ―― 48
Kadaram ―― 19, 144-145
Krom, N.J. ―― 7, 105
laksa ―― 102, 104
Majumdar, R.C. ―― 7, 56, 82, 84, 137, 139, 145-146, 172, 180, 242
Malay Peninsula ―― 26, 98, 103, 180, 192, 242-243
Michel Jacq-Hergoualc'h ―― 88, 98, 103, 188, 242
Saboza ―― 75
siddhayātra ―― 80, 104-105, 195
Stuart Munro-Hay ―― 170, 242
Suvarnadvipa 85, 136, 145, 180, 242
Telaga Batu ―― 70, 106, 198
Towards Angkor ―― 109-110, 243
Wales, Quaritch, H.G. ―― 7, 23, 55, 82, 98-99, 109-111, 148, 155, 170, 173, 182, 243
Wyatt, David K. ―― 171, 243
Wheatley, Paul ―― 7, 22, 26, 35, 49, 52, 68, 82, 159, 162, 185, 243
Wikipedia ―― 102, 104-105
Wolters, O.W. ―― 48, 165, 201, 243

あ行

アイルランガ王 ―― 72
赤土（国）―― 9, 28-29, 40, 42, 46-47, 49-51, 53, 65, 76-83, 100, 125, 128, 177, 180-184, 186-187, 189, 193, 209, 229, 242
アショカ王 ―― 18-19
アチェ ―― 30, 93
アユタヤ王朝 ―― 33, 36, 62, 135, 163, 167, 172-173
アラブ・大食 ―― 5, 16, 18, 31, 39, 43, 53, 60, 63, 68-75, 87, 93-94, 109, 116, 126-127, 133-134, 136, 139, 144, 148, 150-159, 162, 166, 175, 188, 199
アンコール ―― 31-32, 39, 55, 173
安禄山の乱 ―― 67, 73
イシャナヴァルマン ―― 25, 45
イスラム ―― 68, 136, 159, 161, 167, 192
インドシナ半島 ―― 32-33, 41, 69, 75, 94-95
インドネシア古代史 ―― 108, 242
インドラヴァルマン ―― 32
イブン・バトゥータ ―― 155
ウェールズ、クオリッチ ―― 7, 22, 26, 55, 82, 98-99, 109-111, 116, 148, 155, 170, 173, 181-182
ウォルターズ, O.W. ―― 165-166
ヴィシュヌ（神）―― 32, 39, 55, 88, 104
ヴィーララジェンドラ王 ―― 148
永楽帝 ―― 156, 166
瀛涯勝覧 ―― 6, 10, 110, 138, 157, 159-167, 241
汪大淵 ―― 138, 164, 185-186

王君政…65
黄金の花（ブンガ・ウマス）……56, 150, 163
　-164, 211, 219
欧陽脩…47, 121
オケオ(Oc-Eo)…15, 23, 38-39, 65-67, 92, 100
オランダ……167, 192
オリッサ……18, 144

か行

回賜……16-17, 144, 149, 152, 154, 174, 218,
　224, 241
外臣……84, 151
カウンディニヤ(憍陳如)………22, 59, 65,
　85, 99-100, 206
カウンディニヤ（混填）…22
カオ・ルアン山…81, 180-181, 185
哥谷羅…116
哥羅……19, 40, 58-59, 65, 68, 212, 230
哥羅舎分……58-59, 65, 212, 230
加羅希…159, 170
カラサン碑文……84-85
訶羅旦（単）……40, 46-51, 64-66, 79-81, 123,
　184, 287, 193, 204-205, 226
カラハ（カンダリ）…40, 48, 80, 82
カラン・ブラヒ碑文…103, 106-107, 197
訶陵（前期）………9-10, 19, 30, 34, 43, 45,
　47, 54-56, 66, 68, 70, 76, 79, 84, 89,
　107-108, 120-123, 163, 175, 193,
　197-200, 210-212, 225-226
訶陵（後期）………5, 11, 34, 45, 54-56, 67,
　71-74, 84, 87, 89, 109, 114, 116,
　120-129, 139, 175, 201, 212-213,
　216-217, 233-234
カリンガ……18-19, 107, 122, 144, 146
カルダモン(白荳蔲)………116, 118
ガンジス川…19, 41, 84-85, 99
干陀利(干陁利)……19, 46, 48-52, 64-65, 80-83,
　166, 187, 189, 193, 206-208
広東天慶観…147-148
カンペイ（監笓）…159, 162

賈耽……113-116, 118, 157
関税（海関税）……10, 117, 134, 153-155, 158,
　174
義浄……5-7, 9, 11, 29, 32, 41, 51, 55, 61, 76,
　79, 91-99, 101-125, 127-129, 179, 194,
　199-200, 241-242
絹織物……15, 153, 159
旧港……6, 10, 110, 124, 138, 157, 162-166,
　193, 240
旧唐書……26, 31, 34, 39, 58, 121, 181, 210-211,
　215-217
九離……24
クアラ・セリンシン…53
クシャトリア……49
クシャン朝…24
クタイ…59
屈都昆…23-24
クディリ王朝……10, 72, 139
クドゥカン・ブキット碑文………28-29, 80, 86,
　97, 101-103, 128, 241
瞿曇（クドン）……50, 80, 83, 206, 213
鳩摩羅…77-79
クラタナガラ王…173
クラビ…20, 30, 38, 40, 44, 52-53, 81, 171,
　179-180, 187
クルラク碑文……85
クロトンガ王（地華伽囉）……146-148, 151
クロム, N. J.………7, 46, 73, 105-106, 108,
　121-123, 141, 181, 184, 242
クロン・トム……20, 30, 38, 44, 52, 81, 179,
　187
桑田六郎……7, 20, 27, 47, 50, 65, 69, 76-80,
　91, 96-97, 100, 115-116, 123, 141,
　145-146, 149, 151, 154, 177, 184,
　211-212, 223-224, 238, 241
経商三分一…74, 89, 127, 157-159
月氏……24
夏至……116, 118-121, 124
羯茶（ケダ）……19, 29-30, 40, 46, 51, 55, 70,
　91-96, 113-114, 125
ケダ・ピーク……178, 186
ケドゥ銅板刻文……56

ケニール湖… 161
ケランタン（吉蘭丹） ……… 28, 30, 34, 38, 44-49, 53, 58, 61, 63, 65-66, 78-80, 82, 93, 119-120, 145, 159, 161, 166, 171, 173, 184-189
元 ……… 60, 124, 138, 155, 164, 188
元史 …… 137
呉 ……… 18, 24, 64, 128, 203, 225
康泰 …… 18, 24, 64
高僧伝 … 61, 91, 95, 113, 194
黄巣の乱 …… 71, 73, 134, 139, 154
交趾 …… 21, 150, 157, 218, 224
香薬 …… 49, 72, 143, 154, 158, 205, 207-208, 214, 218-221
香辛料 … 15-16, 20, 72, 94, 116, 133
後漢 …… 16-17, 21-23, 119, 203
洪武帝 … 10, 36, 138, 155, 163-164, 175
古貝 …… 20, 48, 63, 178, 204, 206-207, 211
コー・カオ島 …… 98, 135
皇華四達記 … 113-114, 118
胡椒 …… 72, 135, 151, 192, 220-222
コタ・カプール碑文 ……… 54, 76, 106-107, 128
米 ……… 32, 49, 61, 93-94, 98, 122, 135, 159, 164, 183, 200
コンドル島（軍突弄） …… 30, 38, 92, 113, 118
根本説一切有部百一羯磨 ……… 6, 55, 96-97
崑崙 …… 24, 27, 54, 68, 113, 210, 213, 221, 231

さ行

犀（角）151, 158, 183, 185-186, 208, 210, 214-224
桜井由躬雄… 73
冊府元亀 …… 8, 16, 35, 59, 63, 197, 224, 238
冊封 …… 17, 29, 84, 150
サティン・プラ… 20, 120, 160
ザーバグ …… 136, 139
サボキンキン碑文 …… 103, 106, 198
サボーザ …… 136
サマラトゥンガ王 …… 85

サングラマ… 145
サンジャヤ… 9-10, 34, 45, 56-57, 72, 84-86, 89, 107-108, 121-122, 126, 128, 139, 198
サンスクリット… 6, 19-20, 26, 48, 59, 80, 86, 91, 141, 170, 187, 194
サンナーハ王 …… 121
三仏塔 ……… 37-38
十二支… 171
承天萬壽 …… 141, 220
悉莫（シーモ）…… 121
シー・タンマーソークラート王……… 173
シヴァ神 …… 32, 56, 121-122, 169
シェム・レアップ …… 43, 67
獅子（師子）国… 64-65, 68, 77, 96, 204-205, 207, 212-216, 221, 225-226, 228, 230-233
質 ……… 113-117
シッダヤートラ … 90, 104-105, 195
室離畳華（シュリ・デヴァ） ……… 144
市舶司（制度）…… 10, 16, 60, 72, 117, 134, 152-157, 174-175, 224, 241-242
ジャヴァカ（Jāvaka）… 136, 172-173
ジャヤヴァルマン …… 22
ジャヤヴァルマン1世 …… 95
ジャヤヴァルマン2世 …… 32, 34, 55
ジャヤヴァルマン7世 …… 170
ジャヤナーシャ王……101, 105, 108, 196
爪哇 …… 10, 138, 162-166, 175
闍婆 …… 46-47, 54, 56, 58, 71-72, 117, 120, 122-123, 129, 138-139, 157, 205, 217, 220, 224, 226, 233-235, 237, 239
詹卑（占卑）… 57, 71, 89, 129, 138-141, 145, 147, 149-151, 174, 217, 223, 227, 234
自由貿易 …… 166, 174-175
朱応 …… 18, 24, 64
ジェライ山 … 93, 178, 180, 186-187
シュリ・チュラマニヴァルマン ……… 141
シュリ・デヴァ……… 144
馴象 …… 35, 39, 69, 133, 204, 208, 211-219, 222, 224
諸蕃志… 57-58, 89, 116-118, 127, 138, 140, 157-163, 172, 178, 181-186, 189, 192,

217

常駿 …… 28, 51, 53, 65, 77-79, 81, 83, 177-178, 181-183, 186-188
小乗仏教・上座部仏教……… 173
城市 …… 10, 28, 57, 119, 126, 137-138, 159, 201
真珠 …… 15, 133, 143, 146, 151, 159, 215-217, 220-224
真臘
　水真臘 …… 33-35, 71, 115, 213, 217, 233
　陸真臘 …… 33-34, 71, 115, 213, 231
シンガポール …… 50, 60, 77, 113-115, 117, 177, 183-184, 254
シンゴサリ王朝… 163-164, 173
新唐書… 8, 25, 27-29, 31, 33, 39, 42, 46, 49, 54, 56, 59, 67, 69, 80, 85, 89, 91, 102, 110, 113-125, 159, 179, 193-194, 199, 209-212, 216-217
隋書 …… 25, 28, 48, 50-51, 53, 76-81, 83, 177, 181, 183-184, 209
杉本直治郎… 18, 22, 31, 34, 241
スコータイ(王朝)…… 33, 62, 135, 163, 172-173
スヴァルナドゥイパ ……… 137
スラートタニー… 41, 98, 110, 179
スレイマン… 139
スールヤヴァルマン2世 … 55
新拖(スンダ) … 159, 167, 191-192, 198
星槎勝覧(費信)……… 166
誓忠飲水儀式…… 106-107, 198
西洋 …… 68
西晋 …… 64, 203, 225
セイロン(細蘭) …… 21, 64, 93, 96, 159-160, 172-173
セデス, ジョルジュ … 5-7, 27-29, 35, 43, 51, 54, 70, 75-76, 81, 85-87, 94, 101-102, 104, 106-110, 161, 170, 180, 191-201
セレンドラ(Sendela) …… 83, 86
専売 …… 10, 154, 174-175
ソーマ(竜女)…… 22
宋会要… 8, 147, 149, 151, 218, 223-224, 238
僧祇城… 50, 77-78, 183-184
宋史 …… 117, 138-141, 143-151, 171, 218-224

宋書 …… 21, 46-48, 57-58, 123, 184, 204-206
則天武后 …… 102, 212
象牙 …… 143, 151, 159, 183, 211, 215, 218-222, 224
ソジョメルト碑文 …… 83, 86-87, 128
蘇物 …… 24
ソンクラー(孫姑那) ……… 28, 30, 34, 44-46, 50, 60, 77-83, 119-121, 145, 160-161, 171-172, 177-178, 184-185, 188-189
孫権 …… 18, 64

た行

ターラー姫… 85
大乗仏教 …… 5-6, 11, 27-28, 32, 56, 71, 86, 88, 95, 98-99, 105, 108, 110, 122, 137, 174, 196
大秦 …… 17, 64, 203, 225
大唐西域求法高僧伝 ……… 61, 91, 95, 113, 194
太平御覧 …… 24, 203, 205
玳瑁(たいまい) …… 159, 217, 219-222, 224
大レイデン銅板文書 ……… 141
タイ湾(シャム湾) …… 18, 25-26, 33, 35, 37, 39-40, 44, 52, 67, 76, 91, 100, 115
タヴォイ …… 30-31, 37-38, 58-59, 116, 118
高楠順次郎… 6-7, 11, 93, 110, 200
タクアパ …… 7, 18, 20, 23-25, 30-31, 38-39, 41-42, 44-45, 52-53, 61, 65, 67, 70, 98-99, 116, 135, 145, 169, 172, 179
タッコラ(投拘利) …… 24, 39, 52, 116, 145
太泥(パタニ) … 160, 184, 189
タナ・メラ… 44, 77
タミール …… 10, 19, 21, 42, 48, 59, 80, 98-99, 137, 141
タムラリピティ……… 92-93, 95, 117
耽摩立底 …… 55, 92-96, 117, 125
タラン・トゥオ碑文 …… 103, 105, 196, 242
タルマ国 …… 46-47, 107, 123, 197-198
ダルマワンサ(Darmavansa)王…… 72, 139
タンジョール碑文 …… 144, 169

索引

丹丹（単単）……28-29, 38, 46, 49-50, 65-66, 68, 80, 83, 187, 193, 207-209, 212, 228-229
タンブラリンガ……53, 82, 136, 152, 160, 169-175, 179-181
　単馬令……53, 82, 117, 152, 159-161, 169, 171, 173, 175, 179, 183, 185
丹（登）流眉…117-118, 220, 235
地華伽囉（クロトンガ）…145-149
チトラセナ…25, 43, 45
千原大五郎…58, 86-87, 188, 241
チャンドラバーヌ王……140, 160, 170, 172-173
チャオプラヤー川……30, 32-40, 58, 62, 67, 117
チャンパ……21, 32-33, 39-41, 54-55, 61-74, 94-95, 108, 113, 126, 129, 139, 148, 171, 175, 193
　林邑……21-22, 30-31, 33, 38-39, 41, 54-55, 64-65, 67-69, 71, 78, 100, 181, 193, 199, 203-215, 225-232
　環王……28, 55, 68-69, 71, 210-212, 216, 229, 233
　占城……41, 69, 72, 138-139, 141, 148, 154, 171, 217-240
チョーラ（注輦）……10, 61, 84, 129, 136-137, 140-151, 161, 170, 174-175, 221-223, 236-237, 239, 241
注輦役属三仏斉…150, 223
趙匡胤…140
趙汝适…58, 116, 157, 178, 183
陳………24-25, 39, 53, 65, 67, 81, 83, 169, 182, 187, 208, 229
通典……9, 24, 26, 42, 49, 56, 59, 76, 100-101, 254
鄭和……82, 104, 156, 162, 166-167, 184, 188, 197
テナセリム…24, 30-31, 34-35, 38-39, 42, 58-59, 61, 65, 67, 116-118
テラヴァダ仏教…173
典孫（頓遜）…23-24, 27, 39, 42, 47, 65-67, 117
土肥祐子……154, 241
投拘利（タッコラ）……24, 39, 52, 116, 145

ドゥ・カスパリ…170
ドヴァラヴァティ……31, 35, 37, 39-40, 65, 67, 116, 118, 128, 193
　投和（頭和、独和羅）……39, 65, 67, 128, 209-210, 229
　堕和羅（鉢底）…30, 37, 39, 58-59, 66-68, 193, 211-212, 229-230
堕婆登…68, 120, 193, 197, 211, 229-230
島夷誌略……138, 164, 185-186, 189
唐会要……57, 89, 102, 116, 197, 199, 210-212, 215, 217, 224, 238
唐国史補……79
陶磁器…60, 97, 133-135, 153-155, 174, 194
道士寺…9, 100-101
東晋……64, 204, 225
特牧城…31
トゥラガ・バトゥ碑文……106, 195
冨尾武弘……101-102, 104-105, 241
トメ・ピレス………61, 135, 242
トラン……24, 30, 38, 40, 44, 52, 81, 171, 179-180, 187
トレンガヌ（登牙儂）……38, 49, 68, 145, 159, 161-162, 173, 185, 189

な行

ナーランダ…86, 93, 95, 97, 99, 194
那弗那城……31, 85
ナガラクレタガマ……186
ナコーンパトム…37, 40
南海寄帰内法伝……7, 32, 95, 110, 118, 123-125, 200, 242
南海東西交通史論考………7, 224, 238, 241
南史……47, 208
南斉書…23
南宋……10, 16, 36, 60, 129, 134, 137, 149-155, 163, 171, 174-175, 180, 224, 237, 241
南宋（劉氏）……42, 46-47, 58, 64, 68, 79, 81, 100, 123, 128, 180, 204, 226
二国分総……91, 110, 118-119
ニコバル諸島……79-80, 93-94, 119, 145

二尺四寸 …… 116, 120-121, 124
二尺五寸 …… 118-119, 124
日南郡… 17, 21-22, 124, 205
日羅亭… 145, 160
乳香 …… 9, 31, 43, 63, 72, 121, 133, 136, 143, 151, 158-159, 218, 221-224,

は行

バーヴァヴァルマン …… 25, 43, 95
パーラ… 99
パーリ語 …… 136
馬歓 …… 6, 10-11, 162-163, 165-166
白頭人… 42, 209
パタニ… 30, 34, 44-53, 58, 60, 78-79, 81-82, 93, 116, 119-121, 145, 159-161, 170-172, 177-179, 182-186, 188-189
婆皇(磐皇) …… 38, 64, 184, 205-206, 226-227
バタン・ハリ(碑文・川)…… 103, 106-107, 197
抜沓 …… 160-161, 184
パッタルン… 44, 46, 52, 58, 161, 170, 172, 179
パッラヴァ…… 99, 102, 106, 169
パナムカラン王… 56-57, 85, 88
パハン(蓬豊) …… 19, 38, 46, 48-49, 53, 57-58, 63-65, 79, 145, 159, 161, 166, 171
婆羅娑国 …… 79-80, 184
バラプトラ(デヴァ)王…… 57, 73, 85, 88, 126, 129, 139, 201
婆羅門(バラモン) …… 18, 20, 22, 26, 39, 47, 49, 77-79, 169, 181, 183, 211, 215, 219
婆利(波羅)(婆黎) …… 28, 49, 59, 64-66, 68-69, 83, 120, 184, 207-212, 227, 229
婆羅刺… 80, 184
ハリハラ神… 32
ハルシャ王… 122
淳淋邦(巴林馮)… 138, 159-160, 162-163, 166
婆魯師国 …… 79, 184
范(師)蔓 …… 23-24
バンカ島 …… 9, 30, 43, 54, 70, 76, 83, 86, 103, 106-107, 122, 128, 194-197, 200

范旃王… 24, 203
磐達(婆達) 38, 48, 51, 53, 58, 64, 184, 205, 226
バンドン湾… 7, 9, 18, 22, 26, 39, 41, 60, 98, 100, 115-118, 179, 181
ビーズ玉 …… 15, 20, 39, 41, 52-53
ピカタン王… 10, 56, 85, 88-89
日時計(圭) …… 123-125
ヒマラヤ …… 84, 99
驃国(ピユー国) …… 40, 71, 216-217, 233
ヒンドゥー… 27, 32, 46, 49, 51, 83, 86, 88, 93, 95, 98-99, 123, 241, 254
プールナヴァルマン王…… 107
ブカーリ(Boechari) … 88
深見純生 …… 70, 101, 147-149, 238, 241
藤田豊八 …… 6-7, 24, 58, 75, 93-95, 109, 114-117, 120, 124-125, 136, 157, 166, 177-181, 184-186, 188, 241
ブジャン渓谷 …… 45, 77, 80, 93, 98, 135, 187
ブッダグプタ …… 80-81, 187
プトレミー… 16, 24, 52, 116
ブノム・ダー …… 39
武備志(茅元儀)… 82, 178, 183-185, 188-189
プラモダヴァルダニ ……… 85
仏羅安… 68, 159, 161-162
ブロンソン、ベネット …… 97, 99
文単(陸真臘) …… 32-34, 71, 213, 215-216, 232-233
ペカロンガン …… 84, 86, 128
ペッチャブリー(ペブリ) ……37, 117-118, 182
ベラン(Berang)… 68, 159, 161-162
ペリオ, Paul …… 178, 186
ペルシャ …… 6, 9, 15-16, 18, 39, 41, 43, 59-63, 68-73, 87, 91, 93, 101, 126-127, 133, 136, 154-155, 192
波斯… 16, 41, 60, 63, 65, 68-69, 71, 74, 87, 91, 101, 127, 133, 199, 208-216, 219, 228-233
ベンガル湾… 17-19, 21, 53, 59, 61, 63, 65, 91, 93-94, 105, 117, 125, 143, 167, 192
偏西風… 21, 93, 133
蒲 ………… 7, 18, 138, 140, 143-144, 150, 157-

158, 212, 217-224, 241
ホィートレー …… 7, 26, 35, 68, 82, 93, 159, 161-162
北宋 …… 10, 35-36, 55, 60, 71-73, 89, 116, 129, 133-134, 137-138, 141, 143-144, 151, 153, 166, 218, 234, 241
北東風 … 21, 60, 109, 153, 155, 175, 191-192
ポルトガル … 167, 192
ボルネオ …… 49, 59, 79-80, 184
ボロブドゥール寺院 ……… 71, 73, 85, 108, 175

ま行

マジャパヒト …… 138, 163-164
マタラム …… 45, 56, 72, 84-85, 139
マハラジャ … 56, 85, 88, 129, 136, 140-141, 151, 163-164
マヘンドラヴァルマン … 45
マラッカ王国 …… 61, 93, 134-135, 162, 167
マラッカ海峡直行ルート … 59, 61, 70-71, 143
摩羅遊 … 68, 230
末羅瑜（マラユ）29, 43, 47, 55-57, 60-63, 76, 91-96, 101, 109, 113-115, 118, 125, 133-134
マルール碑文 …… 144-145, 169
マルタバン … 30, 32, 37-38, 58
マルレ,ルイ …… 39
マレー半島横断通商路 …… 7, 21, 28, 33, 40, 43, 51, 60-61, 70, 76, 93-94, 98, 108, 135-136, 141, 143, 149, 153, 166, 170, 173, 177, 179
明 ……… 6, 10, 36, 60, 82, 97, 104, 135, 138, 155-156, 160, 162-165, 167, 175, 177, 184-185, 188-189, 193, 227
明史 …… 48, 59, 157, 159-167, 179
ムアロ・ジャンビ……… 103, 109, 174
無行禅師 …… 95-96, 113
ムシ（Musi）川 … 6, 61, 94, 102-103, 109
ムダ（Muda）川… 45, 93
木刺由 ……… 138
ムルンダ（茂論）王 ……… 24

メコン川 …… 22, 32-33, 43
メルグイ …… 30, 37-39, 58, 117
メルボク（Merbok）川…… 45, 93, 187
綿織物 … 15, 20, 31, 48, 63, 178
モン族 … 24, 27, 31-33, 37, 40, 42, 67, 116, 118, 193

や行

ヤラン … 58, 188
山本達郎 …… 77, 177, 183-184, 242
山田長政 …… 172
煬帝 ……28-29, 45, 51, 65, 77, 83, 177, 182, 209

ら行

ラージャラージャ大王…… 141, 143
羅越 …… 30, 66, 113-118
ラジェンドラ・チョーラ王 143-144, 146, 148
ラジャディラージャ王 …… 88, 148
裸人国 … 79, 91, 94
ラーチャブリー… 37, 38, 59, 117-118, 182
ラームカムヘーン（王、碑文）………… 172-173
ラムリ（藍無里） …… 145, 159, 162, 166
ラン・サカ … 81-82, 180, 182, 184-185
ランカスカ … 26, 40, 49-50, 52-53, 77, 81-82, 145, 159, 161, 169, 172, 177-180, 182-186, 188-189
　凌牙斯加 … 159, 161, 172, 178, 183-184, 186, 189
　狼牙脩 …… 26, 40, 50-53, 58, 65-66, 77, 82-83, 120, 124, 128, 169, 177-187, 207-208, 227-228, 242
　狼牙須 …… 26, 28, 38, 52-53, 66, 78-83, 177-189
　郎迦戌 …… 178-179
　龍牙犀角 … 185-186, 189
　狼西加 … 82, 178, 183-185, 188
狼牙脩国考 … 58, 120, 124, 177, 186, 242

リゴール …… 38, 46, 53, 81-82, 152, 170, 180
リゴール碑文 …… 33, 55, 83-88, 124, 129, 200
リゴール年代記… 171
梁書 …… 18, 22-24, 49, 52, 57, 59, 80, 178-180, 182, 186, 204-208
梁（朝、時代）…… 16, 22-25, 38, 48, 53, 64-65, 81-82, 100, 127, 165, 177-182, 186-188
龍脳 …… 118, 146, 214, 219-220, 222-223
柳葉 …… 22
リンガ… 54, 121
リンガ島（凌牙門）… 157
ルアン・タレー（湖）……… 52
ルドラヴァルマン …… 24, 43
琉璃 …… 205-208, 218, 221-224
『嶺外代答』周去非 … 68, 150, 157-159, 161, 163, 165, 167, 189
レン・ポー… 98, 135
ロップリー（羅斛）… 33, 40, 173, 180, 224, 238
郎婆露斯 …… 80, 118-119

わ行

ワイアット．D.K. …… 20
ワット・ケオ …… 39, 89
ワット・サマ …… 87
ワット・ファ・ウィング …… 87-88, 170
ワット・ロング… 88

あとがき

　私が人生のほぼ半分にわたり暖めてきた東南アジアの古代史の謎である「室利仏逝・三仏斉」についての研究が『シュリヴィジャヤの歴史』としてようやく陽の目を見ることができた。それも、東南アジア関係の出版物を多く手がけておられる「めこん」社から出版していただけることになり、喜ばしい限りである。桑原晨社長に電話で「今度、シュリヴィジャヤの本を出したいのですが？」と切り出したら、桑原社長は「シュリヴィジャヤはどちらのほうですか？」という問いかけが返ってきた。私にこういう質問をした日本人はかつてひとりもいなかった。大学時代の友人知人も「室利仏逝」について学校で勉強したという人にお目にかかったことがない。たまたま知っている人がいても「ああ、インドネシアのパレンバンのことですね」という答えである。桑原社長のプロとしてのすごさは「パレンバンかチャイヤーかいずれ改めて問題にされる日が来る」と思っておられたことである。執筆者としてはこういう鋭い問題意識を日ごろ持っておられる方になんとしてでも出版をお願いしたくなる。しかし、出版不況のおりから、こういう本を出していただくのは何よりも申し訳ないという気持ちが先に立つ。しかし、なんとしてでもこの本を世に出そうという桑原社長の熱意とご好意に甘えることにした。

　実は先に『シュリヴィジャヤの謎』という本を2008年に出版したが、読者から「おおむね納得できるがもっと確証がほしい」というご要望をいただいた。今回は「確証」に限りなく近いものを提供できたと「確信」する次第である。また、今回は巻末に「主要国の朝貢記録」を添付した。この一覧表は本著全体の基礎となるもので、『冊府元亀』、『宋会要』、正史などと読みながら数年がかりでこつこつと作り上げた。こういう作業をしておけば、これからこの分野の研究に取り組もうとする若い学徒にとってかなりの時間的節約になるであろう。もし間違いがあったらご自分で正してさらによいものを作成していただきたい。こういう資料をより完全に近い形で公表することは世間と知識を共有することであり、必ず学問の進歩に貢献する。東南アジアの古代通商史というのは100年間ほとんど進歩を見ない珍しい学問分野である。その最大の理由は室利仏逝の首都がパレンバンだという間違った仮説が、ほとんど修正されないまま「定

説」のごとく1世紀以上も君臨しているからである。それが有名出版社から「東南アジア史」と銘打って次々出版されてきたから余計に世間に広まって定着してしまったのは悲劇としかいいようがない。われわれにとっての最大の問題はこの説に異論をとなえるものは「異端者」として学界から排除されるような学問的保守主義である。自由にして活発な議論が行なわれないというのは学問の自殺行為である。これによって、若い学徒がこの分野に参入する意欲をなくさせることが研究をさらに遅らせるもとになる。私は東南アジアの古代史についてもっと「経済史的視点」から研究がなされるべきであると考えていた。しかし、研究の基礎となるべき資料が漢籍以外にほとんどない。未解決の問題を「海のネットワーク」とか「マンダラ構造」といった抽象的かつ観念的言葉でひっくくってしまうことは不毛であり、何の役にも立たない。私が本書で重視したのは「モノゴトの自然な流れ」ということである。ものごとの流れの中でいわば「必然性」がはっきりしないのが「パレンバン説」である。「扶南からいきなりパレンバンへ」といってしまう論理が私に言わせれば「非論理的」なのである。

　私の研究の出発点は1970年代半ばにシンガポールに駐在して、その周辺の土地勘が出てきて以来の「シュリヴィジャヤ＝パレンバン説に対する漠然たる疑問」であった。私の専門は東南アジアの政治経済の現状分析なので古代史について本格的な研究はできなかった。2004年に東洋大学を定年退職してから、本格的に調査を開始して、手当たり次第に文献研究を行なった。現地にも何度も足を運んだ。そこで感じたのは唐の義浄や隋の常駿の短い文章の的確さであった。当時の最高級の知識人の観察の確かさである。この2人の残した数行の文章がなければ、東南アジアの古代史の扉は永遠に閉ざされたままであったろう。義浄はケダには多くの大乗仏教やヒンドゥー教の寺院があったのを承知していたはずだが、義浄はこれについて一言も書いていない。この義浄の「沈黙」も大いに意味があった。室利仏逝に比べれば遺跡の宝庫ともいえるケダは取るに足らない存在であったと義浄は見ていたのである。残るはマレー半島東岸の港しかない。大きな遺跡があるのはチャイヤーとナコーンシータムマラートの2ヵ所である。唐時代にどちらが大きな貿易港で仏教施設を持っていたかといえば疑いなくチャイヤーである。これは杜佑が『通典』に書き残している。Q. ウェールズ博士の書物に接したのは2004年以降、東大の図書館に

通い始めて以降のことである。それまでウェールズの業績について引用されている本にお目にかかることもなかったし、翻訳も出ていない。わずかに桑田六郎博士の『南海東西交通史論考』の中で若干触れられているだけであった。しかし、ウェールズの *Towards Angkor* を一読して驚嘆した。彼の他の著書の *The Malay Peninsula in Hindu Times* や *Dvāravatī* や *The making of Greater India* と次々に読んでみた。部分的には留保したくなる点はあるにせよ、彼の方法論は極めて実証主義的で「言葉の綾」で何かを説明するなどという最近はやりの安っぽい歴史学とはおよそ異質なものであった。経済地理学的な観点からすればパレンバンがシュリヴィジャヤの首都であるなどとはとうていいえない。考古学者ベネット・ブロンソンはパレンバン説を「空中の城郭」として切り捨てている。ウェールズはおそらく漢籍は読めなかったと思うが、チャイヤーをインドと扶南との中継点として捉えていた。それにはタクアパ⇒チャイヤー間の横断通商路の存在が不可欠である。それをウェールズは実地調査で証明して見せた。しかし、日本の歴史家はウェールズを徹底的に無視してきた。ここが私の理解できない点である。こんな確かな「仮説」を突きつけられて黙っているとはいったいどういうことなのだろうか？　セデス自身がウェールズに反撃を試みたが一蹴されてしまった。日本の歴史学者はいったい誰に遠慮してきたのであろうか？　私は誰かに気兼ねをする立場ではないから、白紙の状態で漢籍を読み直し、従来無視あるいは誤解されてきた重要な問題点を少なからず発見し、新たに仮説として本書で提起した。私の青春時代の1960年ごろは「ヌーベル・バーグ」という言葉が流行して何でも疑ってかかり、新しいものの考えを提起するという風潮があったが、東南アジア古代史研究の世界にも今こそヌーベル・バーグを期待したい。こういう作業をやり遂げてこそ日本人は東南アジアを理解し、仲間入りできるであろう。「東アジア共同体」などといっても、日本人は東南アジアに対する「知的準備」がまだまだ足りない。専門家のご批判はもちろん研究者や一般読者からの叱正を心から歓迎するものである。

　本書を父六郎と母セツの霊前に捧げる。

鈴木　峻 (すずき　たかし)

1938年8月5日満州国・牡丹江市生まれ。
1962年東京大学経済学部卒業。住友金属工業入社。調査部次長、シンガポール事務所次長、海外事業部長。タイスチール・パイプ社長。鹿島製鉄所副所長。(株)日本総研理事・アジア研究センター所長。
1997年神戸大学大学院経済学研究科兼国際協力研究科教授。2001年東洋大学経済学部教授。2004年定年退職。その間、東京大学農学部、茨城大学人文学部非常勤講師。立命館大学客員教授。
経済学博士（神戸大学、学術）。
主な著書『東南アジアの経済』（御茶ノ水書房、1996年）、『東南アジアの経済と歴史』（日本経済評論社、2002年）、『シュリヴィジャヤの謎』（自費出版、2008年）

シュリヴィジャヤの歴史―朝貢体制下における東南アジアの古代通商史―
初版第1刷発行　2010年 5月15日

定価4000円+税

著者　鈴木　峻
装丁　水戸部功
発行者　桑原晨
発行　株式会社 めこん
〒113-0033 東京都文京区本郷3-7-1 電話03-3815-1688　FAX03-3815-1810
URL: http://www.mekong-publishing.com
組版　面川ユカ
印刷　モリモト印刷株式会社
製本　三水舎
ISBN978-4-8396-0234-5 C3022 ￥4000E
3022-1003234-8347

JPCA　日本出版著作権協会
　　　http://www.e-jpca.com/

本書は日本出版著作権協会（JPCA）が委託管理する著作物です。本書の無断複写などは著作権法上での例外を除き禁じられています。複写（コピー）・複製、その他著作物の利用については事前に日本出版著作権協会（電話03-3812-9424　e-mail:info@e-jpca.com）の許諾を得てください。